高等院校公共管理类专业系列教材

电子政务理论与实务

胡世前　编著

E-government Affairs:
Theory and Practice

清华大学出版社
北京

内 容 简 介

本书结构清晰、内容全面、深入浅出，将现代信息技术与传统公共管理的理论与实践有机结合，全面系统地介绍了电子政务的理论与实践。本书共分 11 章，主要内容包括电子政务概述、电子政务系统、政府信息资源管理、电子政务安全、电子政务保障体系、电子政务法律法规、电子政务与服务型政府建设、互联网经济时代电子政务发展、电子政务绩效评估、国外电子政务发展概况和经验借鉴，以及我国数字政府的发展规划和远景目标。

本书适合作为高等院校公共管理类、社会学类及相关专业的教材和教学参考书，还可以作为各级政府公共部门工作人员和各类非营利性组织工作人员的培训教材，对相关电子政务从业人员及广大期望从事电子政务行业人员了解行业内动态有一定的借鉴意义。

本书封面贴有清华大学出版社防伪标签，无标签者不得销售。
版权所有，侵权必究。举报：010-62782989，beiqinquan@tup.tsinghua.edu.cn。

图书在版编目(CIP)数据

电子政务理论与实务 / 胡世前编著 . —北京：清华大学出版社，2021.11（2024.2重印）
高等院校公共管理类专业系列教材
ISBN 978-7-302-59389-8

Ⅰ.①电… Ⅱ.①胡… Ⅲ.①电子政务—高等学校—教材 Ⅳ.① D035-39

中国版本图书馆 CIP 数据核字 (2021) 第 211601 号

责任编辑：施　猛
封面设计：常雪影
版式设计：方加青
责任校对：马遥遥
责任印制：刘海龙

出版发行：清华大学出版社
网　　址：https://www.tup.com.cn，https://www.wqxuetang.com
地　　址：北京清华大学学研大厦 A 座　　邮　编：100084
社 总 机：010-83470000　　邮　购：010-62786544
投稿与读者服务：010-62776969，c-service@tup.tsinghua.edu.cn
质 量 反 馈：010-62772015，zhiliang@tup.tsinghua.edu.cn

印 装 者：三河市龙大印装有限公司
经　　销：全国新华书店
开　　本：185mm×260mm　　印　张：14　　字　数：359 千字
版　　次：2021 年 12 月第 1 版　　印　次：2024 年 2 月第 2 次印刷
定　　价：49.00 元

产品编号：085152-01

前　言

近年来，随着移动技术、大数据、云计算等新一代信息技术的出现，电子政务得以迅速发展。党的"十九大"描绘了决胜全面建成小康社会、开启全面建设社会主义现代化国家新征程以及实现中华民族伟大复兴的宏伟蓝图，并对建设网络强国、数字中国、智慧社会做出战略部署。习近平总书记高度重视数字中国建设，他强调："当今世界，信息技术创新日新月异，数字化、网络化、智能化深入发展，在推动经济社会发展、促进国家治理体系和治理能力现代化、满足人民日益增长的美好生活需要方面发挥着越来越重要的作用。"信息化为中华民族带来了千载难逢的机遇，我们必须敏锐抓住历史发展机遇，推动信息领域核心技术突破，发挥信息化对经济社会发展的引领作用，自主创新推进网络强国建设，把增进人民福祉作为政府数字化转型的出发点和落脚点，为加快推动经济社会高质量发展、服务型政府创新发展、"数字中国"全面发展奠定坚实的基础。

电子政务是信息时代公共管理的重要实现方式及平台，是互联网环境下经济社会发展新形态的重要构成部分，对公共管理产生了广泛而深远的影响。电子政务通常涉及公共管理、信息技术等多个学科，不同学科在阐述电子政务相关知识时有着不同的侧重点和角度。从学科分类的角度来看，电子政务属于管理学范畴，其核心是政务管理，电子只是手段和工具。故本书侧重从公共管理角度研究电子政务，深入分析电子政务的发展对国家行政体制的影响，帮助学生对国家的管理体制和组织发展等理论知识有较为系统的理解。

在编写过程中，编者充分借鉴和总结了国内外丰富的电子政务理论与实践成果，并融入编者长期以来的个人研究成果和见解，为读者呈现一个较为完整的电子政务理论框架。本书具有如下特点：

第一，在"以人为本"理念指导下，跟随服务型政府建设步伐，强调电子政务在推进政府改革和构建服务型政府进程中的重要作用；

第二，立足于我国数字政府战略目标，阐述我国电子政务在数字化潮流下的发展规划；

第三，放眼世界格局，紧跟互联网经济时代发展步伐，关注时下各国社会热点，站在发展前沿进行电子政务研究。

本书共分11章，编者所指导的研究生积极地参与了本书相关材料的收集整理及撰写工作，分工如下：王瑾、徐子雯参与了第1章、第8章、第9章相关内容的收集整理及撰写工作；孙文娜、任颖彬参与了第2章、第3章的相关内容的收集整理及撰写工作；刘阔、王蒙参与了第4章、

第5章相关内容的收集整理及撰写工作；洪思盼、张李娜参与了第6章相关内容的收集整理及撰写工作；范子翀、朱芳婵参与了第7章、第10章、第11章相关内容的收集整理及撰写工作。

最后，特别感谢多年来在学习和工作中给予笔者支持和帮助的电子政务及公共管理学相关领域的前辈，以及东北财经大学公共管理学院的领导与同事，感谢协助本书资料收集整理的研究生同学！正是在你们的努力下，本书才能够以更丰富的内容面向读者。由于编者的学识水平及实践经验有限，书中难免存在一些缺陷和错漏，敬祈各位专家学者和广大读者批评指正。反馈邮箱：wkservice@vip.163.com。

胡世前

2021年5月31日

目 录

第1章 电子政务概述 …………………… 001
1.1 电子政务的产生与发展 ………… 001
　1.1.1 电子政务产生的背景 ……… 001
　1.1.2 世界电子政务的发展历程 … 002
　1.1.3 我国电子政务发展的动因 … 003
　1.1.4 我国电子政务的发展历程 … 005
1.2 电子政务的相关概念及其业务
　　模式 …………………………… 008
　1.2.1 电子政务的概念 …………… 008
　1.2.2 相关概念辨析 ……………… 009
　1.2.3 电子政务的业务模式 ……… 010
1.3 电子政务的特征及影响 ………… 011
　1.3.1 电子政务的特征 …………… 011
　1.3.2 电子政务的影响 …………… 013
1.4 我国电子政务的发展现状 ……… 015
　1.4.1 目前我国电子政务的发展
　　　　特征 …………………………… 015
　1.4.2 我国进入"互联网+政务服务"
　　　　新阶段 ………………………… 017

第2章 电子政务系统 …………………… 021
2.1 电子政务系统规划 ……………… 021
　2.1.1 电子政务系统规划概述 …… 021
　2.1.2 电子政务系统规划内容 …… 023
　2.1.3 电子政务系统规划步骤 …… 024

2.2 电子政务系统建设 ……………… 025
　2.2.1 电子政务系统建设的原则 … 025
　2.2.2 电子政务系统建设框架 …… 026
　2.2.3 我国电子政务系统建设中存在的
　　　　问题 …………………………… 028
　2.2.4 我国电子政务系统建设的
　　　　措施 …………………………… 029
2.3 电子政务系统标准体系 ………… 031
　2.3.1 电子政务标准化概述 ……… 031
　2.3.2 电子政务标准化的重要性及
　　　　特征 …………………………… 032
　2.3.3 电子政务体系框架 ………… 033
2.4 电子政务系统项目管理 ………… 035
　2.4.1 电子政务系统项目管理的
　　　　要素 …………………………… 035
　2.4.2 电子政务系统项目管理的
　　　　内容 …………………………… 035
　2.4.3 电子政务系统项目管理的影响
　　　　因素 …………………………… 037
2.5 电子政务系统运维管理 ………… 039
　2.5.1 电子政务系统运维管理概述 … 039
　2.5.2 电子政务系统运维管理现状 … 040
　2.5.3 电子政务系统运维管理的
　　　　问题 …………………………… 041

2.5.4 电子政务系统运维管理的对策建议……………………………… 042

第3章 政府信息资源管理……………044
3.1 政府信息资源管理概述……………044
3.1.1 政府信息资源的概念和特点… 044
3.1.2 政府信息资源的分类和来源… 046
3.1.3 政府信息资源管理的含义及其原则……………………………… 048
3.1.4 政府信息资源管理的形成与发展……………………………… 050
3.1.5 我国政府信息资源管理概况… 051
3.2 政府信息资源开发利用……………052
3.2.1 政府信息资源开发和利用概述……………………………… 052
3.2.2 我国政府信息资源的开发利用现状……………………………… 054
3.2.3 针对我国政府信息资源开放利用的政策建议……………… 055
3.3 政府信息资源的整合与共享………057
3.3.1 政府信息资源整合与共享概述……………………………… 057
3.3.2 政府信息资源整合的内容…… 059
3.3.3 政府信息资源共享的意义…… 060
3.3.4 电子政务信息资源共享模式… 061
3.3.5 政府信息资源整合共享机制的完善……………………………… 063

第4章 电子政务安全…………………068
4.1 电子政务安全相关概念……………068
4.1.1 我国电子政务安全背景……… 068
4.1.2 电子政务安全相关概念……… 068
4.1.3 电子政务安全特性…………… 069
4.1.4 电子政务安全技术…………… 070
4.2 电子政务安全风险管理……………075
4.2.1 电子政务安全风险的概念…… 075
4.2.2 电子政务安全风险管理的关键环节……………………………… 076

4.2.3 电子政务安全风险管理的方法……………………………… 077
4.3 电子政务安全管理…………………081
4.3.1 我国电子政务安全管理现状… 081
4.3.2 电子政务安全管理体系……… 082
4.3.3 电子政务安全管理面临的威胁及其改进策略……………… 085

第5章 电子政务保障体系……………088
5.1 电子政务保障的要素………………088
5.1.1 技术保障……………………… 088
5.1.2 产品保障……………………… 090
5.1.3 资金保障……………………… 093
5.1.4 人才保障……………………… 095
5.1.5 需求保障……………………… 097
5.2 电子政务保障体系的特性…………098
5.2.1 完整性………………………… 098
5.2.2 组织性………………………… 099
5.2.3 异步性………………………… 100
5.2.4 可变性………………………… 101
5.3 电子政务保障体系构建……………102
5.3.1 电子政务保障体系建设的着力点……………………………… 102
5.3.2 完善我国电子政务保障体系建设的具体措施……………… 103

第6章 电子政务法律法规……………106
6.1 电子政务法律法规概述……………106
6.1.1 电子政务立法的基本原则…… 106
6.1.2 建设电子政务法律法规体系的意义……………………………… 107
6.2 国外电子政务法律法规建设情况……………………………………108
6.2.1 美国…………………………… 108
6.2.2 日本…………………………… 111
6.2.3 澳大利亚……………………… 114
6.3 我国电子政务法律法规建设情况……………………………………116
6.3.1 信息公开与隐私保护法……… 116

6.3.2	电子商务法·················· 117
6.3.3	网络信息安全法·············· 118

6.4 我国电子政务法律法规体系完善·················· 120
- 6.4.1 我国电子政务法律法规建设存在的难点和重点·········· 120
- 6.4.2 我国电子政务法律法规建设存在的问题·············· 122
- 6.4.3 我国电子政务法律法规的解决方案·················· 123

第7章 电子政务与服务型政府·········· 126

7.1 新公共服务理论与服务型政府理论················· 126
- 7.1.1 新公共服务理论概述········ 126
- 7.1.2 服务型政府概述·············· 128
- 7.1.3 新公共服务理论对中国服务型政府构建的启示·············· 130

7.2 电子政务的政府基础·············· 132
- 7.2.1 政府基础的本质属性········ 132
- 7.2.2 政府基础的基本要素········ 134
- 7.2.3 政府基础的构建途径········ 136

7.3 电子政务与服务型政府建设····· 138
- 7.3.1 电子政务促进服务型政府形象优化·········· 138
- 7.3.2 电子政务促进服务型政府职能转变·········· 139

7.4 电子政务反腐败治理·············· 141
- 7.4.1 反腐败治理对服务型政府的重要性············ 141
- 7.4.2 电子政务与反腐败工作的关系···················· 142
- 7.4.3 电子政务环境下反腐败工作的特点···················· 144
- 7.4.4 电子政务在反腐败中的效用··· 144

第8章 互联网经济时代电子政务发展···· 147

8.1 互联网经济时代·················· 147
- 8.1.1 "互联网+"经济的含意······ 147
- 8.1.2 互联网经济发展·············· 148
- 8.1.3 互联网经济的特征·········· 150

8.2 互联网经济时代政府治理新模式：智慧治理·················· 150
- 8.2.1 智慧治理：政府治理模式变革的新选择···················· 150
- 8.2.2 互联网经济时代智慧治理的驱动机制探析·················· 152
- 8.2.3 互联网经济时代政府改革创新的困境······················ 153
- 8.2.4 互联网经济时代政府改革创新的优化路径·················· 155

8.3 互联网经济时代新融合：电子政务与电子商务··············· 157
- 8.3.1 电子商务概述·················· 157
- 8.3.2 电子政务与电子商务的区别··· 158
- 8.3.3 电子政务与电子商务相互促进发展的原理·················· 159

8.4 互联网经济下国际贸易环境变化···························· 160
- 8.4.1 自由贸易与贸易壁垒········ 160
- 8.4.2 新贸易保护主义概述········ 161
- 8.4.3 互联网经济贸易产生的积极影响······················ 164
- 8.4.4 互联网经济的税收管理····· 165

第9章 电子政务绩效评估················· 170

9.1 电子政务绩效评估概述·········· 170
- 9.1.1 电子政务绩效评估的内涵··· 170
- 9.1.2 电子政务绩效评估的重要性··· 172
- 9.1.3 电子政务绩效评估的原则··· 174

9.2 电子政务绩效评估的模式与方法··· 175
- 9.2.1 电子政务绩效评估模式····· 175
- 9.2.2 电子政务绩效评估方法····· 178

9.3 国外电子政务绩效评估体系··· 182

9.4 我国电子政务绩效评估指标体系··· 185
- 9.4.1 政府自身开展的绩效评估··· 185
- 9.4.2 第三方开展的绩效评估····· 187

第10章 国外电子政务发展概况和经验借鉴 ················ 190

10.1 国外电子政务发展概况 ········ 190
    10.1.1 英国 ························ 190
    10.1.2 美国 ························ 193
    10.1.3 新加坡 ···················· 194
    10.1.4 日本 ························ 196

10.2 国外电子政务经验借鉴 ········ 199

第11章 我国数字政府的发展规划和远景目标 ··············· 203

11.1 我国数字政府发展规划 ········ 203
11.2 我国数字政府远景目标 ········ 207

参考文献 ·· 211

第1章 电子政务概述

随着以互联网技术为代表的新一代信息技术的迅速发展,人类社会步入了崭新的网络时代。网络时代的发展助推了电子政务的产生,它深刻地影响着政府管理乃至社会治理,甚至创造出了一种全新的社会治理模式,为政府管理助力。电子政务能够突破时间、空间、地点的限制,优化政府的组织结构和办公流程,以精简、公平、高效的全新工作方式,为社会、为公民提供高标准、全方位的管理与服务。电子政务发展水平决定了政府社会管理、提供公共服务、市场监管和宏观调控等履职能力,电子政务自出现以来就受到世界各国的重视,得到了长足发展。虽然我国引入电子政务较晚,但是经过了20多年的发展,我国在电子政务领域取得了不凡的成就。

1.1 电子政务的产生与发展

1.1.1 电子政务产生的背景

1993年,美国总统克林顿和副总统戈尔首次提出电子政务,并且戈尔在后来的总统竞选中,将电子政务当作自己拉选票的最具号召力的口号之一。戈尔提出的电子政务有两层含义:一是为减少"橡皮图章",加速政府对国民需要的回应,让美国人能更快捷、更方便地了解政府,并能"一站式"(one-stop)实现公民向政府申请贷款、竞标合同、网上付税等服务;二是为重塑美国的政府运行系统,使之更富效率,运作成本更低,并"彻底扫除美国政府的官僚作风"。社会信息网络化是电子政务产生的内在动力,国际互联网和电子数据交换技术为电子政务奠定了物质和技术基础。

电子政务之所以在20世纪末得到迅速发展,并被视为传统政务的必然发展方向,有着特定的社会根源和时代背景。分析电子政务的提出和发展历程,可以归纳电子政务产生和发展的一些条件和诱因。

首先,电子政务的产生源于现代信息技术的发展和广泛应用。信息技术的发展和广泛应用对政府管理的影响是革命性的:一方面,它使信息的收集、整理、加工、分析和传播更为便利,缩短了政府、企业及公民之间的相对距离,使管理主体和客体之间的信息沟通和信息反馈更为密切,从而加强了两者之间的相互联系和相互作用;另一方面,信息技术增强了公民和社会在信息和知识方面的占有量,从而削弱了传统政府的优势地位,对传统的政府管理体制提出了挑战,使政府、企业、社会组织、公民共同管理、民主管理、参与管理成为一种需求和可能。

其次,电子政务是政府改革的内在需要。传统的政府管理体制是建立在韦伯的科层制理论基础之上的,呈现一种金字塔式的管理结构,是工业技术革命的产物。20世纪70年代以来,在经济全球化、信息网络化和新公共管理理论的推动下，一些国家纷纷掀起了以市场导向为价值取向，以权力下放、管理重心下移、规章制度精简、管理层级压缩、公务员队伍精简为手段的政府改革运动。

以美国政府为例，1993年美国成立了由副总统戈尔挂帅的美国绩效评论委员会(National Performance Review，NPR)。在短短5年时间内，美国联邦政府就精简了35万名雇员，占联邦雇员的16%，其中联邦人事总署的公务员裁减幅度高达47%。

亚洲国家也不例外。亚洲国家在发展经济过程中大多采用政府主导型的发展模式，这不可避免地造成了政府机构的膨胀、规模的扩大和公职人员的增多，政府机构臃肿、职能交叉、人浮于事、效率不高，所以机构改革成为各国政府改革的首要任务。

中华人民共和国成立以来，党和政府为建立和完善结构合理、人员精干、灵活高效的党政机关进行了坚持不懈的努力，进行过多次精兵简政，分别在1982年、1988年、1993年、1998年、2003年、2008年、2013年和2018年进行了8次规模较大的政府机构改革，国务院组成部门已由1982年的100个削减为2018年的26个。

利用先进的电子信息技术手段，提高政府工作效率，推进政府改革，成为各国政府的重要战略。在这种形势下，电子政务应运而生，其发展也备受世界各国的关注。电子政务的发展受到世界各国重视有两个方面的原因：一方面，政府是全社会最大的信息拥有者和处理者，也是最大的信息技术的用户，其有效地利用信息技术，可以极大地提高政府业务的有效性、效率和劳动生产率，从而建立一个更加勤政、廉政、精简和有竞争力的政府；另一方面，信息技术为建立一个能够更好地为居民和企业服务的政府提供了机会，促使人民更好地参与各项决策活动。新经济的发展对现有政府的改造形成一种压力，并因而成为电子政务发展的一个主要推动力[①]。

1.1.2　世界电子政务的发展历程

纵观全球电子政务的发展历程，可按若干结点事件将电子政务的发展划分为以下4个阶段。

第一阶段，萌芽期。20世纪60年代早期至70年代末，西蒙(Herbert A. Simon)、维纳(Norbert Wiener)等学者在概念体系上对管理、信息、决策、控制、数据处理等不断进行完善，同时随着电子数据处理系统(electronic data processing systems，EDPS)、事务处理系统(transaction processing systems，TPS)理论和技术的不断完善及产业界对其的成功应用，以美国为代表的国家将传统政务管理过渡到数据政务管理。人们将企业管理领域的电子数据管理成功经验引入行政管理，逐步完成了从传统手工政务管理到政务数据的电子化管理的过渡，并在一定程度上探讨了面向具体行政部门事务的政务数据集成与整合问题。

第二阶段，预备期。20世纪80年代初到80年代末，随着信息管理理论与技术的逐步改进与完善，在肯尼万(Walter T. Kennevan)和戴维斯(Gordon B. Davis)等学者的推动下，面向企业全面管理的管理信息系统出现并在企业管理领域得到广泛应用。随后，政务管理也迈入信息管理阶段，以西方先进国家政府部门为代表，越来越多的行政主体希望在其管理体系内部建立以行政办公自动化为核心的政务管理信息系统。随着行政办公自动化系统的不断改进与完善，政府内部各部门之间的数据与信息交流效率得到大幅提升，政府各职能部门之间工作的协同性能也得

---

① 徐晓林，杨兰蓉. 电子政务[M]. 北京：高等教育出版社，2016.

到较大的改善，政务管理的整体效率和有效性在这一时期得到了跨越式发展与提高。

第三阶段，成型期。20世纪90年代初至90年代末，随着计算机网络及国际互联网的发展与普及，各领域信息化程度进一步加深。自20世纪80年代起，美国不断遭受预算赤字的拖累。20世纪90年代初，由副总统戈尔(Albert Gore)领导的全国绩效评估委员会通过对行政过程与效率、行政措施与政府服务质量的充分分析与探讨，拟出了《创造成本更少、运转更好的政府》以及《运用信息技术改造政府》两份报告，试图借助先进的信息技术消除美国政府在内部管理和提供服务方面存在的弊端。1993年，美国总统克林顿(Bill Clinton)和副总统戈尔正式提出并倡导实施电子政务，并先后发起旨在推动电子政务发展的"国家绩效考察运动"和"重塑政府计划"。美国之后，英国、加拿大、澳大利亚、日本和新加坡等国家政府相继启动电子政务建设。随后，电子政务运动迅速席卷全球，成为世界各国政府提升其行政竞争力的新竞争点，现代意义上的电子政务由此诞生。

第四阶段，发展期。20世纪90年代末至今，随着信息化在全球范围内的持续推进，越来越多的国家和地区的政府部门开始认识到实施电子政务的重要意义与巨大潜力，并以极大的热情加入电子政务实施主体的队伍中，电子政务的发展在全球范围内呈现快速普及的态势。与此同时，以美国为代表的各国政府走过了蜿蜒曲折的电子政务发展历程。在"摸着石头过河"式的电子政务发展历程中，它们已经充分认识到电子政务必须借鉴企业管理领域的信息化、现代化经验。于是，各国纷纷借鉴企业知识管理的成功经验，谋求建立知识管理型的电子政府，从而开创电子政务新局面。进入21世纪后，在信息化和电子技术飞速发展下，电子政务在各国的应用与发展更是突飞猛进，各国政府也根据自身实际情况展开了针对电子政务的多方面改进与发展活动，从而推动电子政务进一步发展。

1.1.3 我国电子政务发展的动因

唯物辩证法认为，任何事物的产生、发展和灭亡，总是内因和外因共同作用的结果。但内因是事物发展的根本原因，外因是事物发展的第二位原因。"外因是变化的条件，内因是变化的根据，外因通过内因而起作用。"[①]电子政务的发展自然也离不开内因和外因的共同作用，即内在动力和外在动力。

1. 内在动力因素

电子政务发展的内在动力因素主要包括两方面：一是政府行政管理体制改革的需求；二是政府提高行政效率的需求。

行政管理体制改革是政治体制改革的重要内容，是上层建筑适应经济基础的必然要求，贯穿于我国改革开放和社会主义现代化建设的全过程。传统政务和电子政务的融合符合提供优质服务、建设服务型政府的要求。党的"十七大"报告中明确要求增强决策透明度和公众参与度，要"推行电子政务，强化社会管理和公共服务"。这不仅表明民主决策应更多地依靠信息化，更明确了"公共服务"也是电子政务的一个重要职责。"十八大"报告中对行政体制改革的目标要求有了更为具体的新描述，可以大致概括为以下几项：建设服务型政府、深化行政审

---

① 毛泽东. 毛泽东选集[M]. 北京：人民出版社，1991.

批制度改革、推进大部制改革、优化行政层级和行政区划设置、创新行政管理方式等，实现这些目标要求都离不开电子政务的介入和支撑。2014年，《国务院办公厅关于促进电子政务协调发展的指导意见》指出，促进电子政务协调发展的主要目标有以下几项：利用5年左右时间，统一规范的国家电子政务网络全面建成；网络信息安全保障能力显著增强；信息共享、业务协同和数据开放水平大幅提升；服务政府决策和管理的信息化能力明显提高；政府公共服务网上运行全面普及；电子政务协调发展环境更加优化。

人类财富的根本源泉来自大自然的资源和信息的有效增值，而大自然的资源并不是无穷无尽的，只有信息的有效增值才是人类可持续发展的方向。电子政务发展的根本动力也是信息的有效增值。电子政务通过现代网络技术对政府管理和服务进行优化重组，一方面，公民和企业可以方便且低成本地从网络上获得政府所掌握的政务信息，通过发挥自己的主观能动性进行创新，从而实现信息的有效增值；另一方面，对于政府来说，电子政务使得政府很容易地收集公民和企业的相关信息，并在政务活动中对这些信息进行整理、集合和创新，从而实现信息的有效增值。

2. 外在动力因素

从社会经济角度看，随着生产力的发展，现阶段我国的主要矛盾转化为人民日益增长的美好生活需要和不平衡不充分的发展之间的矛盾。也就是说，公众的需求层次逐步迈入了更高级的需求层次，即尊重和自我实现的需要。公民生活水平的提高使得公民的民主意识和权利诉求增强，对公共服务的需求日益强烈，并且对服务的质量也提出了更高的要求。为了最大限度地满足公民的需求提供更高质量的服务，电子政务作为最有效的办法和最便捷的途径，必须要顺应社会需求的变化，进一步提升公共服务水平。此外，经济的快速发展为政府置办办公自动化的先进设备提供了大量的资金，从而实现电子政务的快速发展。

民主，即表示国家和公众之间的关系逐渐变得更广泛、更平等，公民拥有更多的自主权。在民主政治环境下，人们参政议政愿望、对信息的对等索取、消除信息鸿沟的要求成为推动电子政务产生和发展的重要驱动力之一。以政府公开信息为例，在民主社会中，政务信息可以被视为一种特殊的公共财产，每个公民都有知情的权利，要求享有平等的信息获取。因此在信息公开要求逐渐强烈的情况下，公众对参政、议政提出了更高的要求，政府在今后的工作中势必要提高运行的透明度，增强民众的政策参与能力。在这种背景下，电子政务无疑是解决问题的最有效、最恰当的手段，电子政务对传统政务的改造使政府可以借助网络这个平台，更直接地面对百姓，从而满足人们对提高政治参与度的企盼，保障知情权、表达权、参与权和监督权。

从信息化发展角度看，在这短短的十几年里，信息技术飞速提升并覆盖全球，网络逐渐成为人们日常活动中不可缺少的一部分。人们通过网络可以熟练地进行网购、预约打车等操作。这样的信息技术渗入生活的方方面面的同时，也逐渐映射到办公流程中，当工作需要时，我们也会第一时间想到通过手机、电脑进行更加便捷的工作，这便在不知不觉中推动了电子政务的产生。信息技术的发展和应用是电子政务形成和发展的技术基础，计算机技术的飞速进步使得信息收集、处理、传递和共享更加科学化。在如今全球化的大环境中，信息化发展水平在一定程度上反映了一个国家在世界上的竞争力，而发展电子政务已然成为提升政府竞争力的手段。由此看来，一个国家电子政务发展程度的成熟与否直接关系到该国的政治、经济发展水平和社会的和谐稳定。另外，国际竞争压力也促使我国必须顺应时代发展潮流，发展电子政务。

1.1.4 我国电子政务的发展历程

1. 起步阶段

20世纪80年代起,面对信息革命带来的机遇和挑战,我国政府各部门开始尝试利用计算机技术处理一些基础政务工作,如公务文件、人员档案等,这个阶段即为"办公自动化"阶段。为推进政府机关自动化程度,我国开始在政府机关普及并推广计算机的使用。1992年,国务院办公厅下发了《关于建设全国行政首脑办公决策服务系统的通知》,确定了政务信息化的目标、策略和任务,在全国政府系统推行办公自动化。我国的办公自动化大致经过了三个模式。第一种模式是传统纸质办公模式,即以纸和低容量软盘作为办公的媒介。此时的办公自动化技术局限于计算机软硬件的发展,仅限于传真机、打字机、复印机等办公设备,缺乏通信和协同工作能力,缺少统一的平台以及相应的软件。第二种模式是网络办公自动化模式,即在办公过程中普遍使用电脑和打印机进行文字和表格处理、人事财务信息管理等事务。随着网络技术特别是局域网技术的快速发展和成熟,办公自动化技术日益成熟,形成工作流,并在此基础上结合高效协同、辅助决策等新兴技术,实现群体交流和协作,降低工作强度,提高工作效率。第三种模式是办公自动化综合服务模式,即以行业的基础信息支撑环境(包含MIS系统[①]、基础数据库系统等)和网络技术为基础,通过网络完成文件共享、网络打印共享及网络数据库管理等工作,有效地将各种内外部信息综合起来,形成信息流。

在我国办公自动化的发展过程中同样暴露出许多问题。首先是人们对办公自动化内涵理解不够,重硬轻软。很多用户仅仅把办公自动化理解为办公过程中的先进技术和设备的使用,目的是提高办公效率,却不知办公自动化发展必须依赖管理基础和信息积累的基础,只有对管理及业务流程有着深刻的理解,才会使办公自动化有用武之地。其次,技术条件的制约使得办公自动化建设难以达到预期目的。随着办公自动化系统网络化进程和互联网的深入发展,信息共享和沟通的效率明显提升,也产生了一系列信息泄露问题,这意味着外部机遇与挑战同时到来。最后,办公系统中存储和传输信息都具有很高的价值和保密性,系统的安全性是办公自动化发展和应用中亟待解决的问题。

2. 推进阶段

这一阶段的主要标志是我国开展"金"字工程建设。"金"字工程是中国政府为推进国民经济和社会发展信息化而提出的一系列信息化工程。

1993年12月,国家经济信息化联席会议召开,确立"实施信息化工程,以信息化带动产业发展"的指导思想,启动"金桥""金关""金卡"等重大信息工程,拉开了国民经济信息化的序幕。"金桥工程"即国家公用信息通信网工程,是中国国民经济信息化的基础设施。它与邮电部通信干线及各部门已有的专用通信网互联互通,互为备用,建成覆盖全国、天地一体的中速信息通信网。"金桥"网可以传输数据、文件、语音、图像,可为金融、海关、内外贸易、旅游、气象、交通、国家安全以及科学技术等各种信息业务系统提供包括天上卫星网和地面光纤网在内的完整通信体系。"金桥工程"的目标是覆盖全国,与国务院部委专用网相连,

---

[①] 所谓MIS(management information system)系统,主要指的是进行日常事务操作的系统。这种系统主要用于管理需要的记录,并对记录数据进行相关处理,将处理的信息及时反映给管理者的一套网络管理系统。

并与各省、自治区、直辖市及中心城市大中企业、重要企业集团以及国家重点工程联结，最终形成电子信息高速公路大干线，并与全球信息高速公路互联[①]。"金关工程"即对外贸易专用信息网工程，是将海关、外贸系统的信息系统实行联网，推广电子数据交换(EDI)业务，通过网络交换信息取代磁介质信息。"金关工程"的目标是对外贸企业的信息系统实行联网，推广电子数据交换业务，通过网络交换信息模式取代传统的信息交换方式，实现货物通关自动化、国际贸易无纸化，并与国际EDI接轨。"金卡工程"主要是建立全国统一的金融交易卡发行体系；建立全国性的"信用卡"和"现金卡"两个信息服务中心；建立全国统一的"金卡"专用网，推行两种统一的金融交易卡，即统一标准的信用卡和现金卡，但结合中国国情以现金卡为主；从防伪及技术发展考虑，以IC卡为主导，以磁卡为过渡。"金卡工程"的总体目标是建立一个现代化的电子货币系统，形成和完善符合我国国情并与国际接轨的金融卡业务管理体制，将信用卡作为个人与社会的全面信息凭证。我国"三金工程"建设比较成功的原因在于其从管理应用出发，实现了全国范围的管理信息化，符合加强市场监督、提高管理效率的总体战略要求。

3. 发展阶段

"政府上网工程"的正式启动是这一阶段的标志。1999年1月22日，由中国电信和国家经贸委经济信息中心共同主办了"政府上网工程启动大会"，提出建设一个安全有序、高效经济的跨世纪的系统工程。会议提出了"政府上网工程"的宗旨和实施方案，宣布了"政府上网工程"主站点www.gov.cn正式启用，并宣布中国互联网信息中心(CNNIC)已授权中国电信代理政府域名的申请注册。政府部门可以通过以下4种方式建立自己的网站：在电信机房托管服务器、租用电信机房的服务器磁盘空间、服务器设在政府部门的机房、电信机房主机与政府内部服务器镜像设置。

到2001年，全国绝大多数乡级以上政府都设有站点，并通过网站向社会发布信息，部分政府开始提供在线服务。与此同时，政府网页的内容变得日益丰富，网站的功能变得日益多样化，政府网站所发挥的作用也变得越来越大。如地方政府通过互联网发布政务通告、向社会提供政府职能部门服务电话、提供各种事务处理程序及部门解答；外经贸部门通过互联网办理进出口资格申请、申报出口退税、三资(外商独资、中外合资、中外合作)企业审批；人事部门进行网上公务员考试录用、劳动人事政策公开等。应该说，"政府上网工程"的启动，使中国政府真正开始了基于因特网的电子政务活动，无论是普通百姓，还是政府职员，对电子政务发展有了进一步的认识，为改善电子政务发展环境起了重要的作用。

众所周知，我国信息资源的80%掌握在政府手中，但在电子政务发展阶段放在政府网站上的信息仅占极少部分，有价值的信息则更少，这就导致相当多的政府网站并没有发挥其应有的功能。造成这种状况的主要原因是政府网站缺乏日常维护，部分公开的政府文件、政策、政务信息没有及时录入网站，政府网站信息更新不及时，以及相当多的政府部门以信息保密安全需要而拒绝信息"上网"。

4. 高速发展阶段

2002年7月，国家信息化领导小组召开第二次会议，审议通过并以"17号文件"的形式下

[①] 李传军. 电子政务[M]. 上海：复旦大学出版社，2011.

发了电子政务建设规划指导性意见。

2003年1月，在全国信息产业会议上，信息产业部把"大力推进电子政务发展"作为信息化推进工作的一项重点提了出来，提出要"积极推动政府上网，扩大范围，帮助更多的政府部门建立高效业务系统，提高工作效率"。

2004年7月1日，《中华人民共和国行政许可法》正式实施。为了施行该法，我国政府采取措施为集中办公的各窗口单位创建统一的数据交换平台，实现网上并联审批，简化手续，优化程序，提高时效，并推进全过程的电子化。同年，国家发布《关于加强信息资源开发利用若干意见》34号文件。

2005年4月1日，《中华人民共和国电子签名法》正式实施。从此，带有"电子签名"的凭证将和"盖红印""按手印"的传统凭证具有相同的法律效力。到2005年底，国家电子政务外网建设一期工程第一阶段任务完成，16个部委以及31个省区市与新疆生产建设兵团的政务外网率先连接，从而搭建起提供社会公共服务的便捷通道。全国1%的部委单位拥有网站，81.1%的地方政府拥有网站。其中，省级政府网站的拥有率为90.3%、地市级政府为94.9%、县级政府为77.7%。

2006年1月1日，中国政府门户网站正式开通，标志着我国政府门户网站层级体系正式形成。同年3月，国家信息化领导小组下发《国家电子政务总体框架》，指出"推进国家电子政务建设，服务是宗旨，应用是关键，信息资源开发利用是主线，基础设施是支撑，法律法规、标准化体系和管理体制是保障"。随后5月颁发的《2006—2020年国家信息化发展战略》指出，推行电子政务包括改善公共服务、加强社会管理、强化综合监控、完善宏观调控4个方面。该发展战略指出，电子政务的行动计划是"规范政务基础信息的采集和应用，建设政务信息资源目录体系，推动政府信息公开"。

2007年，国家信息化领导小组第六次会议审议通过了《国民经济和社会发展信息化"十一五"规划)》，进一步提出了"电子政务工程"的概念，并在政务网络平台、政府网站、业务系统和信息资源开发利用等方面做出了部署。这些部署主要表现在以下几个方面：一是注重"为民服务"；二是注重行政体制改革与电子政务发展的有机结合；三是注重搞好电子政务建设的统筹规划和顶层设计；四是重视政务信息资源的开发和利用；五是业务互动将继续扎实推进；六是更加注重应用和实际效益；七是改进电子政务发展的软环境建设。

2012年，党的"十八大"报告进一步提出，中国必须坚持走中国特色新型工业化、信息化、城镇化、农业现代化道路，推动信息化和工业化深度融合，工业化和城镇化良性互动，城镇化和农业现代化相互协调，促进工业化、信息化、城镇化、农业现代化同步发展。党的"十八大"报告将信息化、工业化、城镇化、市场化和国际化一并作为新形势、新任务，充分表明了我国将进一步提升信息化应用价值，推进信息化和谐发展的态势，也充分体现我国政府从始至终高度重视电子政务建设以及电子政务的应用与发展，这对于稳步推进我国电子政务发展、推动我国电子政务不断成熟起到了重要作用。

2018年，党的"十九大"对决胜全面建成小康社会、开启全面建设社会主义现代化国家新征程做出了全面部署，提出要深入贯彻党的"十九大"和十九届二中、三中全会精神，以习近平新时代中国特色社会主义思想为指导，牢固树立和贯彻落实新发展理念，深化"放管服"改革，进一步推进"互联网+政务服务"，加快构建全国一体化网上政务服务体系，推进跨层级、跨地域、跨系统、跨部门、跨业务的协同管理和服务，推动企业和公民办事线上"一网通办"(一网)，线下"只进一扇门"(一门)，现场办理"最多跑一次"(一次)，让企业和公民到政府办事像"网购"一样方便。

2021年3月11日，第十三届全国人民代表大会第四次会议表决通过了《中华人民共和国国民经济和社会发展第十四个五年规划和2035年远景目标纲要》。该纲要共分19篇，其中第5篇"加快数字化发展建设数字中国"提出："迎接数字时代，激活数据要素潜能，推进网络强国建设，加快建设数字经济、数字社会、数字政府，以数字化转型整体驱动生产方式、生活方式和治理方式变革。"该纲要强调要将数字技术广泛应用于政府管理服务，深化"互联网+政务服务"，提升全流程一体化在线服务平台功能，推动政府治理流程再造和模式优化，不断提高决策的科学性和服务效率。

1.2 电子政务的相关概念及其业务模式

1.2.1 电子政务的概念

关于电子政务，国内外有多种多样的提出方式，如电子政府、计算机化政府、政府信息化、数字政府、网络政府、在线政府等。这些称呼从不同的角度揭示了电子政务的概念与特征。电子政务(electronic government)一词是相对于传统政务(government)而言，是借助电子信息技术而进行的政务活动，这一概念来自1993年美国全国绩效评估委员会(National Performance Review)提交的名为《运用信息技术改造政府》的报告。2001年12月，国家信息化领导小组第一次会议确定把E-Government 翻译为"电子政务"而非"电子政府"。由于电子政务是信息技术与政务活动的交集，它的内涵和外延很大程度上取决于对信息技术和政务活动的理解。

首先，现代信息技术是借助以微电子学为基础的计算机技术和电信技术的结合而形成的，是对声音、图像、文字、数字和各种传感信号的信息进行获取、加工、处理、储存、传播和使用的能动技术，它的核心是信息学。现代信息技术可以从根本上改变传统政务活动的开展方式，使政务信息的实时共享和双向交流具有技术上的可能性，从这个意义上讲，现代信息技术是电子政务的物质基础。其次，政务泛指所有行政管理活动，也可理解为政府部门的管理和服务活动。现阶段我们讨论的电子政务更多的是指政府部门的信息化建设，因此我们将政务专指政府部门的管理和服务活动①。

电子政务的概念最早是由美国前总统比尔·克林顿提出的，联合国经济社会理事会进一步将电子政务定义为政府通过信息通信技术手段的密集性和战略性应用组织公共管理的方式，旨在提高效率、增加政府的透明度、改善财政约束、改进公共政策的质量和决策的科学性，建立良好的政府之间，政府与社会、社区，以及政府与公民之间的关系，提高公共服务的质量，赢得广泛的社会参与度。

世界银行则认为电子政府主要关注的是政府机构使用信息技术(比如万维网、互联网和移

---

① 汤志伟. 电子政务的管理与实践[M]. 成都：电子科技大学出版社，2013.

动计算),赋予政府部门以独特的能力,转变其与公民、企业、政府部门之间的关系。这些技术可以服务于不同的目的:向公民提供更加有效的政府服务、改进政府与企业和产业界的关系、通过利用信息更好地履行公民权,以及增加政府管理效能。因此产生的收益可以提高政府透明度,减少腐败,促进政府服务更加便利化,增加政府收益或减少政府运行成本。

综上所述,本书认为电子政务是指国家机关在政务活动中,全面应用现代信息技术、网络技术以及办公自动化技术等,建成精简、高效、廉洁、公平的政府运作管理模式,向社会提供优质、全方位、规范透明、高水准服务的一种全新的管理模式,是信息化时代政府治理模式的有效载体。

1.2.2 相关概念辨析

1. 办公自动化

办公自动化(office automation,OA),是指以计算机网络、终端、传真机、闭路电视等组成的办公设施系统完成各类信息自动处理。办公自动化具有文字处理、数据处理、图像处理、声音处理、网络化等功能。常用的办公工具分为非智能化工具(笔墨、纸张、打印机、电话等)和智能化工具(字典、手册、指南、参考书等)两类。办公自动化的基本作用是不断将非智能工具智能化,将智能化工具电子化、光学化、机械化,以便大幅度提高管理人员的办事效率。"办公"是人们处理人群集体事务的活动,办公室是信息集散的场所,办公质量的优劣、办公效率的高低直接影响着领导的决策和政策措施的贯彻执行,办公自动化是社会生产力发展的必然结果。

20世纪50年代的办公自动化主要是利用有助于提高办公效率的设备,这些设备都是以单项应用为特点。20世纪60年代末,办公室引入计算机信息处理设备,主要用于文字处理和数据处理,以及建立在数据库管理系统上的信息处理。20世纪70年代中、后期,随着微机和局域网远程数据通信等技术的发展和应用,多种不同功能及用途的信息处理设备依靠通信技术联系起来,实现功能和范围更大的办公职能,这是一个质的飞跃。20世纪80年代中期以后,随着微型计算机、多媒体技术以及辅助决策支持系统在办公自动化中的广泛应用,办公自动化已发展成具有事务级、管理级和辅助决策级三个逻辑等级的综合办公信息系统。办公自动化包括信息的采集、处理、传输、存储和管理5个环节,其核心任务是向各层次的办公人员、决策人员提供所需的信息。

2. 电子政府

电子政府和电子政务两个概念都是源于"electronic government",但是这一单词在翻译过程中,普遍使用的是"电子政务"这一译法。由此看来,电子政府和电子政务两者之间是存在一定差异的。电子政府是指在信息网络化背景下,通过在政府内部采用电子化和自动化技术,利用现代信息技术和网络技术,对传统政府的行政职能、组织结构和业务流程进行改进,建立起网络化的政府信息系统,并用这个系统为政府机构、社会组织和公民等群体提供更加方便、高效、廉洁、公平、低成本的政府服务,从而构建服务性政府的模式。简单来说,通过在互联网上建立政府网站,构建虚拟政府,为社会提供公共产品和服务。电子政府的功能主要是通过政府业务信息化，精简机构和简化办事程序，大幅度提高效率；为公众、为社会提供优质服务；以政府信息化推动社会信息化①。

3. 政府上网

政府上网，即在网上实现政府职能，通过网络加强与人民的直接沟通，在因特网上完成政府的一些职能工作。政府是最大的信息拥有者和最大的电子信息技术使用者，政府上网将带动信息产业的发展，促进整个国民经济信息网络化建设。1999年1月22日，由中国电信和国家经贸委经济信息中心主办，联合40多家部委(办、局)信息主管部门共同发起的"政府上网工程启动大会"在北京举行，揭开了1999年"政府上网年"的第一幕。通过"政府上网工程"，大量经济技术、政策法规等信息资源汇集，进而提供给社会，促进政府部门同社会各界的沟通，优化社会资源的配置，提高国民经济运行的质量和效益。

4. 数字政府

与电子政务相比，中国数字政府建设在核心目标上立足于推进治理现代化，在顶层设计上依循数据范式，在政策上将"对数据的治理"纳入议题范围，在业务架构上日益趋向平台化模式，在技术基础上正在向智能化升级。基于此，可以将数字政府在技术层面定义为政府基于数字技术以更有效率的方式分配信息；可以将数字政府在组织层面定义为政府基于数字基础设施的赋能、协同与重构。数字政府的根本目标不是帮助政府实现或拥有某种数字技术，而是利用新生产力帮助政府获得和传递更多的数据、信息和知识，最终仍然是为政府治理目标服务。

5. 智慧政府

智慧政府是电子政府的派生概念，是电子政务发展到一定程度后的必然产物。它是指利用物联网、云计算、人工智能、数据挖掘、知识管理等技术，提高政府监管、服务、决策、办公的智能化水平，形成高效便民的新型政府。"智慧"与"智能"的区别在于，"智慧"是人性化的，以人为本的，"智慧政府"是电子政务发展的高级阶段。在大数据时代下，以智能化的信息技术为支撑，以智慧决策为核心，构建服务型智慧政府是电子政务的必由之路，是解决我国一系列电子政务问题的有效选择。一般来讲，智慧政府涵盖智能办公、智能监管、智能服务、智能决策四大领域。

1.2.3　电子政务的业务模式

1. G2G模式

G2G模式是指政府(government)与政府(government)之间的电子政务，即上下级政府、不同地方政府和不同政府部门之间实现的电子政务活动，如下载政府机关经常使用的各种表格、报销出差费用等。G2G模式是电子政务的基本模式，具体的实现方式可分为政府内部网络办公系统、电子法规和政策系统、电子公文系统、电子司法档案系统、电子财政管理系统、电子培训系统、纵向层次网络管理系统、横向层次网络管理系统、业绩评价系统、城市网络管理系统等

---

① 祝光耀，张塞. 生态文明建设大辞典：第1册[M]. 南昌：江西科学技术出版社，2016.

方面，即传统的政府与政府间的大部分政务活动都可以通过网络技术的应用高速度、高效率、低成本地实现。

2. G2B模式

G2B模式是指政府(government)与企业(business)之间的电子政务，即政府通过网络系统进行电子采购与招标，精简管理业务流程，快捷迅速地为企业提供各种信息服务。在G2B模式中，政府主要通过电子化网络系统为企业提供公共服务。G2B模式旨在打破各政府部门的界限，实现业务相关部门在资源共享的基础上迅速快捷地为企业提供各种信息服务，精简管理业务流程，简化审批手续，提高办事效率，减轻企业负担，为企业的生存和发展提供良好的环境，并促进企业发展。G2B模式目前主要运用于电子采购与招标、电子化报税、电子证照办理与审批、相关政策发布、提供咨询服务等方面。电子政务对企业的服务包括三个层面：政府对企业开放各种信息，以方便企业经营活动；政府对企业业务的电子化服务，包括政府电子化采购、税收服务电子化、审批服务电子化等各种与企业业务有关的电子化服务活动等；政府对企业进行监督和管理，包括规范市场秩序、产品质量安全控制、加强企业环保要求等。

3. G2C模式

G2C模式是指政府(government)与公众(citizen)之间的电子政务，即政府通过电子网络系统为公民提供各种服务。G2C模式电子政务所包含的内容十分广泛，除了给公众提供方便、快捷、高质量的服务外，更重要的是可以开辟公众参政、议政的渠道，畅通公众的利益表达机制，建立政府与公众的良性互动平台。这些平台主要包括教育培训服务、就业服务、医疗服务、社会保险网络服务、公民信息服务、交通管理、公民电子税务、电子证件服务等电子政务平台。通过G2C模式电子政务，居民可办理结婚证、离婚证、出生证、死亡证明等有关证书。

4. G2E模式

G2E模式是指政府(government)与政府公务员(employee)之间的电子政务，即政府对政府工作人员的电子政务应用模式。G2E模式电子政务是政府机构通过网络技术实现内部电子化管理的重要形式，也是G2G、G2B和G2C电子政务模式的基础。G2E模式电子政务主要是利用互联网建立起有效的行政办公和员工管理体系，进一步提高政府工作效率和公务员管理服务水平。

1.3 电子政务的特征及影响

1.3.1 电子政务的特征

随着通信技术的发展和人们认识的不断深入，电子政务的概念是动态发展和变化的，但不论电子政务如何界定，其本质特征是不变的。因此，正确认识电子政务的基本特征对于理解电子政务有着十分重要的意义。电子政务的基本特征是利用计算机及其网络优化来扩展政府机构的业务形式、管理模式和服务方式，最终给政府的管理方式和行政手段带来革命性的变化。一般而言，电子政务具有以下几个方面的特征。

1. 信息化

随着信息技术高速发展，信息技术以其快捷高效和跨越时空的优势让政府在信息的生产、传播、管理等方面发生了巨大变化。一方面，政府增强了信息获取和控制的能力，在各个领域不断拓展了政府的职能，对社会的调控更加有效；另一方面，政府对信息的获取和管理更为便利，甚至可以说是处于垄断地位。在这种情况下，政府的管理模式及行政手段发生了历史性变化，政府管理的有效性大大提升。

2. 电子化

电子化，即从上级下达任务，到下级完成任务后将情况上报、检查，从文件的生成到传达、执行，都采用计算机手段和运用信息网络进行。从上传下达，到下达上传，政府内部各部门之间的情况沟通，都可以通过计算机网络运作。由从前的人员集中开会到通过视频会议传达会议内容及精神，由堆积如山的纸质文件到现在高效快速的网络化电子办公手段，政府行政管理愈加高效。通过政务信息化处理，政府将计算机运用于政务工作当中，实现了办公手段由低到高、由局部到全面的发展过程。

3. 网络化

随着网络信息技术的不断发展，政府机构、众多企业和社会公众能够更加便利、快捷、高效地进行沟通和协作，互联网的全球性、开放性、低成本、高效率等优势发挥得越来越明显，而这些优势已成为电子政务的内在特征，使得电子政务大大超越了作为政务运行平台所具有的价值，不仅会改变政府机关的业务活动流程，促使政府业务流程再造重组，还将对整个社会及其他机关的运作模式产生积极作用。因此，互联网是电子政务运行所依赖的基础。

4. 虚拟化

电子政务最重要的作用是运用信息技术打破行政机关的组织界限，为电子化的虚拟政府打下基础。所谓虚拟政府，就是除了实体政府之外还存在的一个政府，即利用网络改变传统的政府形态。这种虚拟化政府的最大的特征在于其不受时间、空间的限制，可以全天候不间歇提供在线服务，这大大降低行政成本，节约人力和物力，提高行政效率。当然，目前虚拟政府正在建设中，实现完全政府管理的虚拟化还有很长的路要走，因为政府的许多功能在现有条件下不能完全由机器代替，更为关键的是现有的信息化水平有限，还满足不了政府虚拟管理的要求。

5. 交互化

信息沟通呈现交互化的原因在于更好地为广大人民群众服务。我国是社会主义国家，始终坚持中国共产党的领导，党的初心和使命是为中国人民谋幸福，为中华民族谋复兴。人民政府作为人民的公仆，为了更好地服务人民，实现信息沟通的交互就更为重要，而通过利用信息网络技术，政府与企业、社会就会形成一种互通机制。一方面，政府通过网络及信息技术，使整个政府工作变得透明化，减少权力的滥用，有助于廉政政府的建设；另一方面，公众可以参政议政，参与行政决策，可以表达出自己的心声，争取自己的利益，满足公众的知情权和参与权，以此形成一种政府与企业、政府与公众的良性互动。

1.3.2 电子政务的影响

在信息化日益发展的当下,电子政务作为政府管理和服务社会的重要平台发挥着重要作用。电子政务为政府公共服务职能的履行提供了众多便利,是服务型政府发展的需要,也是信息化社会进步的产物。而电子政务在提升政府工作服务效率的同时,对社会其他方面也起到了积极的影响,主要包括对政治文明建设、经济发展、公民服务三个方面的影响。

1. 电子政务对政治文明建设的影响

(1) 转变政府职能。电子政务促进政府职能由管制职能向管理服务职能转变,提高了行政效率。政府可利用上网契机完善自身的服务职能,为社会提供平等公平的资源,包括政治、经济、文化、社会等一切公共领域的过去、现在、将来的知识和信息。作为公共权力的行使者,政府不再是治民或为民作主,而是为民服务,让人民自己做主,运用各种网络手段为社会提供周到便捷的服务。

(2) 扩大公民参政通道,加快政治民主化进程。电子政务的开展促进了新型政府治理的实现,使新型政府与公民之间的关系更为密切,政府与公民也可以通过电子化方式交换价值取向、政治观点以及其他个人意图。电子政务为公民参与提供了良好信息环境,提供了便捷渠道。此外,网络的特殊性可以有效提高公民参与的热情。

(3) 打破传统权力结构,机构设置由繁变简。未来社会是一个多元化社会,权力分散是大趋势。互联网的发展、电子政务的推行则从技术上成为政治权力分散化加速实现的催化剂。未来网络时代的基本政治面貌意味着原有的金字塔式的权力模型被打破,平面化的权力结构将取而代之。

(4) 变革政府工作方式,促进行政决策的民主化。首先,电子政务的推行将改变传统的科层制的政府组织形态,使政府最大限度地发挥信息技术的潜力,提供最为畅通的信息流动渠道,从信息技术投资中获得最大的回报率。其次,电子政务的推行体现了一种分权与民主的特质,是信息化潮流下的政府形态之一。此外,电子政务的推行可以最大限度地克服政府决策的有限理性,有利于促进行政决策由集中转向民主,从而大大提高决策的合理化程度。

2. 电子政务对经济发展的影响

(1) 电子政务将改善政府对国民经济的宏观调控能力。在市场经济条件下,电子政务可以成为政府实现宏观控制的有力推手。政府可以借助网络及时全面地了解民众声音,充分开发利用网络所蕴藏的巨大信息,解决因信息不畅而产生的重复投资、盲目决策和资源浪费等不良现象;改善因信息处理手段落后而造成的大量自然资源及社会资源闲置状况,避免市场的盲目和无序竞争,保证市场竞争的有序性、合理性和公正性;通过信息的发布,引导市场竞争向规范和健康的方向发展。

(2) 电子政务将促进信息技术应用和信息产业发展。实施电子政务,能够提高政府办公效率、改善决策和投资环境、增加依法行政透明度、缩短政府和公众的距离、建立以知识为基础的新型管理体系。此外,实施电子政务,能够为企业提供行业或领域信息化良好的配套环境,实现信息增值效应。

(3) 电子政务促进电子商务的进一步发展。电子政务能够通过拉动国内信息产业的市场需求带动电子商务发展，建立一个加强企业和用户有效沟通的网上政府、电子化政府、信息化政府，从而帮助企业减少运营风险、避免环境风险、促进稳健经营。此外，电子政务的发展有助于构建一个国际化的或者全国性和地方性的电子商务平台，有利于中小企业积极利用电子政务所带来的便利条件，从而促进自身发展。

3. 电子政务对公民服务的影响

(1) 电子政务为公民社会生活提供高效服务。在现代社会，服务水平是衡量一个机构优秀程度的重要标准。传统的政府办公主要是以部门职能权力为中心，以满足政府自身管理需求为基点，几乎没有把公民当作政府的"顾客"看待，极少考虑公民的服务需求。一旦公民想要办理一件事，就必须准确知晓该业务的流程，清楚涉及的部门的权力职责和地理位置，然后按照业务流程分别上门办理。这种业务模式不仅环节繁多，办事效率极低，还造成民众一直处于被动状态，办事成本高，用户满意度低。

现代电子政务采用的是"服务驱动型"业务流程，其理念是以公民需求为中心，以提供便捷服务为基点，整合简化业务流程，最大限度地满足公民的服务需求，为公民提供快速便捷的"一站式"服务。这种业务模式对传统政府业务结构进行了重新设计，利用电子信息通信技术，使政府不同部门加强沟通协作，将相关的业务集中到一个业务处理平台，公民只需一次性向政府网站或者政府服务窗口递交业务材料，系统便会将相关材料自动发放到对应业务部门进行业务的审批和处理，公民不必逐一与多个部门进行沟通，便能完成业务的办理。这种新型政务处理模式解决了业务部门分散，部门之间沟通不足，业务流程僵化的问题，使公民不再疲于奔波，将简单快捷的公共服务提供给公民。这种业务模式对于降低行政成本、提高服务质量和增加用户满意度起到了很大的作用。

(2) 电子政务与电子商务联合提供便捷平台。电子商务是以互联网为基础条件而开展的全球内的电子贸易活动，其主要包含B2B、B2C和C2C等多种运行模式[①]。政务和商务，一个是政府行为，一个是企业商业行为，两者本该是互不相关的，然而，在党中央提出"简政放权"思想后，电子政务和电子商务得到了很大程度的融合。在信息高速发展的现代，政商融合具有多方面的优势，对政府政策的实施和商业的高效运行有着极大的促进作用。

电子政务的发展，为电子商务提供了一个更加可靠的平台。电子政务与电子商务的融合，能够为民众提供政务与商务方面的双重需求，实现更加全面、统一的管理。构建"政商合一"平台，能够为公民带来更多的方便，可为公民提供更为高效的公共服务平台，使公民在同一平台办理政商两项业务。例如公民可以通过网络查询水电费缴费情况，并通过电商与政务平台支付费用，不再受时间地点的限制，便捷地履行缴费义务，这不仅减少了公民的时间成本，还降低了行政管理费用，提高了公民对政府工作的满意度。

(3) 电子政务为公民了解政策提供方便。电子政务算得上是一种新型的民主形式，它使公民通过网络获取更多、更有效的信息，直接地参与民主政治。通过网络，公民可以有机会看到政府在做什么，怎么做的，还能及时地发表自己对政府行为的看法，参与决策。电子政务为公民提供了更加开放的民主平台，不仅能够提升公民在民主政治中的参与度，还能降低行政成本，拉近政府与公民的距离。

---

① 王培龙. 论电子政务、电子商务与电子社区建设的统一[J]. 电子技术与软件工程，2014(05)：241.

1.4 我国电子政务的发展现状

据《2020联合国电子政务调查报告》显示，我国电子政务发展指数从2018年的0.6811提高到2020年的0.7948，排名比2018年提升了20位，取得历史新高，达到全球电子政务发展"非常高"的水平。其中，作为衡量国家电子政务发展水平核心指标的在线服务指数上升为0.9059，在线服务达到全球"非常高"的水平。联合国电子政务调查报告中我国在线服务全球排名的大幅提升，与我国不断深化"放管服"改革和大力推动全国一体化政务服务平台建设的决心与行动密不可分。

1.4.1 目前我国电子政务的发展特征

1. 党中央、国务院高度重视信息化建设与电子政务发展

党的"十八大"以来，以习近平同志为核心的党中央高度重视网络安全和信息化工作，强调要以信息化推进国家治理体系和治理能力现代化，统筹发展电子政务，构建一体化在线服务平台。党的十九届四中全会《中共中央关于坚持和完善中国特色社会主义制度、推进国家治理体系和治理能力现代化若干重大问题的决定》提出，创新行政管理和服务方式，加快推进全国一体化政务服务平台建设。十九届四中全会从推进国家治理体系和治理能力现代化的战略高度，把推进全国一体化政务服务平台建设作为完善国家行政体制、创新行政管理和服务方式的关键举措。当前，新一代信息技术的创新应用将贯穿到各个领域制度体系建设和治理现代化的全过程，在坚持和完善中国特色社会主义制度、推进国家治理体系和治理能力现代化进程中，信息化是国家治理体系和治理能力现代化的基本要求和重要标志。推进国家信息化建设，发展电子政务是国家治理能力现代化的重要支撑和保障。

2. 数字政府建设逐步加快

数字政府作为新时期电子政务发展的高级目标，是数字中国建设体系的有机组成部分，是发展数字经济和建设数字社会的基础性和先导性工程，更是再创营商环境新优势的重要抓手和重要引擎。党的十九届四中全会提出，推进数字政府建设，加强数据有序共享，依法保护个人信息。截至2019年12月，全国有10个省级地方政府已出台并公开数字政府规划计划，指导数字政府建设。多个地区成立数字政府建设领导小组，明确政务数据统筹管理机构协调推进数字政府建设的工作职能。各地区、各部门高度重视并探索推动数字政府改革，将其作为引领数字化时代政府改革与治理能力建设的着力点和突破口，推动政府治理从低效到高效、从被动到主动、从粗放到精准的转变，取得了积极成效。2020年10月，党的十九届五中全会审议通过的《中共中央关于制定国民经济和社会发展第十四个五年规划和二〇三五年远景目标的建议》再一次提出，加强数字社会、数字政府建设，提升公共服务、社会治理等数字化智能化水平。

3. 网上政务服务能力和水平持续提升

2019年5月，国家政务服务平台上线试运行，联通32个地区和46个国务院部门，标志着以国家政务服务平台为总枢纽的全国一体化政务服务平台初步建成。一体化政务服务平台作为创新行政管理和服务的新方式、新渠道、新载体，充分发挥了跨地区、跨部门、跨层级业务办理上的支撑和保障功能，推动了更多政务服务事项从"线下跑"转向"网上办"，全方位提升了网上政务服务能力和水平。各地区将政务服务平台建设作为区域发展"软环境"的重要标杆，优化办事流程、创新服务方式、简化办理程序，以网上服务打造便企利民贴心服务的新名片，政务服务平台品牌的辨识度、知晓度、美誉度全面提升，一体化平台已经成为企业和公民办事的主要渠道。截至2020年10月底，国家政务服务平台总使用量已达90亿人次，总使用人数超过10亿人，累计为各地区各部门提供数据共享服务400亿余次，提供身份认证核验服务11亿余次，为推进全国政务服务"一网通办"提供了强有力支撑[①]。

4. 减审批优服务成为优化营商环境的重要内容

面对复杂的国内外经济发展环境，不少地区从公民反映强烈的办事"环节多、跑动多、收费多、材料多"问题着手，化繁为简，通过制度创新，尤其是政府管理与政务服务方面的创新，将"减时间、减环节、减材料、减跑动"作为优化政务服务的重要目标，不断提升政务服务的效率和水平，进一步优化营商环境，在国际竞争的新形势下构建新的制度优势。例如，2019年7月，浙江省发展和改革委员会启动了企业投资项目审批监管3.0平台的建设，削减了123个地方或职能部门的业务系统，要求各部门均使用审批3.0平台的统一审批系统，由审批人员直接登录该平台完成线上审批，提高了部门间审批工作的流转效率，也减轻了企业重复提交证明材料的压力[②]。截至2019年12月，在省级行政许可事项中，平均承诺时限压缩42.82%，98.32%的事项实现网上可办，82.13%的事项实现网上受理和"最多跑一次"，34.55%事项实现了网上审批和"零跑动"。

5. 政务信息资源开发利用深入推进

2018年以来，各地争相设立省级大数据局，探索建立地方政府数据治理体系，提升数据资源的开发利用效率和"互联网+政务服务"水平[③]。政务信息资源共享取得突破性进展，政务信息整合共享工作基本实现"网络通、数据通"的阶段性目标。全国一体化数据共享交换平台建成，一体化的数据共享响应机制日趋完善，国家一体化电子证照共享服务系统梳理了各地区各部门证照类型897种，已汇聚861种，占比96%，证照目录总量达31.5亿条，为电子证照"一个证照、全国互认"提供了数据基础支撑。公共信息资源开放有效展开，全国多个地区建立了公共信息资源开放平台，开放数据的规模得到大幅度拓展。2019年的全国开放数据集总量比2017年增加了6倍，各地开放数据集中满足可机读格式标准的比率达到82%。

6. 移动端驱动引领作用进一步加强

据第46次《中国互联网络发展状况统计报告》显示，截至2020年6月，我国在线政务服务用户规模达7.73亿，占网民整体的82.2%。随着智能手机的迅速普及，移动政务服务应用正成为移动互联网时代政务服务的新渠道。在"微技术"的迅猛发展下，各地区纷纷将移动政务服

[①] 卢向东. 准确把握数字化转型趋势 加快推进数字政府建设：从"数字战疫"到数字政府建设的实践与思考[J]. 中国行政管理, 2020(11): 12-14.

[②] 谈婕, 高翔. 数字赋权：信息技术在纵向政府间治理中的作用机制研究：基于浙江省企业投资项目审批改革的研究[J]. 治理研究, 2020, 36(06): 31-40.

[③] 张克. 省级大数据局的机构设置与职能配置：基于新一轮机构改革的实证分析[J]. 电子政务, 2019(6): 113-120.

务作为提升服务水平和效能的重要载体，将业务量大、受众面广、公民使用率高的服务事项向移动端延伸，推动实现更多政务服务事项"掌上办""指尖办"，提升公民服务满意度。

1.4.2 我国进入"互联网+政务服务"新阶段

1. "互联网+政务服务"的概念

"互联网+政务服务"的本质是指以政务服务平台为基础，以公共服务普惠化为主要内容，运用互联网信息技术、互联网思维与互联网精神，连接网络社会与现实社会，实现政府组织结构和办事流程的优化重组，构建集约化、高效化、透明化的政府治理运行模式，更好地向社会提供新模式、新治理结构的管理和政务服务产品。"互联网+政务服务"作为电子政务发展的新阶段、新模式，受到党中央、国务院的高度重视。2016年9月，国务院印发了《关于加快推进"互联网+政务服务"工作的指导意见》，明确了"互联网+政务服务"的概念与意义，并于同年12月，发布了《"互联网+政务服务"技术体系建设指南》。为贯彻落实"互联网+政务服务"，国务院办公厅2018年6月发表的《进一步深化"互联网+政务服务"推进政务服务"一网、一门、一次"改革实施方案》明确指出，建设"互联网+政务服务"是为了提供跨层级、区域等协同管理及服务，促进企业与民众办事线上线下相结合，促使企业以及民众前往政府办事如同网购一样便捷。2018年7月，国务院印发《关于加快推进全国一体化在线政务服务平台建设的指导意见》，对推动"互联网+政务服务"一体化建设提出了基本要求，具有很强的指导作用。党中央、国务院围绕完善顶层设计、加强统筹协调、强化信息共享等方面协同推进，做出一系列重大部署，为"互联网+政务服务"的健康、协调、可持续发展提供了强有力的保障。2021年1月，中共中央印发《法治中国建设规划(2020－2025年)》，指出要加快推进"互联网+政务服务"，争取在2022年年底建成全国一体化政务服务平台，除法律法规另有规定或涉及国家秘密等外的政务服务事项全部纳入平台办理，全面实现"一网通办"。

2. "互联网+政务服务"的基本特征

(1) 服务载体移动化。"互联网+政务服务"实现的基础条件之一就是移动终端设备的出现和广泛应用。政务服务从传统的电脑端 Web 网页、政府门户网站迅速转移到智能手机，办事群众足不出户，运用微信、微博、App应用软件等，通过手机移动端可以随时随地进行预约申请、事项提交、进度查询、意见反馈。移动化的载体既贴近民众生活，又增强了服务体验。

(2) 运行方式智能化。"互联网+政务服务"运用人工智能、云计算、大数据等技术，通过收集、获取、沉淀数据及服务记录等，感知和挖掘办事群众和企业的需求，以便对相关需求、未来需求做出趋势预判，从而精准地为办事群众和企业提供一系列可供选择的超预期服务。

(3) 业务平台云端化。传统的政务应用被迁移到电子政务云、公共服务云平台上。电子政务云有助于跨部门信息共享、业务协同，增强行政管理效率和政府治理能力。公共服务云是由政府主导，整合公共资源，为公民和企业的直接需求提供云服务的创新型服务平台。

(4) 管理模式集约化。"互联网+政务服务"充分发挥云平台作用，践行"共性平台+应用系统"集约化建设的总体思路，统一标准、统一行动，为部门协作、信息共享、业务协同构建可行性基础，充分保障事项内容、服务流程、技术应用不断扩展时的兼容性。

(5) 动力内核数据化。"互联网+政务服务"借助大数据技术统筹建立自然人、法人、电子证照、社会信用等基础信息数据库；构建数据共享交换平台，达成政务信息资源的跨界互联互通和协同共享；通过对政务数据资源进行实时感知、智能分析，预测出发展趋势，辅助决策者做出更科学有效的决策和行动。

3. "互联网+政务服务"发展的意义

"互联网+政务服务"是政府顺应"互联网+"的时代要求，对我国的发展具有重要的意义。

(1) 推动中国政府向服务型转变。网络时代下，人们的生活水平逐渐提高，也对公共服务的数量和质量有了新的要求。政府虽然一直不断地提高自身服务能力，但是"门难进、脸难看、事难办"的现象、"排长队、多跑腿、效率低"的难题仍然存在。"互联网+政务服务"能够提高政府办事效率和服务能力。互联网的用户思维与服务型政府坚持以人为本的价值观念相符，并且互联网融入政务服务有利于重塑服务理念，推动服务型政府建设。"互联网+政务服务"利用互联网+技术，能够公开政务信息，使政府的工作更加公开透明，维护民众的知情权，使民众更加积极地参与到政治生活中，也让民众更好地获得政务信息资源，实现以人为本的政府服务，使我国政府逐步向服务型转变。

(2) 推进国家治理体系和治理能力现代化。在信息技术迅猛发展的时代背景下，互联网对改变政府治理模式和服务方式的影响日益凸显。云计算、大数据、移动互联网、物联网等方面的创新应用，深化了互联网时代的政府治理创新，推动了政府治理向系统性、整体性、协同性的高效动态治理体系变革，"数据辅政"将有利于打造政府治理新格局。一方面，推行"互联网+政务服务"可以有效打破横向和纵向的行政界限和信息壁垒，实现政府治理的垂直流程向扁平化流程转变，有效破解政府治理碎片化问题。另一方面，以解决社会公众最关心的难点为出发点，通过构建政务服务"一张网"，深入推进信息技术和精细化服务的深度融合，可促进公共服务均等化，破解办事难困境，推进政府治理科学化和现代化。

(3) 助力中国走向网络强国。从当前全球形势来看，鼓励信息技术变革和应用模式创新，推动"互联网+"与传统领域交互融合、渗透，利用信息技术提供先进的在线政务服务已经成为趋势并迅速发展。党的"十八大"以来，互联网在国家治理中的作用日益凸显，已被提升到国家发展战略的高度，全方位勾勒了"互联网+政务服务"的行动图景。政府需要一个更为主动、全面、严谨、长远的互联网国家安全战略来保障强国愿景的实现，逐步建成网络强国。

4. "互联网+政务服务"发展现状

从我国"互联网+政务服务"的政策制定和执行情况以及各地"互联网+政务服务"的实践可以发现，我国"互联网+政务服务"发展呈现以下几方面趋势。

(1) 政府和互联网企业的合作越来越紧密。目前在"互联网+政务服务"的发展中，政府与互联网企业的合作，从单纯借助IT企业的技术力量搭建电子政务运作平台，发展到与互联网企业进行更多的深度合作。例如，联合开发运营政务服务方面的App，从而借助移动互联网平台提高政务效率，为社会提供更多增值服务。同时，基于移动互联网、物联网、大数据、云计算、人工智能等发展起来的新兴智慧产业也必然与政务活动有更多的连接和交融，从而增强政府服务能力，实现治理模式的优化创新。"政务钉钉"就是政府和互联网企业合作的典型例子。2019年10月，阿里巴巴正式发布政务钉钉1.0版本，帮助浙江省实现了省、市、县、乡、村五级机构组织在线，覆盖公职人员121万人。"浙政钉"通过"一号登录、一键查询、一网通办"，实现业务运行流程可追溯、可监督、可问责。浙江省政府及省属委、办、厅、局机关和全省11个地市、90个区县，均可在"浙政钉"上进行工作沟通和办公协同。

(2) 提质增效成为政府治理的新常态。国务院提出的"互联网+政务服务"不是简单地进行电子政务基础设施建设，而是真正让互联网化、智慧化的政务服务和治理模式发挥出应有的功效，从而提升政府在公共服务方面的供给质量。因此，"互联网+政务服务"的政府治理更加注重质的层面，摒弃由于跟风建设而出现大量的僵尸网站。例如，企业码就是浙江电子政务惠及于民的典型例子，2018年"最多跑一次"改革被写入全国两会政府工作报告，由此开始向全国推广普及，而企业码是浙江省政府深化"最多跑一次"改革下的产物。根据浙江省中小企业服务中心的数据，截至2020年11月末，浙江全省约263万家企业领码、用码，9.6万件诉求"码"上解决，各地互联互通立"码"兑现政策资金超过150亿元。政府利用"线上线下"结合的方式，灵活使用企业码协助企业实现供求对接近7000项，需求解决率超过98%[①]。

(3) 互联网思维和精神的深度融入。传统的电子政务模式虽然也利用了互联网技术，但是，那种"互联网+"的模式只是将互联网视为一个单纯的技术工具和服务渠道，传统的治理模式和服务思维并没有出现根本性的转变。"互联网+政务服务"则是对以往治理思维和模式的变革重构，也是政府对电子政务认识上的深化，具有新的突破意义。互联网不止是一种提高效率的技术工具，其开放、透明、廉洁、共享、互动、创新等思维理念和精神价值更是被融入政府治理过程中，真正实现了政府治理思维和政务模式的优化创新。

(4) 政务资源的智慧化配置。由于职能分工不确切、信息无法实现即时性共享等原因，不同政务部门在城市公共安全管理，特别是在突发性公共危机事件的应对处理上，呈现各自为政、相互分离的碎片化状态，极大地制约了城市治理的效率和效果。"互联网+政务服务"的进一步发展，能够帮助政府打造综合性一体化的平台管理系统，实现政务资源在各主体间更为优化的整合与配置。同时，智慧化政务系统有助于打破各主体间的碎片化状态，提升部门整体协同能力，更好地应对和处理突发事件。例如，上海市以"一网通办"作为深化政府治理、构筑数字政府的切入点，形成全链条服务平台、双引擎并驾齐驱、全媒体沟通反馈、多主体协同合作的数字政府架构体系和数字治理生态[②]。

(5) 政务数据开放与共享。增加政务信息的开放性和透明度，使有需要的企业和个人能够更加便捷地获取相关数据，为政府信息资源的社会化开发利用提供有利条件。目前，从我国各地政府构建电子政务系统的实际效果来看，要走的路还很长。一方面，政府在互联网时代的治理创新还有待提升，特别是在政务信息资源的开发利用与整合共享方面，面临着许多问题。例如，部门间的信息孤岛、对固有治理思维与模式的路径依赖，以及不同部门间的协同办公等。另一方面，随着国内互联网基础设施的不断完善，我国的电子政务已经由提供社会增值服务的中级阶段向高级阶段迈进。在这种情况下，政府需要有效地处理信息孤岛、协同服务等问题，避免掉入"中级发展陷阱"，产生更多的治理问题[③]。据《2020年中国地方政府数据开放报

---

① 刘道学，董碧晨，卢瑶. 企业码：双循环格局下政府数字化服务企业的新探索[J]. 电子政务, 2021(02): 53-63.
② 谭必勇，刘芮. 数字政府建设的理论逻辑与结构要素：基于上海市"一网通办"的实践与探索[J]. 电子政务, 2020(08): 60-70.
③ 金江军. 互联网时代的新型政府[M]. 北京：中共党史出版社, 2017.

告》显示，截至2020年4月底，我国共130个省级、副省级和地级政府建立了数据开放平台，其中仅有9个平台拥有10个以上的优质数据集①。

本章小结

电子政务是现代政府管理理念与信息技术结合的产物。面对全球范围内国际技术发展及政府管理的竞争，世界各国的政府都把电子政务作为优先发展的战略，发展电子政务不仅是世界新一轮公共管理改革和衡量国家综合国力的标志之一，更是推进中国信息化建设的关键一步。因此，正确地理解电子政务的深刻内涵；了解电子政务的发展背景；掌握电子政务的基本理论与相关模式，了解当前世界范围内电子政务的发展状况；明确电子政务是什么，做什么，怎么做，对于迎接信息时代新形势的挑战、促进政府管理创新具有重要意义。

关键词

电子政务　行政管理体制改革　行政效率信息化建设

数字政府　信息共享　互联网+政务服务　智慧政府

复习思考题

1. 概念题

电子政务、办公自动化、电子政府、数字政府、智慧政府、G2G、G2B、G2C、G2E

2. 简答题

(1) 简述电子政务产生的动力因素。

(2) 简述我国电子政务的发展现状。

(3) 简述电子政务的业务模式。

(4) 简述我国电子政务的特征。

(5) 简述我国"互联网+政务服务"的发展现状。

---

① 高国伟，竺沐雨，段佳琪. 基于数据策展的政府大数据服务规范化体系研究[J]. 电子政务，2020(12)：110-120.

第2章 电子政务系统

完善电子政务系统是国家信息化建设、政府行政管理与公共服务的重要战略任务。目前我国的电子政务系统并没有形成一个能够不断完善和提高的闭环过程，这使得相关政府机构和公共部门很难及时了解电子政务系统的建设和运营效果，系统建设管理单位难以根据实际反馈进行维护和改进工作，影响了我国电子政务建设的实际效果。在本章中，我们将从电子政务系统规划、电子政务系统建设、电子政务标准体系建设、电子政务系统项目管理以及电子政务运维管理这几个方面介绍电子政务系统建设的有关内容。

2.1 电子政务系统规划

电子政务系统规划是保证电子政务系统从虚到实的必由之路，对我国电子政务的健康发展具有决定性意义。电子政务系统的规划将促进政务系统的变革与再造，推进我国政务系统的信息化、科学化和民主化，实现政务的高效性、经济性、有效性及与外界的良性互动，充分发挥政府宏观管理、综合协调、有效服务的职能，并最终提高我国政府在国际舞台上的竞争力。

2.1.1 电子政务系统规划概述

1. 电子政务系统规划的意义

电子政务系统规划是指相关政府机构和公共部门，从自身和社会的长远发展目标以及政府治理范围的全局出发，以政府的核心工作和关键问题为重心，以网络为基础，为政府系统确立以信息技术为平台的整体建设目标、战略和资源计划，从而有针对性地开发和构建具有科学性、合理性、可扩展性和实用性的电子政务系统。简而言之，电子政务系统规划就是将政府的发展战略和目标转化为电子政务系统发展战略、目标和基本技术实现方式的过程。电子政务系统规划有以下几点意义。

(1) 实现电子政务发展的既定目标。在电子政务项目实施之前，要对具体的目标、实施步骤、各种资源的合理配置以及在实施过程中可能遇到的问题和困难做出合理的预期，并制定出相应的应对措施。只有通过制定全面的系统规划来明确项目的工作范围，指出为实现既定目标所需要完成的所有工作，才能知道完成哪些工作就可以达到既定的目标，才能明确政府公职人员的责任和义务，才能保证项目的实施按预定的计划进行。科学合理的电子政务系统规划，不但使政府部门的公职人员认识到电子政务的发展目标，而且让电子政务的设计开发人员、项目实施人员明确项目的要求和进度。同时，科学合理的电子政务系统规划，让公众对政府的改革与发展有了新的认识，使公众以更高的积极性参与电子政务的实际建设。

(2) 加强政府部门间的交流与合作。在传统条件下，政府部门之间存在"官僚制"管理体制的现象，而且电子政务系统规划具有层次之分，极易造成政府部门各自为政、条块分割的局面。各部门为了维护自身的利益，常常会给其他部门造成一定的障碍，这种障碍既不利于政府效率的提高，又导致部门间协调成本的增加。所以在实施电子政务时，必须要通过统一的系统规划来规范政府各个部门间的行为，精简流程，提高效率，并理顺政府部门之间的职能关系，加强各部门的密切配合和沟通。而科学的电子政务系统规划有助于明确不同政府部门在电子政务发展过程中的地位和作用，有效减少部门间协调的成本，保证电子政务发展的有序推进。

(3) 有利于合理配置资源。电子政务建设耗资巨大，如果不经过详细而周密的项目规划、审核和试点就全面铺开，必然会造成资金浪费甚至资金短缺，所以加强电子政务系统规划对合理配置资源具有非常重大的现实意义。电子政务系统规划可协调电子政务信息资源在政府各部门、企业、公民之间布局更加合理，真正适应网络环境导致的信息资源地理分布"零距离"共享特征，使用户的信息需求得到最大的满足，电子政务信息资源发挥最大的效用。

(4) 为电子政务项目实施和监理工作提供指标与依据。电子政务系统建设应对政府部门运作模式和部门间协作模式有透彻的了解，明晰政府各个部门之间的关系，这样才能在实施过程中制定出特点鲜明、效果明显、操作性强的电子政务系统规划。电子政务在规划过程中设定的总体目标和阶段目标，以及在此基础上确立的应用标准和规范，都将成为电子政务项目实施和监理的具体指标和依据，为整个项目工程的良性运作提供参考。除此之外，着重制定完善的项目规划，分清各个阶段主要负责人的不同权利和责任，明确各个阶段的目标和任务，解决电子政务项目中各个阶段的难题，能够加强项目建设的流畅性和可操作性。

2. 电子政务系统规划的原则

电子政务系统规划是电子政务建设得以顺利实施的前提条件，要制定一个科学的、合理的电子政务系统规划，不仅要求规划设计者对政府部门运作模式有透彻的了解，还要明确电子政务建设的原则。

(1) 要强化整体思维大局意识。电子政务系统建设的基本目标之一就是实现信息共享，如果电子政务系统缺乏整体规划，那么政府部门之间、政府与社会之间将出现"信息孤岛"的局面。而整体思维就是要统一制定发展政策、确立发展规则、建立信息化相关标准、规划总体结构和计划建设进程，进而利用信息技术消除信息不对称，使管理型政府向信息服务型政府转变。政府部门根据对信息技术发展的预期，审慎确立本地区、本部门电子政务项目的发展目标。

(2) 要以信息资源为先导。电子政务系统的实质是信息资源的加工和利用，所以在规划电子政务系统时，信息资源规划必须成为电子政务系统的先导，避免电子政务系统成为强化"过度行政"的工具。"过度行政"的产生原因主要有以下几种，即信息的不充分和不准确、政府部门信息处理规则不明确、政府机构之间缺乏沟通以及政府缺乏必要的监督等。因此，通过规划建立若干信息交换中心，对数据和信息进行灵活、有效、多元化的管理，实现以政务信息驱动的横向与纵向政务流程是信息互通、共享、协同等机制建设的基本。

(3) 要精简机构、提高效率。在规划中，不同阶段实现哪些业务要充分兼顾需求和成本进行综合性分析。电子政务系统要有利于推动政府职能转变和行政改革，避免大量的有形资源如组织机构、会议设施等的重复建设和浪费，减少行政系统的中间层次和管理人员，实现机构的快速精简；要有利于建立科学简化的业务流程，实现办公自动化；要提高资源的共享和利用效率，改善政府与公民的交流方式，实现政府与公众双向、直接的沟通和互动；要保证政务工作在决策及服务的时间界限、质量和反应速度上有所改善，有效地提高行政效率，降低行政成本。

(4) 要促进政务管理现代化。电子政务系统规划在保证适用性的前提下，要促进传统政务的改革，彻底打破传统、陈旧的办公管理模式，并充分考虑政府职能转变和管理体制改革，结合人民群众的需求变化，使工作机制、工作方法、工作思路、决策方式、社会监管模式等都有全新的改变，遏制腐败现象的滋生，利用现代化的信息技术建立开放、规范、现代化的管理机制，增强政府工作的科学性、协调性、民主性和法制性。

2.1.2 电子政务系统规划内容

电子政务系统规划的具体内容应视公共部门自身的地位、所处的环境、所要达到的目标等各方面的情况而定。一般来说，电子政务系统规划应包括以下几个方面的内容。

1. 环境和背景分析

环境和背景分析主要是对实施电子政务的外部环境、内部背景做出详细的分析，以进一步认清形势、分清现状，提高对电子政务的认识。环境和背景分析主要内容包括以下几项：国际国内电子政务发展状况和趋势分析；本地区、本部门在履行政府职能方面所面临的挑战；公众对本地区、本部门电子政务发展的需求等。

2. 目标和任务分析

电子政务系统规划的核心任务是要对未来电子政务的发展做出科学的计划和安排，所以明确电子政务的目标和任务是电子政务系统规划的关键性内容。对这一部分内容必须进行深入研究，使电子政务系统规划既符合实际，又有较强的实际操作性。同时，目标和任务的确定既要按时间跨度纵向设计分阶段的子目标和子任务，又要按电子政务业务覆盖范围的不同从横向的角度确立各个子系统的分目标和分任务，以实现纵横交错，全面兼顾。

3. 实施方案分析

在明确了电子政务的目标和任务后，就要进一步落实可行的实施方案。实施方案应包括系统组成、技术实现、网络布局、安全防范、应用体系以及管理体制等内容，能够勾勒出电子政务实施的方方面面。一般来说，实施方案在实际运行过程中会受到诸多因素的影响而产生不同程度的变动，但在电子政务系统规划中，必须事先确定实施方案的基本框架和改进优化的相关要求，以保证方案的稳定实施。

4. 评估和改进分析

随着电子政务的不断推进，必须对实施效果做出必要的评估，以进一步控制实施进程，防止偏离预期的目标与方向，以最大限度地保障电子政务计划的稳步推进。评估与改进分析既是对电子政务前期发展提供绩效评估和改进优化的依据，也为其后续发展明确方向和目标。所以评估标准要尽量科学合理，有较强的操作性；改进措施也要切实可行，不能敷衍了事、草率马虎。

2.1.3 电子政务系统规划步骤

电子政务系统具有"政务"与"电子"的双重特性，前者属于国家公共行政管理战略范畴，涉及体制改革；后者属于国家信息化战略领域，涉及技术创新。因而，制定电子政务系统规划需要综合考虑多方面的因素，既要明确实现预期目标的各种人、财、物等条件和要求，又要考虑未来电子政务发展的目标；既要保证规划的可操作性，又要提高规划的可预见性。所以，电子政务系统规划的制定需要有详细的步骤。

1. 构建组织领导机构

因为电子政务系统涉及众多的公共部门，微观上会影响到相关部门的职能调整，宏观上将造成原有的政府业务流程重组和改革，所以，构建电子政务实施的组织领导机构是制定电子政务系统规划时必须首先要考虑的。国际上较为通行的是设立专职的电子政务组织领导机构，并且设立直接接受政府首脑领导的"首席信息官"职位，具体组织和指挥电子政务项目的实施。我国是由各地政府或政府部门的一把手、主管信息化的副职办公厅(局、室)负责人、信息中心负责人以及其他相关人员共同组成"电子政务领导小组"，以统筹领导和协调电子政务建设的全过程。因为"电子政务领导小组"是一个非正式的政府职能部门，它的作用和地位要视政府的重视程度而定，这一点对电子政务的运行十分不利，所以在制定电子政务系统规划时，要确保"电子政务领导小组"领导的有效性、持续性和稳定性。

2. 科学合理地分析电子政务发展需求

对电子政务发展需求做出科学合理的分析是公共部门决定对电子政务各种资源投入的主要参考因素，也是制定电子政务系统规划中最重要、最基础、难度最大的一项工作。影响电子政务需求的关键因素包括政府所处的环境、采用的技术和时间延续三个方面。在政府所处的环境方面，主要看公共部门已有的信息通信技术装备和系统、人员信息化的准备情况、政府业务流程是否适合电子政务发展的程度以及内外部对电子政务的需求；在采用的技术方面，既要避免盲目求新求变，又要注意技术的生命周期、可扩展性以及兼容性等问题，尽量选用稳定、适用并有生命力的技术；在时间延续方面，做出的预期规划不能过长也不能过短，过长则缺乏科学性；过短则没有多少实际意义，因而对电子政务的需求分析和发展规划的预期以一至三年较为合理。

3. 电子政务系统的总体设计

在完成前两个步骤后，就进入电子政务的总体设计阶段，也就是围绕公共部门的电子政务需求，结合资金投入、技术选择以及政府所处的环境等多方面的因素，对电子政务系统进行全方位的分析和设计。电子政务系统的总体设计必须综合考虑网络体系、技术支撑体系、业务应用体系、安全保障体系等各个组成部分的特点，确定相应的开发应用标准和规范，并依据统一的技术规范、业务应用平台、信息指标体系、开发代码和项目管理制度等，保证整个电子政务系统的有机集成和高效运作。

4. 技术和功能层面的细化

完成电子政务系统的整体设计后，接下来就必须对电子政务系统总体设计进一步细化，主要从技术实现的可能性和业务需求的必要性两个方面对电子政务发展做出进一步的规划。在这一阶段，需要对以下几个方面做出规划和部署：确定电子政务系统运营的通信网络系统；选用合适的技术开发工具和开发平台；构建安全管理体制，包括安全监测、物理安全、信息安全、网络安全以及安全管理制度等一系列规范；电子政务可靠性保障方案，如数据备份、复杂系统的容错、防病毒、突发事件应急处理办法等；系统扩展性预案，对电子政务系统升级、业务需求扩展等应做出初步的预计，并能做出必要的应对处理。

5. 明确科学的评估方法和标准

电子政务系统规划是针对未来电子政务发展的行动方案，在运行过程中总会存在着不确定因素。因此，为了使电子政务的发展取得预期的效果，必须确立科学的评估方法，明确合理的评估标准。在确定电子政务的评估方法时，必须采用定性和定量相结合的方法，既要考虑评估方法的可操作性，又要考虑这种方法的科学合理性。对评估标准的确定，一方面要借鉴和吸收国际上已经成熟的相关标准，另一方面要考虑本地区、本部门的实际，使评估标准具有一定的灵活性和实用性。与此同时，在具体评估时必须考虑到电子政务的直接受益者(公民)对电子政务的评价和接受程度。

2.2 电子政务系统建设

随着信息技术在世界范围内的迅猛发展，特别是互联网技术的普及和应用，电子政务正在成为当代信息化建设的重要领域之一。我国电子政务建设工作始于21世纪初，经过20多年的发展，电子政务已广泛应用于各级公共部门日常公务办理中，其总体架构也已初步构建完成。但是，为了适应国际形势和我国经济建设与社会发展的需要，我国仍应不断完善电子政务系统的建设。

2.2.1 电子政务系统建设的原则

电子政务是通过对信息技术的有效利用，以政务信息的采集、加工及传递的完成来实现其政务目标，但电子政务系统并非一种信息技术简单应用于某种信息的活动，而是对相关信息技术的综合应用，如此才可以构成电子政务系统。当前，我国电子政务系统建设的主要原则有以下几点。

1. 一体化原则

电子政务系统强调协作、共享和统一，应首先对业务关联性较强的跨部门政务系统进行一体化设计，之后再对上下级政府部门的系统进行一体化设计，以实现自下而上的数据汇总和自上而下的信息发布功能，为决策提供支持。

2. 标准化原则

电子政务系统设计所采用的设备和技术应贴合国际标准和行业标准，为系统的扩展升级、互通互联提供良好的基础。

3. 可靠性原则

为保证电子政务系统能长期稳定地运行，系统设计时应采用高可用性技术，包括先进安全的硬件设备、成熟稳定的操作系统、主流数据库和通用网络协议等，当网络、主机、数据库或应用系统出现问题的时候能及时恢复,以保证系统的正常稳定运行。

4. 安全性原则

安全性是电子政务建设和应用中需要重点考虑的问题之一,电子政务系统设计应当采用加密技术、身份认证和数字签名等安全技术,建立包含网络、系统、应用、管理等多环节的一体化、全方位的安全保障体系。

5. 实用性原则

电子政务系统的设计应以当前需求为基础,充分考虑发展的需要,对现有的资源予以合理利用,以降低电子政务建设成本,这些资源包括硬件资源、软件资源、信息资源、业务流程和管理模式等。

6. 可扩展原则

电子政务系统设计不仅要立足于现在,还要着眼于未来,因此在前期做好总体规划的情况下,应确保应用系统不仅可以满足当前需要,将来也可以为业务和功能的拓展提供延伸服务。

2.2.2 电子政务系统建设框架

推进国家电子政务建设,应秉承服务是宗旨,应用是关键,信息资源开发利用是主线,基础设施是支撑,法律法规、标准化体系、管理体制是保障的理念。国家电子政务总体框架的构成包括服务与应用系统、信息资源、基础设施、法律法规与标准化体系、管理体制。框架是一个统一的整体,其包含内容只能在一定时期内相对稳定,具体内涵将随着经济社会发展而动态变化,各地区、各部门必须按照建设框架的要求持续推进电子政务建设。

1. 服务与应用系统

(1) 服务体系。电子政务系统建设是为社会公众、企业、各级政府及有关部门提供所需的各类便捷服务,因而服务的实现程度、服务效率、服务质量就是电子政务建设成败的关键。要以服务对象为中心,网络为载体,逐步建立电子政务服务体系,把服务延伸到街道社区和村镇,惠及全民。

(2) 应用系统。目前,国家已建、在建和拟建的电子政务应用系统包括办公、宏观经济、财政、税务、金融、海关、公共安全和社会保障等方面。应用系统是电子政务建设的主要内容,以企业和社会公民以及各级政府的需要为出发点,有针对性地选择社会公众极为关注、能够显现较好的经济和社会效益、有着较为平稳的业务流程、政务信息的密集程度以及实时性极高的部门行政业务,并将它们作为当前电子政务优先发展的业务,搞好部门应用系统和地方综合应用系统的衔接,进一步深化政府机构改革和优化组织结构,避免在原有体制和业务流程基础上重复规划应用系统。

2. 信息资源

信息资源是政府在履行职能过程中产生或使用的信息,为政务公开、业务协同、辅助决策、公共服务等提供信息支持。政务信息资源开发利用是推进电子政务建设的主线,也是深化电子政务应用取得实效的关键。

(1) 信息的采集和更新。各级政府要根据依法行政的要求，明确界定各部门的信息采集和更新权责，保证信息的准确性和时效性。对于相关部门共同需要、面向社会采集的信息，各级政府要理顺和规范信息采集流程，明确信息采集工作的分工，形成有序采集的机制，减轻社会公众和企业的负担，并结合业务活动的开展建立信息更新机制，保证信息资源的准确、完整和及时更新。

(2) 信息公开和共享。各级政府要围绕社会公众和企事业单位最关心、最直接、最现实的利益问题，以公开为原则，以不公开为例外，编制政府信息公开目录，并及时、准确地向社会公开行政决策的程序和结果，提高政府的透明度和办事效率，拓宽群众参政议政的渠道，保证人民群众依法行使选举权、知情权、参与权、监督权；要统筹兼顾中央和地方需求，依托政务信息资源目录体系与交换体系，实现跨地区、跨部门信息资源共享；围绕部门间业务协同的需要，以依法履行职能为前提，根据应用主题明确信息共享的内容、方式和责任编制政府信息共享目录，逐步实现政府信息按需共享，支持面向社会和政府的服务。此外，中央各部门的应用系统要为地方政府及部门开展社会管理和公共服务提供信息支持，针对优先支持的业务加强已建应用系统间的信息资源共享，而新建应用系统仍要把实现信息共享作为重要条件。

(3) 注意基础信息资源。基础信息资源来源于相关部门的业务信息，具有基础性、基准性、标识性、稳定性等特征。人口、法人单位、自然资源和地理空间等基础信息的采集部门要按照"一数一源"的原则，避免重复采集，并结合业务活动的开展保证基础信息的准确、完整、及时更新和共享。基础信息库应采取分级建设、运行、管理的模式，边建设边发挥作用。此外，各地应积极探索符合实际的基础信息库建设、管理和应用模式。

3. 基础设施

基础设施包括国家电子政务网络、政务信息资源目录体系与交换体系、信息安全基础设施。基础设施建设要统筹规划，避免重复投资和盲目建设，提高整体使用效益。

(1) 国家电子政务网络。国家电子政务网络由基于国家电子政务传输网的政务内网和政务外网组成。政务内网由党委、人大、政府、政协、法院、检察院的业务网络互联互通形成，主要满足各级政务部门内部办公、管理、协调、监督以及决策需要，同时满足副省级以上政务部门特殊办公需要；政务外网主要满足各级政务部门进行社会管理、公共服务等面向社会服务的需要。

(2) 政务信息资源目录体系与交换体系。按照统一的标准和规范，政府要逐步建立政务信息资源目录体系，为各级政府提供信息查询和共享服务；逐步建立跨部门的政务信息资源交换体系，围绕部门内信息的纵向汇聚和传递、部门间在线实时信息的横向交换等需求，为各级政府的社会管理、公共服务和辅助决策等提供信息交换和共享服务。各级政府要依托统一的国家电子政务网络，以优先支持的业务为切入点，统筹规划、分级建设覆盖全国的政务信息资源目录体系与交换体系，支持信息的交换与共享。

(3) 信息安全基础设施。各级政府要围绕深化应用的需要，加强和规范电子政务网络信任体系建设，建立有效的身份认证、授权管理和责任认定机制；建立健全信息安全监测系统，提高对网络攻击、病毒入侵的防范能力和网络泄密的检查发现能力；完善密钥管理基础设施，充分利用密码、访问控制等技术保护电子政务安全，促进应用系统的互联互通和信息共享；要把信息安全基础设施建设与完善信息安全保障体系结合起来，按照"谁主管谁负责，谁运行谁负责"的要求，明确信息安全责任；根据网络的重要性和应用系统的涉密程度、安全风险等因素，划分安全域，确定安全保护等级，搞好风险评估，推动不同信息安全域的安全互联。

4. 法律法规与标准化体系

各级政府要围绕规范信息资源开发利用和基础设施、应用系统、信息安全等建设与管理的需要，开展电子政务法规的研究，推动政府信息公开、政府信息共享、政府网站管理、政务网络管理、电子政务项目管理等方面的法规建设，推动开展修订相关法律法规的研究。

电子政务标准化体系以国家标准为主体，充分发挥行业标准在应用系统建设中的作用，由总体标准、应用标准、应用支撑标准、信息安全标准、管理标准等组成，是电子政务建设和发展的基础，是确保系统互联互通互操作的技术支撑，是电子政务工程项目规划设计、建设管理、运行维护、绩效评估的管理规范。政府部门要重点推进电子公文交换、电子政务主题词表、业务流程设计、信息化工程监理、电子政务数据元等标准更新，逐步建立测试环境，加强标准宣传和培训，强化标准在电子政务建设各个环节中的应用，规范各地区、各部门电子政务建设。

5. 管理体制

政府部门要建立健全与社会主义市场经济体制相适应的电子政务管理体制，各相关部门进一步加强和改进管理，促进电子政务充满活力、富有效率、健康发展；把电子政务建设和转变政府职能与创新政府管理紧密结合起来，形成电子政务发展与深化行政管理体制改革相互促进、共同发展的机制；创新电子政务建设模式，逐步形成以政府为主、社会参与的多元化投资机制，提高电子政务建设和运行维护的专业化、社会化服务水平；围绕电子政务的建设和应用，加强技术研发，提高产业素质，形成有利于信息技术创新和信息产业发展的机制。

2.2.3 我国电子政务系统建设中存在的问题

1. 认识有偏差，传统政务观念未得到根本转变

目前，地方政府电子政务系统发展过程中仍然存在着注重硬件、技术投入，而忽视应用、管理意识的缺点。我们知道，电子政务系统是转变政府职能、提升政府管理服务水平的充分条件而非必要条件，而片面地认为只要配置了先进的设备，建设了功能强大的电子政务系统，社会管理和公共服务水平就会提高是严重错误的。部分地方政府不够重视自身职能的转变，且没有借助电子政务系统来科学调配自身的组织结构、改进过去低效工作方式，从而导致电子政务系统运行不够高效，该公开的信息没有得到公开、一站式办理的业务尚未形成优化组合以及服务型政府理念不能得到很好落实等现实问题。

2. 服务流程以自我为中心，缺乏个性化服务意识

一些政府部门虽然建设了电子政务系统，但是在信息发布或业务办理的流程设计上存在很多问题。对于那些涉及多个部门共同办理的事项，在提供"一站式"的集中服务的基础上，应当优化办事流程和个性化服务供给。政府所服务的群体全面、数量庞大，诸如老年人、残疾人、农民工、下岗职工等相对弱势群体可能仍然无法享受政府提供的针对性电子政务系统服务，而这些弱势群体往往是社会中急需公共服务的群体，他们能否得到优质高效的公共服务对于维护社会公平和稳定、构建和谐社会具有重要作用。政府若能细分并满足这些特殊群体的需求，将大大提升政府形象和服务水平。

3. 数字鸿沟问题严重，电子政务覆盖面不均衡

所谓"数字鸿沟"是指由于发展水平不同，造成不同的地区或社会群体，在享有和使用现代信息科学技术方面的差距。在政府信息化的进程中，由于政府认识和重视程度不同、科技水平差异或社会发展不均衡造成的不同部门或地区电子政务系统建设的不均衡，以及公众在利用电子政务系统服务和政府信息资源等方面的差异，即为数字鸿沟在电子政务系统建设中的体现。具体来说，电子政务系统建设中的数字鸿沟主要有地区间的数字鸿沟、城乡间的数字鸿沟以及个体间的数字鸿沟。由于种种原因，电子政务系统还无法做到让所有公民都能够平等享受到政府提供的服务，因而公众参与度方面也远远不够。

4. 缺乏合理的规划和标准，"信息孤岛"现象存在

我国是传统科层制分割的体制，存在着纵强横弱的特点，由于不同地区、不同系统的条块分割，各部门与上下级的垂直联系较为紧密，与平行机构的横向联系较弱。这种体制特征导致部分政府部门根据自己的业务流程和需求在建立电子政务系统时往往各干各的、独立规划、各自建设、单独运行，每个系统都有自己独立的数据库、信息中心、综合平台，有自己配置开发的软件和界面风格，分布在各级政务机关的办公系统、政务信息以及一些其他相关数据无法实现集成，信息资源不能互通，各部门间不能协同作业，从而形成众多的"信息孤岛"。

2.2.4 我国电子政务系统建设的措施

1. 转变发展理念，提升公职人员素质

首先，电子政务作为现代科学和公共管理相结合的产物，政府需要积极地对其发展理念不断地进行创新与改变，坚持一切行政机关为人民服务、对人民负责、受人民监督，建设人民满意的服务型政府。我国地方政府电子政务系统建设过程中应将公共利益贯穿始终，基于人性化设计理念来发展电子政务系统，克服那些在传统行政体制中滋生出来的行政错位或缺位的观念和行为，如以自我意志为主宰的"官老爷"作风、以政府为中心的妄自尊大的"官本位"思想、只对上负责而不对下负责的"官僚主义"作风等。其次，公职人员是政府部门的主体要素，也是政府行为活动中最活跃、最积极的要素，政府职能的转变、公共服务的供给和服务型政府的构建都离不开公职人员的作用，而地方政府公职人员的政治素质和业务水准的高低直接决定了政府服务水准的高低。

因此，要加强地方政府公职人员思想转变、提高认识，并树立正确的人生观、世界观、价值观、荣辱观，牢记全心全意为人民服务的宗旨，不断开拓创新，提升自己的科学文化素养和执行能力，从大局出发切实维护执政和服务的效能。此外，还应该加强对公职人员的培训，努力提高他们的业务能力，提高电脑操作、网络应用、依法行政以及改革创新等能力，以便改善公职人员的整体素质，为基层电子政务系统的良性发展提供人才保障。

2. 提高服务质量，加强绩效评估

首先，各级政府要加大对地方政府相关公职人员的电子政务系统知识和技能培训、提高相关领导的信息化素质和管理能力、提升相关技术人员的系统建设维护水平以及普通工作人员的系统操作能力，将电子政务系统平台打造成一个设计科学、运行高效、服务周全、快捷安全的服务平台。其次，通过提高对电子政务系统认识，为公众提供优质服务，化解一切阻碍服务流程的矛盾要素，以公众利益为重，梳理政府业务流程，将事关群众切身利益的医疗、社保、教育、创业、就业等服务项目加以分类区别并放在显著位置，同时为农民工、残疾人以及下岗职工等特殊群体提供有特色的便捷服务。此外，各级政府要加强绩效评估，并深入研究、统筹考量，积极推动开展电子政务系统绩效评估工作，并依据绩效评估原则，建立公平合理的评估体系，切实把电子政务系统建设提高到一个新的水平。同时，上级政府应采取定期和不定期两种形式对本级政府部门和下级政府进行考核，考核内容要综合电子政务系统、政府网站和政府改革多个方面；还应对考核成果进行严格运用，既要当作综合目标考评，又要作为其主要领导政绩考核和选拔任用的重要依据。

3. 加大财政投入，强化公众教育

解决电子政务系统中"数字鸿沟"的关键途径是改善政府信息环境和提高公民信息化能力。首先，各级政府要加大对贫困地区电子政务系统建设的财政投入，缩小地区间信息基础设施的差距，大力推进经济欠发达地区的信息基础设施建设，为贫困落后地区建立起基本的信息基础设施。其次，地方政府应大力推进农村电子政务建设，完善电子政务系统服务手段，农民作为电子政务系统"数字鸿沟"中最大的弱势群体应该得到政府的特别关注。推进农村电子政务建设，包括增加公共上网场所、提供无线网络服务和网络信号塔等基础通信设施的建设，还应完善电子政务系统的服务手段，不再局限于网络，而是更多地可以通过手机、电话、数字电视等形式提供服务。因为"数字鸿沟"产生的一个重要原因就是公民之间的信息化能力差异，所以各级政府要大力发展针对信息弱势群体的教育事业，以此不断提高其信息意识、信息技能、信息知识和信息道德。

4. 强化电子政务顶层设计，统筹规划建设

"顶层设计"源于自然科学或大型工程技术领域的一种设计理念，它是针对某一具体的设计对象或领域运用系统论的方法，是自高端开始的总体构想和战略设计，注重整体规划设计与实际需求的紧密结合，强调设计理论先进、理念一致、对象定位准确、结构统一、功能协调、部件标准化、资源共享与开放，是一种将复杂对象简单化、具体化、程式化的设计方法。因而，电子政务系统建设同样需要顶层设计，其主要意义在于以下几点：其一，开展电子政务顶层设计，可以确保利用电子政务有效支撑政府执政的高效化，并深刻把握社会利益形成的关联性、复杂性和利益形式转化的多变性，全面提高利益调节和保护策略的务实有效性与灵活适应性；其二，开展电子政务顶层设计，可以确保利用电子政务有效支撑政府的利益调节和保护策略，实现多部门的目标协同，支持政府实现其使命目标；其三，开展电子政务顶层设计，可以确保利用电子政务有效避免政府在同一个公共管理对象之上，有重复冗余、交叉冲突的利益监测和调节措施，从而更好地设计出高效的利益调节和保护策略。由此，电子政务应加强顶层设计，跳出局部环境的约束和影响，站在政务服务的整体高度，统筹分析事务的各层次和各要素，决定执政的核心理念与目标，形成战略的整体性和全局性，在最高层次上寻求问题的解决之道，宏观指导微观、顶层决定底层。此外，各级政府要从政务服务全局的高度对对象的结构、功能、标准、边界等进行统筹设计，使其整体关联性加强，强调设计对象内部要素之间围绕核心理念和顶层目标所形成的关联、匹配与有机衔接，以及从理想到现实的技术化、功能化

的构架,注重有效资源的统筹规划,为进一步高效快捷地实现目标奠定基础。

2.3 电子政务系统标准体系

我国电子政务系统建设初期就提出坚持"统筹规划、统一标准"的方针,即运用标准化的统一、协调和优化等功能,来保证电子政务建设少走弯路,提高效率,确保安全可靠。电子政务标准化是电子政务建设的基础性工作,对电子政务系统的健康、规范、稳定、有序和一致有着重要作用,也是各业务系统实现互联互通、信息共享、业务协同、安全可靠运行的前提条件。

2.3.1 电子政务标准化概述

1. 电子政务标准与标准化

电子政务标准是指电子政务活动中的各种规范、协议、技术范本、政府文件、法律文书等的统一。换句话说,电子政务标准是对电子政务中重复性事务和概念所做的统一规定,它以科学、技术和经验的综合成果为基础,以促进电子政务健康发展和获取最大电子政务效益为目的。

电子政务标准化是指对电子政务的相关技术、业务流程、管理等全面建立标准与规范的过程,旨在有目的、有目标、有计划、有步骤地建立起联系紧密、相互协调、层次分明、构成合理的标准规范体系并贯彻实施,以支持电子政务顶层设计和工程建设。电子政务标准化就其内容而言,包括以下几个方面。

(1) 标准化总体设计,包括确定电子政务标准化目标、电子政务标准体系框架、建立电子政务标准化管理机制、制定电子政务标准化指南。

(2) 建立和完善标准规范体系,包括研究确定可采用的标准、拟采用的国际标准和国外先进标准,制定所需的共性、基础性、关键性标准,适时调整标准体系及重点标准制定项目。

(3) 加强标准贯彻实施,包括制定标准贯彻措施,加强贯彻的管理与检查;开发相应的标准应用辅助工具;与工程应用紧密结合,推行试行标准并根据试行情况对标准进行完善;建立标准符合性评定机制,确保标准实施的有效性;完善标准咨询与服务体系。

2. 电子政务标准分类

电子政务标准涉及电子政务全过程,包括"电子"与"政务"两部分的标准。"电子"是基础,涉及信息技术方面的标准;"政务"是核心,主要包括政务信息资源、业务信息、业务流程等政务方面的标准。根据电子政务标准所涉及的不同范围,电子政务标准可以分为以下几方面。

(1) 电子政务基础标准,是指在电子政务范围内作为其他标准应用的基础,并被广泛使用的标准。电子政务基础标准在电子政务标准体系中起基础性平台的作用,主要包括计算机基础标准、基础通信标准、网络标准等。

(2) 电子政务安全标准,是指电子政务中关于安全的各种规范、协议、技术范本、政府文件、法律文书等的集合,可以分为安全和认证两个方面内容。

(3) 电子数据交换标准,是指关于通信双方交换的标准。通过电子数据交换标准可以实现通信双方数据交换的标准化和自由化。

(4) 电子政务操作标准，是指在对电子政务范围内的各项文件、合同等进行处理所依循的标准。电子政务操作标准包括电子文件标准、电子合同标准等其他标准，主要是与电子政务有关的、特有的一些标准。

2.3.2 电子政务标准化的重要性及特征

1. 电子政务标准化的重要性

由于电子政务建设规模较大，如果不采用规范化和标准化的方法，而是采用个体经济的方法各自开发自己的系统，不仅浪费大量的资源和时间，还会使政府之间、部门之间的各种系统难以兼容，信息资源难以共享，因而电子政务标准化势在必行。电子政务标准化为电子政务建设提供了强有力的支持、保障与服务，其重要性主要体现在以下几个方面。

(1) 有利于实现信息资源共享及业务协同。标准化不仅可以在网络建立、系统开发过程中提供技术准则，有效避免重复建设和盲目建设，还可以在应用时将各个业务环节有机地连接起来，实现信息资源的共享、交换和业务协同，消除"信息孤岛"现象，为电子政务的长远发展创造理想环境。目前，电子政务正在向以云计算、大数据、物联网为基础的智能政务阶段发展，这就要求政务处理时能够在异构平台、异构环境、异构网络中实现数据交换和业务自动处理，这些必然涉及数据、文档格式和公文的标准化、统一化。通过建立一个使政府部门内部、政府部门间和政府与公众间数据交换和业务处理流程通畅的标准化体系，能够解决政府部门之间由于缺少有效的数据共享手段和业务协作机制导致信息资源利用率差和办公效率低等问题，确保政府信息资源的流转更加有序、高效。

(2) 有利于保障电子政务健康发展。只有制定科学统一的标准化规范体系，才能带动整个工程在全国范围内有章可循、有法可依，从而规范和保障电子政务有序、高效和健康发展。电子政务系统是一个由各类应用系统彼此作用、相互连接的数据、信息流处理体系，在这样一项系统工程建设中，标准化是总体规划的总则和基础，它能够有效地保障信息基础设施建设的优质高效和信息网络的无缝连接，确保应用系统的互联、互通和互操作，确保信息的完整性、准确性和时效性，最终提高信息服务质量和管理工作效益。因此，电子政务的整体应用能够成就多大规模，关键看电子政务标准化建设程度。

(3) 有利于推进政务信息化建设。实践证明，信息化建设离不开标准化的支持，同理以电子政务为核心的政务信息化更是离不开标准化。电子政务标准化作为保障电子政务健康发展和效益最大化的有效手段，其本身具有导向、协调和优化功能，可以最大限度地满足工程需求以推进政务信息化建设。《国家信息化发展战略纲要》指出，为推进国家治理体系和治理能力现代化，必须不断深化我国信息化发展，尤其是提高政府政务信息化水平，以信息化手段感知社会态势、畅通沟通渠道、辅助科学决策。由此看来，标准化不仅是政务信息化的必然要求，更是政府治理能力及治理体系现代化的应有之义。

2. 电子政务标准化的特征

电子政务标准体系是将电子政务建设中涉及的所有标准，按其内在联系构成的有序集合和科学整体，电子政务标准体系的基本特征主要有以下几个方面。

(1) 科学性。科学性是标准化的基本原则，是采用所述标准的系统安全、可靠、稳定运行的根本保障。标准体系的制定要充分体现电子政务的发展方向,根据电子政务的规划来合理制定标准,保持与电子政务发展阶段的一致性和兼容性。

(2) 灵活性。电子政务标准体系应当将电子政务发展中所涉及的所有标准分类纳入相应的小体系中,使这些标准之间协调一致、相互融通,构成一个全面完整的大体系,保证标准的通用性。同时,电子政务标准体系还应适当兼顾国内电子政务的发展情况和不同阶段,保持一定的灵活性。

(3) 整体性。电子政务标准体系是一个系统,将有关标准恰当地安排在体系的不同层次上,使体系中各个标准之间的内部联系和区别得到充分体现,做到层次合理分明、相互联系协调。作为一个整体,横向联系应该分类合理,纵向结构应该完整,避免系统间相互交叉和重复。

(4) 预见性。电子政务标准体系是随着电子政务的发展而发展的,需要具有一定的预见性。在制定电子政务标准体系时,一方面要依据目前的电子政务水平,另一方面要对电子政务发展方向有所预见。结合国外的电子政务发展情况,电子政务标准体系的制定应充分考虑未来可能会涉及的电子政务应用,使电子政务标准体系能够规范和指导未来的电子政务活动。

2.3.3 电子政务体系框架

根据2020年发布的《国家电子政务标准体系建设指南》,我国电子政务体系框架由总体标准、基础设施标准、数据标准、业务标准、服务标准、管理标准、安全标准7个部分组成(见图2-1)。

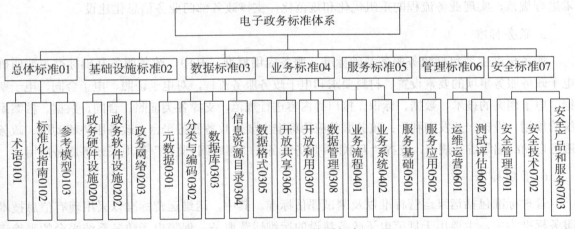

图2-1 电子政务体系框架

1. 总体标准

总体标准主要包括电子政务总体性、框架性、基础性的标准规范,如术语、标准化指南、参考模型等。其中,术语标准用于统一电子政务相关概念,为其他电子政务标准的制定提供支撑;标准化指南用于规定电子政务总体要求,指导电子政务建设;参考模型标准用于指导电子政务技术应用、政务信息系统设计等。

2. 基础设施标准

基础设施标准包括政务硬件设施标准、政务软件设施标准和政务网络标准。其中,政务硬件设施标准与政务软件设施标准聚焦于电子政务公共基础设施的集约化，对政务信息系统的基本要求、功能要求等基础性要求进行规范，大力推广政务云平台，推动计算资源、存储资源、服务支撑、安全保障等共性基础资源的集约共享；政务网络标准围绕电子政务网络建设中的技术、管理提出要求，指导电子政务网络、业务专网建设与运行。

3. 数据标准

数据标准主要包括元数据、分类与编码、数据库、信息资源目录、数据格式、开放共享、开发利用、数据管理等标准。其中，元数据标准、分类与编码标准、信息资源目录标准、数据格式标准作为电子政务数据标准的基础类标准，为各类电子政务数据库建设提供依据，为政务数据资源应用提供保障；数据库标准主要包括人口、法人等政务基础数据库标准和主题库标准；开放共享标准主要明确政务信息资源开放共享的数据要求、技术要求、管理要求等，明确信息交换的层级结构和交换方式，支撑建立时效性强、安全性高的政务信息资源交换体系；开发利用标准主要明确公共数据资源开发利用的数据要求、业务要求、服务要求、管理要求和安全要求等内容；数据管理标准主要对政务数据管理能力成熟度、政务数据服务管理、个人信息管理等方面进行规范。

4. 业务标准

业务标准主要包括业务流程、业务系统等标准。其中，业务流程标准用于规范电子政务业务流程，指导电子政务业务有序开展；业务系统标准对业务系统的设计、建设、管理和相关技术进行规范，实现业务流程的重组优化和规范化，支撑政务部门业务信息化建设。

5. 服务标准

服务标准主要包括政务服务基础标准、服务应用标准。其中，政务服务基础标准主要明确电子政务服务事项的要素设置、材料要求和电子政务服务流程，对电子证照、电子合同、电子票据、电子档案的技术、数据、标识、接口等内容进行规范，支撑各类证照、合同、票据、档案系统的规划、设计、开发和利用；政务服务应用标准主要对政务服务平台、政务服务移动端、政务服务自助终端等进行规范，支撑"互联网+政务服务""互联网+监管"等电子政务服务应用。

6. 管理标准

管理标准包括运维运营标准以及测试评估标准。其中，运维运营标准以采用现有信息技术服务标准为主，主要用于规范电子政务建设的运维运营服务，保障电子政务系统平台的平稳运行；测试评估标准包含测试标准与评价评估标准，测试标准主要对政务数据资源质量、政务信息系统进行测试评估，强化数据治理、提升数据质量，评价评估标准主要用于评价我国电子政务建设情况，为电子政务、数字政府建设指明方向，保障电子政务建设质量。

7. 安全标准

安全标准包括安全管理标准、安全技术标准与安全产品和服务标准。其中，安全管理标准针对电子政务系统建设与运行安全管理、电子政务关键信息基础设施安全保障、电子政务数据安全管理等，以采用现有关键信息基础设施安全保护、数据安全管理和个人信息保护等标准为主；安全技术标准以采用现有网络安全技术标准为主，包括密码技术、数据安全技术、身份认证等标准；安全产品和服务标准针对电子政务应用涉及的安全产品和服务，以采用现有信息安全产品服务技术要求和测评规范类标准为主。

2.4 电子政务系统项目管理

电子政务项目建设是一项投资规模大、周期长、涉及面广的系统工程。在项目建设和管理过程中经常会遇到项目组织不力、协调性差、项目管理缺乏计划、项目费用估算偏差太大、资源难以共享等几个方面的问题。所以，在当前环境下，有必要在电子政务建设过程中采用项目管理的思想和方法，建立一个强有力的领导核心和一套切实可行的规范的项目管理体制，从根本上解决以上问题。

2.4.1 电子政务系统项目管理的要素

1. 工作范围

电子政务系统项目管理的工作范围根据项目目标分解得到，它指出了"完成哪些工作就可以达到项目的目标"，或者说"完成哪些工作项目就可以结束"。人们要严格控制工作范围的变化，避免做与实现目标无关的额外工作，而额外工作会影响原定目标的实现，造成使用效果和声誉的双重损失。

2. 时间

时间与相关的因素用进度计划描述，进度计划不仅说明了完成所有工作需要的时间，也规定了每个活动的具体开始和完成日期。项目中的活动根据工作范围确定，在确定活动的开始和结束时间时，还要考虑它们之间的依赖关系。

3. 成本

成本是商品经济的价值范畴，是商品价值的组成部分，人们要进行生产经营活动或达到一定的目的，就必须耗费一定的资源，其所费资源的货币表现及其对象化，便称为成本。而在电子政务项目管理中，成本是指完成项目需要的所有款项，包括人力成本、原材料、设备、租金、分包费用和咨询费用等。

4. 质量

质量是指项目满足需求的程度，该需求可以是明确的，也可以是隐含的。一般通过定义工作范围中的交付物标准来明确其定义。这些标准包括交付物的各种特性及这些特性需要满足的要求，因此交付物在项目管理中有重要的地位。有些标准还可能对项目的过程有明确要求，如规定过程应该遵循的规范和标准，并要求提供这些过程得以有效执行的证据。

2.4.2 电子政务系统项目管理的内容

电子政务的目的、制度、手段和评价工具等软性化因素决定了电子政务项目与其他具体项目的管理内容的不同，电子政务建设项目的管理内容主要包括以下几个方面。

1. 项目范围的管理

一个项目组织要想成功完成一个项目，满足项目业主、用户的要求，取得项目成果，达到既定的项目目标，就必须开展一系列的项目工作，这些必须开展的项目工作就构成了工作范围。具体来说，项目管理就是对一个项目从立项到完成的全部生命周期中涉及的项目工作范围所进行的管理和控制过程。电子政务建设项目的范围管理主要是要明确电子政务建设的任务和范围，其主要内容有电子政务建设的项目范围计划的制订、电子政务建设的项目范围分解以及电子政务建设的项目范围变更的控制。项目范围的界定一定要与电子政务规划、建设目标和政府部门的实际需求紧密联系在一起。

2. 项目风险管理

电子政务建设项目的风险管理是为了及时并准确地收集、存储及利用项目建设的信息，也是一种旨在电子政务建设方面减少和消除风险的过程、机制和制度安排。有效的风险管理可以提高政府从事日益复杂的电子政务建设的能力。电子政务建设项目风险管理的基本框架由6个部分组成：第一，建立组织的风险政策；第二，明确主要的利害关系人；第三，稳固项目风险目标；第四，界定识别风险的方法、评价与报告风险的制度以及处理风险的方法；第五，明确管理不同风险的责任；第六，建立品质体系，以确保风险管理反映最好的实践经验。

3. 项目人力资源管理

电子政务建设项目人力资源的开发与管理，就是采用科学的方法对与物力相结合的人力进行合理的培训、组织和配置，使人力、物力始终保持最佳的比例和结合状态，同时对组织成员的思想、理念和行为进行恰当的引导，充分发挥人的主观能动性，使人尽其才、物尽其用，以使用最短的时间和最低的成本实现组织目标。电子政务建设项目的人力资源管理就是要加强项目的团队合作，提高项目团队的战斗力，充分运用人力资源的管理理论、激励理论、团队合作方法等，增强团队的合作精神，提高项目组成人员的工作士气和效率。

4. 项目进度管理

保证项目在预定时间内完成，是项目管理追求的目标之一。项目进度管理就是采用科学的方法确定进度目标，编制进度计划和资源供应计划，进行进度控制，在与质量、费用协调的基础上，实现工期目标。在项目进度管理过程中，要加强工作的组织与协调，为建设项目提供良好的外部环境和内部条件；列出详细的并切合实际的工程实施进度表，严格按照工程进度组织进行(特别是可以并行的建设项目，要做到心中有数，有条不紊，注意衔接)；并按照工程建设方案，严把工程质量关，将方案中涵盖的建设目标和主要任务落到实处。

5. 项目质量管理

电子政务建设项目的质量管理不止体现在对项目产品或服务的质量管理上，还体现在对项目管理程序本身的质量管理上。任何一方面未满足质量要求都有可能导致项目的失败。良好的项目管理程序是取得令人满意的项目成果的有力保证，电子政务建设项目的质量管理就是使项目能够达到满足需求的程度。电子政务建设项目工作组要组织和督促项目承包商确保收集、整理工程建设过程中形成的资料、图表、技术文件等基础数据完整齐全。此外，政府部门要对系统进行全面测试，并完成对任务进行分解的详尽工程验收报告，以便考核。

6. 项目建成后的项目管理

电子政务建成后，日常的项目管理也很重要。建设的目的在于应用，只有将电子政务建设项目很好地应用于实际工作中，才能使系统切实发挥作用，提高工作效率。因此，项目建成后，政府部门要制定相应的制度和措施，落实相关工作责任制，建立顺畅的运行与维护机制，确保系统高效运行。

总之，成功的项目管理是电子政务建设项目顺利实施的重要保障，能够最大限度地降低项目的风险性，促使项目最大限度地接近预期的目标。

2.4.3 电子政务系统项目管理的影响因素

1. 用户需求

满足社会需求是电子政务项目建设的出发点和落脚点。从政府角度来看，当社会需要某种权威来调节社会活动、维持基本的社会秩序、分配公共产品和服务时，政府的职能便得到发展。同时，社会的发展变化也会引导政府在职能、组织、结构等方面做出适应性的调整，而电子政务作为政府职能的一种表现形式，也必然和必须要适应社会的需求。

电子政务主要服务的三大类对象是公民、企业和政府，其需求各有不同。从公民角度来看，电子政务是公民获取政府公共服务的新型渠道和服务手段，势必应更加方便和快捷。公民希望电子政务平台为他们提高包括教育培训服务、就业服务、电子医疗服务、社会保险网络服务、公众信息服务、电子证件服务、个人信用需求等各种涉及个人管理的服务水平。例如大学毕业生办理异地落户事项，以往需要本人与教育、人事、公安等政府部门办理手续，而通过电子政务平台，毕业生只需要统一将相关资料电子版一次提交就可完成。企业希望通过电子政务平台方便快捷地办理各种事项，快速地获取各种公共信息，主要需求包括电子采购与招标、电子税务、电子证照办理、信息咨询服务、中小企业电子商务、企业信用等内容。例如一年一度的企业年审，一般来说企业在年审过程中必须亲自到工商部门办理营业执照年审，再到国税部门办理国税登记证年审，之后去地税部门办理地税登记证年审等相关事项，而有了电子政务平台，企业就可以在网络上通过并联审批一站式完成上述操作。政府部门希望通过电子政务平台享受高效通畅的协同办公和信息共享，主要需求包括电子法规政策系统、电子公文系统、电子财政管理系统、电子办公系统、电子应急指挥系统、政府呼叫中心系统、电子业绩评价系统等。例如，之前的政府信息发布的渠道单一，信息的接受和反馈也很不及时，如今政府借助信息发布平台可以发布更多的公共服务信息，同时公众还可以借助手机、电话等通信工具进行及时反馈。

2. 政府业务

政府业务是政府职能的具体体现，是国家行政机关根据部门职责实施行政许可事项、政府内部审批、对外公共服务业务事项及行政处罚等的总称，主要分为宏观调节、市场监管、社会管理和公共服务四个方面。

(1) 宏观调节。宏观调节类业务的基本目标是健全国家宏观调控体系，主要运用经济、法律手段和必要的行政手段引导和调控经济运行，其实质是政府管理部门对经济发展提供行政服务的一种方式,主要体现在指导促进经济增长、加强财政管理、调整产业结构、扩大就业与稳定物价等。

(2) 市场监管。市场监管类业务的基本目标是严格市场监管,主要通过推进公平准入,完善监管体系,规范市场执法,形成统一开放竞争有序的现代市场体系,具体包括规范政府行为、维护市场公平竞争、保护消费者利益、保证公共资源的有效利用等。

(3) 社会管理。社会管理类业务的基本目标是加强社会管理,强化政府促进就业和调节收入分配职能,完善社会保障体系,健全各级社会管理体制及政府应对突发公共事件应急管理机制,具体包括对社会事务实行分层、分级、分类的有效管理,实施流动人口管理、环境整治、信访管理等。

(4) 公共服务。公共服务类业务的基本目标是强化政府对公众的服务、完善公共政策、健全公共服务体系、增强基本公共服务能力和促进基本公共服务均等化,具体包括义务教育、社会保障、公共卫生、文化体育等,其共同特点是政府依照法律法规,保障社会全体成员基本社会权利、基础性福利水平等。

然而,任何政府业务都需要政府及其各部门有法律授权的行政资格才能行政,必须在法律规定的权限范围内行政,也必须按照法定程序来行政。与此同时,从提高电子政务项目的成功率的角度来看,政府业务还需要具备业务环节清晰、业务协同规范、业务规划明确、业务涉及的基础信息具有较高数字化程度以及业务工作信息采集便利等条件。

3. 技术条件

电子政务项目是典型的信息化建设工程,项目的实施往往涉及越来越复杂的技术和产品,因此必然受到信息技术发展的影响和制约,主要集中在计算机网络、政务信息资源开发与利用、应用软件系统研发以及信息安全保障体系等方面。

(1) 计算机网络。计算机网络是成功实施电子政务项目的基础性支撑条件。计算机网络要解决的关键问题是利用通信设备和线路将地理位置不同的、功能独立的多个计算机系统互连起来,以功能完善的网络软件支持网络中资源共享和信息传递的系统。计算机网络主要具有两个功能:一是实现政府部门硬件资源和软件资源的共享;二是实现政府业务部门之间以及政府部门与社会公众用户之间的有效信息沟通。

(2) 政务信息资源开发与利用。政务信息资源是政府在履行业务职能过程中产生或使用的信息,是政府实现政务公开、业务协同、辅助决策、公共服务的基础。政务信息资源的开发利用是推进电子政务建设的主线,对于促进政府部门间的信息共享和业务协同,提高电子政务系统服务公众的绩效至关重要。

(3) 应用软件系统研发。应用软件系统研发是实现电子政务服务功能的重要手段,也是电子政务项目建设的主要内容。政府通过电子政务开展的宏观经济、财政、税务、金融、海关、公共安全、社会保障、农业、质量监督、检验检疫、防汛指挥、国土资源、人事人才、新闻出版、环境保护、城市管理、国有资产监管、政府信用监管、药品监管等各项业务工作都必须以软件系统为依托。

(4) 信息安全保障体系。信息安全保障体系是确保电子政务系统安全运行的重要基础设施,其主要目的是通过对信息安全的保护和防御以确保电子政务信息和应用系统的保密性、完整性、可用性和可控性。信息安全保障体系涵盖统一的电子政务信息安全策略、信息安全技术防范体系、信息安全管理保障体系、信息安全服务支持体系和信息安全保障标准规范体系等内容。

2.5 电子政务系统运维管理

目前，我国电子政务系统大部分由从无到有的基础设施和系统建设阶段转向运行维护阶段。随着电子政务系统与各级政府业务之间的关系越来越紧密，电子政务平台的服务管理的效率和效果对政府业务也越来越重要，这就对现有政府电子政务系统运维管理提出了新的要求。

2.5.1 电子政务系统运维管理概述

1. 电子政务系统运维管理类型

根据我国电子政务系统运维管理现状，可以将电子政务系统运维管理分为政府自行维护和外包维护。

(1) 电子政务系统的自行维护。电子政务系统自行维护是指依靠政府自身部门来负责电子政务系统运维管理的维护方式。这种维护方式要求部门自身具有较强的技术力量，不仅可以完成日常烦琐的技术维护，还可以完成高难度的系统开发和改造升级，这样不仅降低了相关系统的开发费用，也降低了部分网络与信息系统安全隐患，所以在电子政务建设初期一些技术力量很强的部门常常采用这种方式管理电子政务系统。然而，若要求各部门长期自行维护电子政务系统有较大难度，各部门在运行维护组织结构、管理规范、管理流程和技术支撑等方面都很难构建一个完善的管理体系，以至于在遇到问题时往往不能快速有效解决。

(2) 电子政务系统的外包维护。电子政务系统外包维护是指政府部门将电子政务系统运维管理业务外包给相关外包服务商的维护方式。其中，同一个部门内不同的电子政务系统分别外包给不同的服务商，称为分散外包；多个电子政务系统整体外包给一家外包服务商，称为集中外包。分散外包是政府部门普遍采取的方式，主要包括设备维护、网络管理、数据中心运作、系统维护和信息技术培训等内容。通过这种方式，政府部门获得了较高水平的服务，并实现了管理与运营成本的降低。然而，随着电子政务的发展，这种方式的不足也越来越显现，由于很多政府部门往往运行着几十个甚至上百个系统，各个系统的分散外包，很容易导致运行维护成本高、服务商责任难以分清、信息资源共享困难、技术标准难以统一以及信息安全难以保障等问题。因而，集中外包是当前国内发达地区和重点城市积极探索的一种新型电子政务系统运维管理方式，这种外包维护方式既能够有效节约运行维护费，又有利于推进规范服务、业务协同和信息资源共享。但由于集中外包牵涉的范围广，管理风险也随之加大。

2. 电子政务系统运维管理目标

(1) 建立信息资产基础数据、梳理业务流程。建立信息资产基础数据、梳理业务流程，既是电子政务运行维护预算编制的基础，也是开展电子政务系统运维管理的前提。按照业务部门、项目来源、信息资产要素等内容指导客户建立信息资产分类目录和信息资产基础数据库，各部门在业务流程上结合运维管理工作要求，开展业务流程梳理工作，明确各业务流程的岗位及职责。

(2) 降低运维成本。根据实际情况制定针对流程平台和体系架构各功能点的详细定义与说明，并对产品选型决策提供支持，同时对项目各个功能点的技术和开发风险进行评估并提供相应解决措施，降低实施过程中的风险。此外，政府对集成实施和产品选型进行专家审定和把关，并对各项投资进行预期的绩效评估，降低运维成本，以保证把资金用于项目的关键点上。

(3) 加强外包维护管理的认识。发达国家电子政务系统外包维护已成为发展趋势。实践证明，外包维护是促进电子政务应用的有效途径，随着信息需求不断增长，业务融合不断深入，电子政务系统外包维护也成为我国电子政务由发展阶段进入成熟阶段的必然选择，政府也应不断优化信息化维护的分散外包和集中外包两种方式，进一步弱化管理风险。

(4) 实现运维管理系统平台的模块化、分层次设计。政府部门要借助监控工具和流程管理软件，建立统一高效的运维管理平台。平台的设计力求采用模块化、分层次的结构，系统采用多层架构，具备良好的性能和扩展性，系统为用户提供C/S[①]和B/S[②]的两种展现模式，为不同关注层面的用户提供服务，以方便管理人员使用C/S对网络进行专业管理，运维人员使用B/S对网络进行值班监控。

2.5.2 电子政务系统运维管理现状

1. 关注业务

传统观念认为保障电子政务系统的正常运行，做好技术性工作，保证"通电、通网、正常使用"，设备出现故障后及时维修就是运维管理工作的全部。而当前，电子政务系统运维管理在做好技术工作的基础上，对其职责和范围进行新的认识和扩展，更加侧重于对业务工作的支撑和衔接。一是更关注业务畅通，承担数据共享、资源协调等工作；二是更加积极主动地去组织和协调系统运行，包括业务流程优化、数据权限协调等；三是更关注系统和业务运转的过程，协助业务部门打通数据流、信息流、业务流。

2. 依赖信息化

随着电子政务系统工作的复杂性和难度的逐步增加，仅靠技术人员的"人海战术"已经难以为继，需要依托信息化的手段加强工作的自动化、标准化和流程化。通过7×24小时的自动监测与及时报警实现电子政务系统运维管理工作的"全天候无人值守"，最大限度地提高服务质量。通过信息化平台，加强对硬件、操作系统、数据库、中间件等的自动化巡检，实现"零时延"的运维管理模式。因此，对于越来越复杂的电子政务系统运维管理来说，依托信息化将纯粹的人工操作变为一定程度的自动化管理是一个重要发展趋势。

---

① C/S 结构(Client/Server，客户/服务器模式)是软件系统体系结构，通过它可以充分利用两端硬件环境的优势，将任务合理分配到Client端和Server端，降低了系统的通信开销。目前，大多数应用软件系统都采用Client/Server形式的两层结构，由于现在的软件应用系统正在向分布式的Web应用发展，Web和Client/Server 应用都可以进行同样的业务处理，应用不同的模块共享逻辑组件。因此，内部和外部的用户都可以访问新的和现有的应用系统，通过现有应用系统中的逻辑也可以扩展出新的应用系统。

② B/S结构(Browser/Server，浏览器/服务器模式)是Web兴起后的一种网络结构模式，Web浏览器是客户端主要的应用软件。这种模式统一了客户端，将系统功能实现的核心部分集中到服务器上，简化了系统的开发、维护和使用，客户机上只要安装一个浏览器(如Netscape Navigator或Internet Explorer)和数据库(如SQL Server、Oracle、MYSQL)，浏览器就能通过Web Server 同数据库进行数据交互。

3. 强调集约化运维

电子政务系统运维管理平台的建设趋势，就是从孤立、分散的系统运管模式转变为集中化、集约化的管理模式。集约化管理模式是政务系统运管平台建设和发展的重要目标，是由专业的政府信息化服务机构通过先进技术手段对一个部门、区域或行业的政务系统提供统一的运维服务，确保相关政务系统在统一的标准、统一的体系下接受高标准的运管服务，全面保障电子政务系统良好运行的管理模式。

2.5.3 电子政务系统运维管理的问题

1. 系统建设和运维管理重叠

电子政务系统正式上线运行后，建设部门通常将系统移交给专业运维部门管理。但是，随着工作节奏的加快，系统运维难度增大，运维管理工作往往要向建设阶段前移，提前介入系统的建设阶段。这主要基于以下两方面原因：首先，同步建设和运维管理的要求越来越高。在电子政务系统规划和建设阶段，就按照"同步规划、同步设计、同步建设、同步运维"的总体要求，由运管人员参与到系统建设工作中。其次，出于尽早使用和发挥效益的目的，电子政务系统在建设和试运行阶段系统就已代入真实数据投入实际运行，此时电子政务系统还在建设中，功能不稳定、文档不齐全、验收未通过、运维未移交，往往要求运管人员立即介入和接手系统，承担起系统运行保障工作。

2. 故障的主动处置和预见能力不足

电子政务系统中的运行监测、数据报送、视频会议等核心系统，对于运行维护管理工作的主动性和预见性要求更高。因为在系统发生故障后，再采用人工的方式排查故障，将导致电子政务系统在一段时间内停机和无法响应，所以电子政务系统应充分利用自动监测技术手段，通过技术平台高频率、多角度、全覆盖地自动侦测故障，实现主动发现故障、及时报告并快速处置。此外，在实际工作中，运管人员常常扮演"消防员"的角色，处于被动、粗放管理的状态，如果通过大数据、人工智能等新技术将系统可能出现的故障尽可能多地排除在实际发生以前，就能增强预测预警，有效满足政务系统可靠性的要求。

3. 运维对象的技术复杂性逐步提高

我国电子政务系统建设仍然存在各自为政、条块分割、信息孤岛等一系列问题，解决这些问题就要求政府各部门将分散的、独立的信息系统整合为一个互联互通、业务协同、信息共享的"大系统"。首先，随着国务院各部门有关政务信息系统整合和共享的完成，以"统建共享"为核心要求的政务系统建设管理要求越来越明确，客观上造成政务系统越来越复杂，故障排查越来越困难。其次，微服务、中台组件等模式得到了越来越多的认可和实践，将其分散为若干"独立而又相互协同"的政务系统运行意味着更加复杂的系统架构，而要保证几十个甚至几百个服务正常运行，运维过程常常不是单一故障的排除，而是多个系统之间发生问题的协调处置。

2.5.4 电子政务系统运维管理的对策建议

电子政务生命周期大致分为三个阶段，即规划管理阶段、建设管理阶段和运维管理阶段。国内外相关研究表明，电子政务生命周期符合"二八"现象，即规划和建设阶段约占20%的时间，运维阶段约占80%的时间，同时约80%的效益是在运维阶段交付的。因此，运维管理阶段是电子政务投资发挥效益的关键阶段，同时也是"业务整合"真正的开始。原因在于，只有在运维阶段，应用系统所提供的服务才能更真实地反映业务用户的需求和期望。可见，运维的好坏直接关系到应用效益的发挥，只有通过提供安全、稳定、高效的电子政务运维外包服务，才能更好地整合业务、提升政府的行政效能和公共服务水平。当前，以服务外包为主要特征的新一轮国际产业结构调整方兴未艾，而我国发达地区主要城市已经具有较好的软件与服务外包产业的基础和优势，如政府的高度重视和支持、良好的产业政策环境、丰富的高素质且较低成本的人力资源、较为完善的基础设施等，这些都为软件与运维服务外包产业的发展创造了有利条件。

1. 科学发展运维服务外包产业，转变政府信息化部门职能

建议科学发展运维服务外包产业，提升运维管理的专业化、社会化服务水平，建立政府和企业之间新型信息化合作伙伴关系。信息化部门要加快部门转型，由传统的网络维护、需求分析、项目建设与推广管理向信息化统筹规划、信息资源管理、项目整体管理、核心业务运行风险监管、安全保密督查、政府决策支撑、业务流程优化、政府管理创新支撑和绩效评估领域转型，提升全局性大系统建设和政务信息化支撑等领域的管理能力，强化信息化管理的政务职能，全面提升城市管理和公共服务的水平。

2. 研究制定服务外包产业扶持政策，重点扶持一批服务外包企业

建议在对政府部门和运维服务外包企业开展调研的基础上，研究制定运维服务外包产业扶持政策，重点扶持一批运维服务外包企业，并建立软件与信息服务外包公共支撑平台，创立电子政务运维外包公共品牌。有效整合和配置各主要软件与外包企业的公共技术服务资源，提供涵盖共性技术支撑、集约化运维服务、知识产权保护、人才培训服务、公共品牌建设与市场推广等在内的各项公共服务，能够形成支撑产业发展的公共服务体系，从而促进产业资源共享与高效利用，推动服务外包产业发展迈上新的台阶。此外，建议财政、发改、信息、税收、知识产权等相关部门联合制定运维和服务外包产业扶持政策。政府部门要引导并扶持成立地区性"电子政务运维外包产业联盟"，通过有关部门定期或不定期向企业提供重要的政府采购信息，对企业进行政府业务架构和行政管理知识培训，建立运维服务企业准入资质和退出机制，设立统一的运维人员上岗资质要求，鼓励优先为政府提供服务，发挥电子政务带动信息产业自主创新发展的潜力，带动整个产业链的发展，促进现代服务业的发展。

3. 研究制定电子政务运维管理规范、运维管理知识体系以及服务外包监督管理机制

做出外包决策不仅仅是为了获得市场化专业服务，更是一个战略性决策。外包的基本原则是当所提供的服务转移时，问责制仍然必须掌握在甲方的职权范围内，甲方必须确保风险得到管理，外包企业才有能力持续交付价值。因此，运维管理规范的制定及执行的所有权必须掌握在甲方的职权范围内。与此同时，建议开展电子政务运维管理规范、运维费用预算标准、外包

管理办法和运维费用管理办法的研究制定工作，加快出台服务外包标准，制定运维和外包监督评价机制，严格划分外包管理责任，建立运维重大事故问责制、重大问题质询制、核心政务系统风险管理机制等。根据电子政务运维管理规范，要求各部门梳理运维工作涉及的信息系统、软硬件资产等对象，做好与财政固定资产管理工作的衔接，为运维费用的编制、申请和审核提供支持；开展电子政务运维管理风险大检查，并适时开展电子政务运维规划和运维管理工具软件的试点工作，为政府部门开展电子政务运维与外包管理积累经验；规范运维管理软件的选型、采购和测试工作，扶持运维外包企业和运维管理软件开发企业的成长与发展，推动我国电子政务发展再上新台阶。

本章小结

电子政务系统是一个较为复杂的问题，本章首先从电子政务系统规划及电子政务系统建设两方面入手，对电子政务系统标准体系做了简要介绍，随后讲述了电子政务系统项目管理的要素和内容，并对电子政务系统运维管理的发展现状和问题进行了分析。随着研究和实践的不断深入，电子政务系统将愈发完善，并成为我国电子政务管理乃至整个行政体制改革的重要推动力量，为促进我国综合国力的提高以及民主化建设的进展提供有力的支持。

关键词

电子政务系统建设框架　数字鸿沟　电子政务标准化
信息孤岛　电子政务项目管理　电子政务运维管理

复习思考题

1. 概念题

信息孤岛、电子政务系统、数字鸿沟、电子政务标准化

2. 简答题

(1) 简述电子政务系统规划的意义与原则。

(2) 分析我国电子政务建设过程中存在的问题及其应对措施。

(3) 简述电子政务标准体系的分类与特征。

(4) 简述电子政务系统项目管理的内容。

(5) 简述电子政务系统运维管理的目标。

第3章 政府信息资源管理

自20世纪90年代以来，人类社会进入以"信息化""网络化"和"全球化"为主要特征的经济发展的新时期，信息成为支撑社会经济发展的重要资源。加强政府信息资源管理已成为政府必须面对的重要工作和任务。一方面，政府日常管理和决策对信息资源有着很大的需求；另一方面，政府占有大量的信息资源，能否有效地对其部分信息资源进行开发、利用和共享，将对社会经济的发展产生巨大影响。

3.1 政府信息资源管理概述

政府信息资源管理是政府管理的一种核心职能，而政府处理信息资源的能力是政府执政能力的核心组成部分，对有效履行政府职能起着至关重要的作用。研究国内外政府信息资源管理的发展历程，有利于加深我国政府信息资源管理学科理论研究和应用实践的发展。

3.1.1 政府信息资源的概念和特点

1. 政府信息资源的概念

《中华人民共和国政府信息公开条例》中称"政府信息"是指行政机关在履行职责过程中制作或者获取的，以一定形式记录、保存的信息，产生于行政机关履行职责的过程中，包括促进经济发展、维护市场监管、加大社会管理、提供公共服务等事务而获得的信息。在《政务信息资源共享管理暂行办法》中，政务信息资源是指政务部门在履行职责过程中制作或获取的，以一定形式记录、保存的文件、资料、图表和数据等各类信息资源，包括政务部门直接或通过第三方依法采集的、依法授权管理的和因履行职责需要依托政务信息系统形成的信息资源等。

政府信息资源的概念有广义和狭义之分，广义的政府信息资源是指一切产生于政府内部或虽然产生于政府外部但对政府活动有影响的信息资源，包含行政工作中产生和利用的信息资源，以及其相关人员、设备、技术、环境和资金等要素的集合；狭义的政府信息资源是指行政机关在履职过程中自身产生以及从外部获取的与政府公共事务管理活动有关的信息资源，包括政府职能部门收集使用的信息资源、开发整理的信息资源以及沟通交流的信息资源等，能够反映政府各行政机关工作运转情况以及领导决策、指挥工作的进展状况。总之，我们可以将政府信息资源理解为具有行政职能的政府机构在履职过程中采集，并通过特定载体反映政府效能与经济体系、社会管理及公共服务相关的活动情况或数据方面的信息资源。

2. 政府信息资源的特点

(1) 政治性。政府信息资源多为政府部门活动中及各政府职能部门在履行其职能的过程中所产生或使用的信息,例如政策法规、行业管理和日常事务等信息,此类信息是政府进行决策、日常办理事务、为社会各界提供服务等政府职能正确履行的依据,具有很强的政治性倾向。

(2) 开放性。信息资源都具有开放性,但是电子政务信息资源的开放性更为突出,这与电子政务建设中的目标取向(即建立透明廉洁政府)密不可分。电子政务信息资源的开放性强,一是指获得电子政务信息资源的渠道更多,获取手段更为容易。随着电子政务的实施与信息技术的普遍应用,为公众获取政府信息提供了更加便捷的渠道,将政府信息公开提到了一个新的层次。二是指电子政务信息资源的开放范围扩大,电子政务改变了传统环境下政务信息资源封闭、孤立的状况,许多长期"养在深闺人未识"的政务信息资源已经走出了层层禁锢,走向了社会公众。

(3) 集成性。电子政务信息资源的集成性突出地表现在如下三个方面:一是电子政务打破了地域、部门、层级的限制,使各个政府部门和组织的信息资源得到有效集成和整合,实现了在统一的网络平台上办公和提供服务的目标。二是政府活动的支持信息不仅仅局限于政府内部,信息来源明显呈现多元化趋势,注重与其他社会资源的融合,走协同开发的道路,发挥整体优势,从而为政府决策以及社会公众提供更强有力的信息支持。很多国家在实施电子政务的过程中,都十分注意强调政府部门的纵向和横向联合作用,实现彼此之间信息的共享和集成,从而为社会公众提供更全面、更有效的服务。三是电子政务信息资源是关于文字、曲线、二维图形、三维体和动画及其声音的有机集合体。借助现代信息技术,电子政务信息资源不是静态的、孤立的、单一的,而是开放的、大范围的,实现了与其他媒介信息资源的彼此交融、相互集成、有效整合。这种多媒介信息的集成性,决定了电子政务信息资源不但内容丰富,而且可视感强。

(4) 权威性。政府信息资源与其他信息资源相比具有高度的权威性和可信度,政府部门在社会事务处理过程中必须保证高度谨慎、严肃,政府所发布和使用的信息,在一定意义上就是其意识形态的表达,而信息的真实度也具备一定的保障性。因此,政府信息资源的权威性和可信度通常会高于其他信息资源。

(5) 交互性。传统政务信息的流动是单向的,信息由信息源流向接受者,接受者只能被动地接纳信息,并且对于信息的内容、接收时间地点等都无法自主选择。然而,电子政务信息资源借助网络技术实现了政府与政府、政府与企业、政府与社会公众的双向互动,彼此之间能够进行及时、便捷、高效的沟通和交流。以政府与社会公众为例,公众通过网络政务平台可以表达自己的政务需求以及对政府和社会态势的看法与意见,并且可以主动寻求自己所需的信息,还可以通过电子邮件等方式直接进行反馈;政府则可以通过与公众的交流,及时地收集反馈信息,并且根据社会公众的需要,优化和改善各项服务,并随时向公众公布业务的处理情况。

(6) 虚拟性。电子政务信息资源的虚拟性是相对于传统文献信息来讲的。电子政务的信息资源将文字、图像、声音、动画等通过二进制代码语言[①]来表达,它不是客观存在的事物,也没有一般物理意义上的具体实体作依托[②]。

[①] 二进制代码语言:也称为机器语言,是计算机可以直接识别,不需要进行任何翻译的语言。每台机器指令的格式和代码所代表的含义都是硬性规定的,故称之为面向机器的语言,也称为机器语言。二进制代码是第一代的计算机语言,机器语言对不同型号的计算机来说一般是不同的。
[②] 王立华.电子政务概论[M].西安:西安交通大学出版社,2011.

(7) 不安全性。在互通开放的网络环境下，电子政务信息资源可能由于技术防范措施不力或内部管理不严而遭受黑客攻击或非法身份者的偷窃和更改，从而丧失保密性、完整性、可用性和不可否认性。为此，如何确保电子政务信息资源在开放的网络系统中安全地存储和传输，最大限度地消除其不安全性，已经成为当前电子政务信息资源共建共享中的突出问题。

3.1.2 政府信息资源的分类和来源

1. 政府信息资源的分类

从不同的角度出发，政府信息资源可分为不同的类型。政府信息资源分类也就是对各种信息的特征或是属性进行审视，把相同的归并形成一类，并通过类别内共有的特征或属性对类别加以标识，将信息进行区别。审视的角度不同，政府信息资源的分类也就不同。事实上，不同学者从不同的角度出发，对政府信息资源有着不尽相同的分类方式，主要有以下几种分类方式。

(1) 从使用对象的角度，政府信息资源可分为G2C型、G2B型、G2G型、G2E型。

G2C型政府信息资源是指政府与公民之间交互作用产生的信息有序集合。政府向公民提供信息服务、法律服务、就业服务、医疗服务、婚姻登记服务等，公民向政府申报个人所得税、财产税，办理房产证、身份证、出生证、毕业证、结婚证、离婚证、死亡证明等，这些都产生大量信息，也需要以信息为基础，其中有序化的信息集合就属于G2C型政府信息资源。

G2B型政府信息资源是指政府与企业之间交互作用产生的信息有序集合。与以下活动相关的有序信息集合都属于G2B型政府信息资源：政府对企业发布项目招标、工程招投标等的信息发布，企业参加政府项目的招投标，针对政府采购提供产品和服务；企业每年都需要到政府办理各种证件和执照，如企业营业执照的申请、受理、审核、发放、年检、登记项目变更、核销，土地和房产证、建筑许可证、环境评估报告等证件、执照等审批事项的办理；企业向政府咨询政策法规、按章纳税；等等。

G2G型政府信息资源是指政府与政府之间交互作用产生的信息有序集合。政府部门相互之间的信息资源包括政策法规信息、事务性公务信息和公文信息等。

G2E型政府信息资源是指政府与公务员之间交互作用产生的信息有序集合。政府必须向公务员介绍政府机构信息，提供薪水、职位晋升、教育培训等信息，这些都属于G2E型政府信息资源。

(2) 从数据结构的角度，政府信息资源可分为结构化数据信息和非结构化数据信息。

结构化数据是由二维表结构来逻辑表达和实现的数据，严格地遵循数据格式与长度规范，主要通过关系型数据库进行存储和管理。从应用的角度，结构化数据可以分为专有数据、部门交换数据、公共数据。专有数据指的是政府业务部门产生的供自己系统使用的数据；部门交换数据指的是部门之间由于政务需求而交换的数据；公共数据指的是为公众和整个政府系统提供的共享数据。每个业务数据库不仅包含其专有数据，还包括其需要使用的其他系统提供的部门交换数据和公共数据。结构化数据的整合和管理相对简单，专有数据只存储在业务数据库中；部门交换数据通过数据交换系统实现系统之间的数据共享；公共数据则全部发布到共享数据库并通过数据交换系统实现数据共享。

非结构化数据是数据结构不规则或不完整，没有预定义的数据模型，不方便用数据库二维逻辑表来表现的数据，包括所有格式的办公文档、文本、图片、XML、HTML、各类报表、图像、音频、视频信息等。非结构数据主要可以分为以下三类：第一，信息系统产生的业务数据，如政务报表、电子账单、动态网页、HML等由原信息系统在处理结构化数据过程中形成的数据；第二，电子文档类，如在政府职能活动中形成的.doc、.txt、.pdf等电子办公文档、电子文本、电子邮件等；第三，多媒体类，如在政府活动中形成的.jpg、.gif、.bmp等图形图像文件和.mp3、.avi等音视频文件。

(3) 从利用限制的角度，政府信息资源可分为公开信息和保密信息。

公开信息，是指面向社会公开的政府信息，如行政法规、规章和规范性文件；国民经济和社会发展规划、专项规划、区域规划及相关政策；财政预算、决算报告；行政事业性收费的项目、依据、标准；等等。

保密信息，是指有规定利用范围的政府信息，包括公文类政府信息和政府内部文件。公文类政府信息一般规定绝密、机密、秘密三个密级，明确部门及公务人员使用范围；政府内部文件一般也规定保密范围，如调研报告、电子邮件、内部会议记录等。

2. 政府信息资源的来源

(1) 初始源与再生源。

政府信息的初始源，通常是指能直接产生信息的人、事、物。初始源的一个重要特点是人们在获取信息的过程中必须与相关初始源直接接触。政府信息的初始源有两大类：一类是社会中的组织与个人，他们的各种日常活动是政府的重要信息初始源之一，且政府能够从中取得决策所需要的经济环境、科技环境等变化信息；另一类是政府部门本身以及它们自己的各种政务处理流程，这些初始源每天都要产生大量的原始信息。

政府信息的再生源是指信息赖以传播的各种物质载体或传输通道，如图书、网络等一类信息源均被称为再生源。再生源中的信息通常是对初始源信息的二次加工。

(2) 内部来源和外部来源。

政府信息的内部来源主要是指从政府部门及其政务处理过程中获取信息，具体包括两大部分采集空间：一部分是直接处理政务的政府各职能部门及其政务程序；另一部分则是产生政府决策信息的内部信息机构。由政府内部信息源产生的政府信息通常可称为政府自产信息，它们是政府信息资源的主流，是政府信息资源开发管理的主要内容。

政府信息的外部来源主要分为4种。一是公民以及各基层企事业单位。这些外部信息源主要提供的是反馈信息，如统计企业纳税情况的信息和报表、参加政府采购工作的意见反馈信息、公民向政府缴纳的各种税款和费用信息、公民参政议政所提供的信息等，这些信息政府通过互联网可以方便获取。二是各类咨询机构、行业协会。这类机构主要提供的是各行业信息、市场信息、宏观经济环境信息，不仅可以为政府提供委托咨询，也可以为政府提供有用的社会信息资源。三是公共信息部门，主要提供有关政治、经济、科技、法律等环境信息，包括各类图书馆、信息中心等实体机构，也包括这些机构的网站，这都为政府获取有关信息提供了便利。四是国外政府机构及信息机构，主要提供的是各种国际环境变化的信息，这些信息有的需要通过特殊渠道获得，有的通过大众媒体就能获取。

3. 政府信息资源获取基本模式

政府是开发利用政府信息资源的唯一责任主体，但不是唯一的供给主体。按照新公共管理理论，开发利用政府信息资源的供给主体可以有政府部门、企业和非营利性组织。基于不同的政府信息资源供给主体，分别形成政府信息资源的公共获取模式、市场获取模式和公益性获取模式。

(1) 以政府部门为主体的政府信息资源公共获取模式。

政府部门可以通过各级政府职能部门建立的政府信息资源服务系统，并借助行政手段、法律手段和经济手段以免费或信息加工成本价的方式向社会公众提供政府信息资源。与此同时，政府部门主要通过直接投资或间接投资两种方式来推动政府信息资源的公共获取。直接投资是指政府部门通过建立信息基础设施，以及在政府机构设置专门的信息管理机构，为社会公众获取政府信息资源提供直接的渠道。间接投资是指政府部门以委托授权的形式，依托其所属公共文化信息机构如公共图书馆、公共档案馆、信息中心等向社会公众提供政府信息资源。

(2) 以企业为主体的政府信息资源市场获取模式。

政府部门一方面要为社会公众提供高质量的政务信息服务，另一方面又要尽可能地降低成本，在这一过程中积极引入专业的信息企业则可以弥补政府公共获取模式的不足。事实上，政府信息资源市场具有巨大的增值空间，越来越多的信息技术企业参与政府信息资源的开发利用，并且取得了可观的社会效益和经济效益。以企业为主体的政府信息资源市场获取模式是指在确定政府信息服务责任的前提下，把私营部门的管理手段和市场激励结构引入政府信息资源服务领域，政府部门从无力涉入的领域主动撤出，或是引入市场主体而间接减少政府所占份额，打破政府垄断信息资源供给的局面，将政府信息资源中具有商业开发价值的信息资源完全或部分交由私营部门开发供给，以竞争促进供给质量和效率的提高，从而强化政府信息资源获取的有效性。

(3) 以非营利性组织为主体的政府信息资源公益获取模式。

非营利性组织又称"第三部门"组织，是指那些非政府的、不以营利为目的、致力于社会公益事业的其他组织。非营利性组织广泛分布于艺术、慈善、教育、宗教、环保、学术等领域，主要包括基金会、社会团体和民办非企业单位。在社会管理与发展的一些空白领域和一些传统上由政府从事活动的领域，非营利性组织常常做得比政府更好；而对于那些无利可图、需要更多地投入个性化服务的公共产品，营利组织一般不会参与生产，而公益性的非营利性组织则正好发挥其特长。非营利性组织因此被视为"一支独立的第三方力量在公共物品提供上实现公平与效率的最优结合，同时也在防范政府与私营部门对公众利益的侵害方面具有重大意义"。

3.1.3 政府信息资源管理的含义及其原则

1. 政府信息资源管理的含义

政府信息资源管理指的是一种集成性、综合性的管理活动，具体而言就是政府部门为了实现其管理目标，对信息资源进行设计、估算、组织、调整、引导、操控等活动，通过合理配置以满足政府部门本身及社会各界人士信息需要的一系列过程。

总而言之，政府信息资源管理的这一含义包括了以下几个方面。

第一，政府信息资源管理涵盖政府信息资源开发和利用的全过程。对政府信息资源的有效利用是政府信息资源管理的目的，对政府信息资源开发是信息资源利用的手段和前提，信息资源利用为信息资源开发提供动力和方向。

第二，政府信息资源的内容是政府信息资源管理的核心对象。政府信息资源管理的对象包括信息内容及其有关的人员、设备、资金和技术等资源。技术资源是基础，组织与人员资源是关键，信息资源内容是核心和重点。政府信息资源内容始终贯穿政府信息资源管理的全过程并处于支配地位。

第三，政府信息资源管理具有整合性和综合性。政府信息资源管理就是要协调和控制政府信息的活动，将政府信息活动中的各要素如信息、设备、机构、技术人员、资金等作为管理对象，并且把它们作为一个整体来看待，以保证政府信息资源的合理运行和充分利用。

与政府信息资源相对应，政府信息资源管理也有广义与狭义之分，广义的政府信息资源管理除了包含狭义的政府资源管理中对产生于政府内部或者外部，并且会对政府活动产生影响的信息资源的管理之外，还包括对信息处理技术、信息处理设备、信息处理人员等的管理。众所周知，政府是全社会信息资源最大的拥有者，更是信息资源最主要的采集者、使用者和处理者。政府处理信息资源的能力成为政府执政能力的核心组成部分之一，对能否有效履行其职能起着至关重要的作用。

2. 政府信息资源管理的原则

政府信息资源管理实现的具体方式是多样化的，也是独具特色的，应注意以下几项原则。

(1) 注重发挥政策体系的作用。为使政府对信息资源采用一体化的方式进行管理，政府必须施行严格的、统一的、贯彻始终的信息资源管理政策，并以政府信息资源的开发和利用为核心，以信息技术作为基础，不断监督该政策的执行。充分发挥政策体系对政府信息资源管理的规范作用，有助于提高政府信息资源开发和利用的能力，加强政府信息资源管理对于提升政府信息资源价值及利用率，对促进经济社会的发展具有重大意义。

(2) 注重体现制度规范的重要价值。政府在进行信息资源管理的同时，应不断对信息资源管理工作进行监督，评估政府机构的信息管理活动并确定其是否适用且符合国家现有的相关政策、原则、标准及方针。加强政府信息资源管理，对信息资源进行充分开发和利用，可有效地改变政府传统管理中因信息交流沟通不畅导致的重复建设、盲目决策、机构臃肿等问题，以及人力和物力资源浪费与闲置，利于精简政府机构，节约人、财、物，降低管理成本，减少政府开支。

(3) 强化服务而不是管制。政府作为国家意志的代表、国家公共权力的象征，其一切行为活动都应以提高国民生产能力、优化社会结构、提高国民生活水平为出发点。加强政府信息资源管理有利于政府内部机构的优化，强化政府的服务职能，政府进行决策前可及时收集公众的反馈意见与建议，尤其是当前我国的政府信息资源管理以电子政务为发展趋势，使得政府能够更好地提高执政能力，更加切实地从群众角度出发解决群众问题。

(4) 软硬兼施，强调指导。政府信息资源管理是软件技术和硬件技术的高度集成，作为最大的信息资源拥有者，政府信息资源由于涉及多领域、多行业和多部门，再加上当前繁杂的行政体系和各部门分散的信息资源，如果仅仅依靠某一个或几个独立的信息资源管理部门，是无法达到预期效果的。为系统科学地对信息资源进行管理，政府信息化主管部门通常按照"条块结合、纵向遵从、横向兼容"的原则，统一使用和分配信息资源，将各职能部门的信息资源实现纵向贯通与横向协同管理，最大限度地整合开发与综合利用各类信息资源。加强政府信息资源管理有利于政府进行科学化决策，以及对决策进行高效落实；有利于行政机关内部信息的有效传递，能够及时且准确地掌握社会信息，并对其进行开发和利用，为政府进行科学决策提供了依据。

3.1.4 政府信息资源管理的形成与发展

1. 政府信息资源管理的兴起

谈及政府信息资源管理，国内外专家学者普遍认为现代政府信息资源管理是由早期记录管理发展而来。所谓记录管理，就是将各种社会组织在过去一段时间里的职能、程序、运作和其他活动以及对未来所做的安排和打算等信息进行记载。但由于政府部门内的资料文件急剧增加，而传统记录管理开发利用效率远远无法满足对文件进行充分管理的需求，两者之间的矛盾促使政府部门开始关注如何对政府信息资源进行有效管理的问题，从而推动了政府信息资源管理学科的产生和发展。

从发展沿革来看，美国政府的记录管理大致以1946年为界限划分为两大阶段：第一阶段为记录管理概念和相关专业的萌芽和形成时期，第二阶段为记录管理的发展时期。为了提高对政府记录工作的管理效率，从19世纪末到20世纪80年代初，美国国会先后成立了多个委员会并制定多套法律来指导此项工作。其中，1980年发布的《文书消减法》和1985年发布的《A-130号通告》，成为美国政府信息资源管理历程的重要事件，标志着现代信息资源管理思想的基本形成。自此经过百年的发展，到20世纪80年代，政府信息资源管理逐渐从记录管理的众多理论中独立出来。从20世纪90年代开始，政府信息资源管理逐渐呈现递进的特点。1995年美国《信息技术管理改革法》的颁发，标志着美国政府开始设立专项人员及机构处理信息资源；1996年美国又通过了该法的修正案，自此开始，政府信息资源管理逐渐由美国发展到世界其他国家，并开始在世界范围内掀起了一股政府信息化建设的狂潮，政府信息资源管理的相关理论也在这一阶段取得了重大进展。

2. 政府信息资源管理的研究现状

近年来，国内外众多专家学者就政府信息资源管理领域进行了深入研究，并对其发表了不同的观点。

美国信息资源管理专家马钱德(D. A. Marchand)是广义政府信息资源管理派最具权威的代表性人物。他认为政府信息资源管理的内容就是所有涉及政府信息资源的集合，它不仅应该对信息资源内容的收集、处理、传输、发布等环节进行管理，还应包括存储信息内容使用的技术、设备、网络和人力等资源管理。此外，马钱德认为政府信息资源管理的核心内容就是把政府的信息资源进行合理有效的配置，而对其充分开发和有效利用是政府信息资源管理的基本目标。

史密斯(Smith)认为政府信息资源管理的实质是与组织战略规划相对应的一种新的管理理论。他把信息作为一种资源进行管理，并在很大程度上采用与组织管理其他资源相同的管理方法。他认为，政府的信息管理是与人力、物力、财力和自然资源同属组织的重要资源，理应以管理其他资源的模式来管理信息资源，管理政府信息资源是组织管理的必要环节。

霍顿(F. W. Horton)在《信息资源管理》一书中，对政府信息管理的一般方法论进行了科学系统的论述，其主要内容包括确定组织的信息资源、估算信息组织的价值、确定信息资源的价格、分析信息流程中存在的问题、重建信息系统。他的信息管理方法突出体现了信息资源管理是经济资源的思想，强调资源管理方法在政府信息资源管理中的应用。

迪博尔德(J. Diebold)将政府信息资源看作一种组织资源，强调对信息系统建设进行投入产出分析，注重政府信息的资源特征和经济特征；将政府信息看作信息资源的载体，侧重研究其组织形式；重视政府信息系统在信息资源管理中的应用，利用科学技术实现信息的有效管理；将政府信息管理提升到战略管理，强调从政府信息资源中识别发展机会。

3.1.5 我国政府信息资源管理概况

我国政府组织结构特点是纵横交织，条块分割，电子政务下的政府信息管理体制也与此相适应。纵向层级制的行政组织系统由中央、省(直辖市)、市(地区)、县(市)、乡(区)等构成，每一下级层次对上一级层次负责。除最高层(中央)外，每一层次依地域行政单位划分为若干板块。层次越低板块数越多，层次越高板块数越少，故整个系统形成一个金字塔状。

横向职能制的组织结构由各地方政府的若干部门构成，部门之间一般没有制约关系，各个部门均直接对管理对象实施管理，行使各自单一、专门的管理职能，使得每个部门在全国范围内均构成一个相对独立的系统，在系统内部实施水平领导。由于受到组织结构的影响，我国政府信息流也呈现条块二维性。在垂直方向，中央、省、市、县等各级政府构成了政府信息处理的纵向信息流；在水平方向，各地政府及政府各部门构成了政府信息处理的横向信息流。

这种纵横交织、条块分割的模式，虽然保证了中央政令的畅通，但是在政府信息资源管理方面"纵"强"横"弱，造成了部门的隔阂、权责不清、关系复杂、利益不明等问题，在数据的采集和更新、交流和共享、开发和利用等方面缺乏宏观政策法规的制约和引导，缺乏市场化、商业化的指导和协调，在数据的质量、精度、类型、格式和内涵等方面存在多样性和分散性问题，没有统一的标准和规范的约束。因而，要提高我国政府信息资源管理水平，从根本上说需要完善信息管理体制，可以从以下几个方面入手。

1. 建设高质量政府信息资源

推进政府部门依据职能建设政务信息资源，逐步覆盖业务活动中产生和获取的各类政务信息。加强政府信息资源建设规划和计划的制订，梳理信息内容、明确程序、建立制度、落实责任并提高质量，大力推进基础信息资源建设，强化基础信息资源体系，动态完善地理、人口、税收、统计等基础信息资源，规范信息采集，保证信息质量，推动应用服务。围绕促进经济平稳较快发展的需要，加强财政、土地、科技创新、商品市场、现代农业、服务业等宏观调控方面信息资源建设；围绕促进社会和谐稳定的需要，加强食品药品监管、环境保护、公共安全、流动人口、安全生产监管、城镇综合管理、网络舆情等社会管理方面信息资源建设；围绕保障和改善民生的需要，加强劳动就业、教育文化、社会保障、医疗卫生、社会救助等公共服务方面信息资源建设。

2. 加强政府信息资源管理

建立健全政府信息资源管理制度，提高政府信息资源管理能力，明确政府信息管理要求，提升政府信息资源管理水平。加强政府信息资源专业管理队伍建设，明确政府信息资源产生、传输、存储、管理、维护、服务等环节的管理规范和标准，加强政府信息资源管理系统运行维护，保障信息安全，提高政府信息资源利用成效。加强政府信息资源准确性管理，明确信息来源，建立实时动态更新机制，确保信息真实准确和完整，加强政府信息资源可靠性管理，规范信息管理要求，并建立授权信息使用制度；加强信息防篡改和可恢复管理，确保信息安全可靠。

3. 大力推动信息共享和政府信息资源社会化利用

积极推进跨地区、跨部门、跨层级信息共享，丰富信息共享内容，扩大信息共享覆盖面，提高信息共享使用成效。以协同业务需求为导向制定信息共享制度，建立跨地区、跨部门、跨层级的信息共享推进机制，加强信息共享基础设施建设，保障共享信息安全，进一步完善信息共享管理和服务。加快推进国家级电子政务信息共享平台建设，为各级政府部门开展跨地区、跨部门、跨层级信息共享和业务协同提供支撑服务，建立并完善有利于社会化、市场化利用政府信息资源的机制。政府推动信息资源社会化的核心理念之一在于"以公民(用户)为中心"，电子政务网站提供信息共享服务的动力源应由自上而下的政府管理驱动向自下而上的社会公共需求驱动转变，从而使得由政府到企业、由政府到公民的信息流通渠道更为畅通。

3.2 政府信息资源开发利用

政府信息资源开发是使储藏于信息源中的政府信息资源处于实际可得、可用状态的一系列工作活动，而政府信息资源利用则是指将政府信息资源应用于特定的社会实践，实现其价值的活动过程。政府信息资源的开发利用是实现政府信息资源价值的基本途径和手段，信息是人类宝贵的资源，因此使政府信息资源宝库得到充分的开发和利用是现阶段电子政务的一项重要任务。

3.2.1 政府信息资源开发和利用概述

1. 政府信息资源开发和利用的关系

政府信息资源的深度开发需要加强社会力量的参与，政府部门不仅要培养社会力量对本身资源开发能力，还要组织和鼓励非政府机构从事政府信息资源的开发；而政府信息资源利用是经过采集、加工、存储的政府信息资源，通过检索传递，提供给相关组织和个人，以满足其信息需求的过程。事实上，信息资源的价值只有通过利用才能体现其增值和效用。政府信息资源开发和利用两者之间并非孤立，而是相辅相成、互相促进的，开发是利用的前提，利用为开发提供动力和方向。任何开发行为的最终目标都是能够在其利用过程中产生经济效益和社会价值，主要表现在以下几个方面：首先，政府信息开发利用使政府决策行为更加透明，政府减少了和公民之间因为相互博弈而花费不必要的资源或费用，把资源或费用投入到更有意义的经济活动中去，从而提高社会整体的经济价值；其次，政府在对信息进行开发利用时，从经济发展全局或总体出发，发布有关经济活动的信息在一定程度上将克服个人决策的局限性，使个人的决策同全社会的利益一致；再次，政府信息开发利用向公众提供其经济活动所必需的信息，大大提高其信息收集和处理工作的效率，把其决策置于更为稳妥、可靠的信息基础之上，使之更加满足社会需求；最后，政府信息开发利用还可以在一定程度上改变经济社会的信息不对称状况，现代市场经济中普遍存在的关系是"委托——代理"关系，在政府信息资源透明的情况下，会在一定程度上克服由于信息不对称产生的"逆向选择"和"道德风险"，改善"委托——代理"关系，减少交易成本，进而优化信息资源开发利用的社会价值和经济效益。

2. 信息资源开发利用的框架

信息资源的开发利用与其他自然资源的开发利用相比具有更高的复杂性，这是因为信息资源的开发利用渗透到政治、经济、社会、文化、科技等诸多领域，涉及政府部门、企业单位、公益机构、社会公众等多方面的主体。

信息技术的进步为信息资源开发利用提供了先进的手段。但是，实践证明，单纯的技术驱动思路不能完全做好信息资源的开发利用工作。我们必须从更广阔的视角进行梳理，形成信息资源开发利用的框架。

(1) 机制框架。合理的机制是推动政府信息资源开发利用的动力，政府信息资源开发利用机制是指政务信息资源开发利用各主体之间相互作用的方式。政府部门开发信息资源主要依靠行政机制，信息企业从事信息开发活动主要依靠市场机制，公益性信息机构从事信息服务主要依靠公益机制，这三种机制构成了信息资源开发利用的机制框架。

(2) 经济框架。信息开发的社会化、专业化已经成为一种趋势。与工业脱胎于农业社会中的个体手工业类似，现代信息服务业或是信息资源产业的形成也源于传统意义上的信息资源开发活动。因此，从经济视角研究信息资源开发利用具有特别重要的意义。从经济学的角度看，政府信息资源开发是政务信息的生产，政府信息资源利用是政府信息的消费，而推动信息资源开发利用的实质是提高全社会信息资源的开发水平和利用程度，保障信息产品的供给，满足全社会不断增长的信息需求，实现信息资源效用的最大化。所谓"保障信息供给"，就是要不断开发出丰富的、高质量的信息产品。所谓"满足信息需求"就是要满足全社会对各类经济、教育、科技、文化、卫生等方面信息的需求。

(3) 工程框架。信息资源开发利用需要多方面的条件，如需要现代信息技术和装备支撑，需要将信息加工成信息库，需要对大量信息资源进行编目和定位，需要有进行信息交换和提供服务的系统，同时还需要可靠的安全保障以及有效的管理。从工程建设的角度看，政府信息资源开发利用建设框架应包括6个体系，即政府信息技术支撑体系、政府信息开发与维护体系、政府信息资源目录与定位体系、政府信息资源交换与服务体系、政府信息资源管理制度体系以及政府信息资源安全保障体系。

(4) 工作框架。工作框架表明的是当前工作的重点或"抓手"。以机制框架中三类机制为线索，当前信息资源开发利用的工作重点大致分为3+1个领域，即政府信息资源开发利用、公益性信息开发服务、信息资源商业化开发(信息资源产业发展)，以及宏观保障环境，且各领域有着各自的工作重点。

在政府信息资源开发利用领域，工作重点主要集中为政府信息公开、政务部门间信息的共享，以及政府信息资源的社会化增值开发；在公益性信息开发服务领域，工作重点主要集中为政府部门尽可能提供信息资源的公益性开发服务、公益性信息机构加强对公众的信息开发服务，以及鼓励引导企业和公民进行公益性信息开发服务；在信息资源产业发展领域，要实现信息市场繁荣和产业本身的发展，其工作重点主要集中为推进信息资源开发过程中信息产品的商品化、信息流通的市场化和信息开发的产业化；在宏观环境方面的工作重点包括加强组织协调和统筹规划、增加全社会对信息资源开发利用的投入、完善相关法律法规建设、制定信息资源开发利用标准体系、加快相关技术的研究与开发、营造公众利用信息资源的良好环境、构建和强化信息安全保障体系，以及培养信息资源领域的人才等8个方面。

3.2.2 我国政府信息资源的开发利用现状

1. 国家高度重视，重大战略推动

在国家大数据发展战略实施中，相关部门积极推进政府数据资源开放共享及开发利用，推出若干探索性政策措施。

(1) 政策方案导向方面。2017年2月，中央全面深化改革领导小组通过的《关于推进公共信息资源开放的若干意见》提出，要进一步强化信息资源深度整合；发挥市场优势促进信息资源规模化创新应用，着力推进重点领域公共信息资源开放，释放经济价值和社会效应。2019年5月15日起实施的《中华人民共和国政府信息公开条例(修订版)》是我国以行政法规形式对政府数据开放的法规保障，它明确规定了政府信息公开工作机构应主动向公民公开一定范围内的政府数据，同时公民也有权申请获取相关的政府信息。中共中央、国务院于2020年3月30日颁布的《关于构建更加完善的要素市场化配置体制机制的意见》指出，要加快培育数据要素市场，促进重点领域政府数据开放和数据资源有效流动，扩大农业、工业、交通业等重点行业的政府数据开发利用。

(2) 政府数据开发利用行动方面。国家发展和改革委员会、工业和信息化部、中共中央网络安全和信息化委员会办公室于2016年联合推动建设国家大数据综合试验区，建立政府数据资源目录体系和开放平台体系，推进政府数据资源开放和采集利用；于2018年再度联合开展公共信息资源开放试点工作，探索建立包括政府数据在内的公共信息资源统一开放平台，并在数据的质量、开放范围、利用、安全保障等方面深挖深耕，探索符合中国国情的公共数据开放落实机制，进而在数据开发利用方面培育一批基于开放数据的新业态、新模式。此后，国家发展和改革委员会、中共中央网络安全和信息化委员会办公室于2019年联合推动建设国家数字经济创新发展试验区，尝试建立协助政府数据高效安全流通的应用政策制度和机制化流程，力图加快数据生产要素高效配置。

(3) 政府数据的聚集共享和开发利用方面。交通运输部、教育部、生态环境部等政府部门积极响应国家大数据战略行动，出台指导性部门规章，在交通、气象、教育等重点领域，推动政府数据开放和融合应用，推进政府数据资源开发进程。

2. 地方积极探索，亮点行动突出

(1) 地方公共数据开放利用的制度设计方面。上海市于2018年出台《上海市公共数据和一网通办管理办法》和国内首部专门针对公共数据开放的地方政府规章《上海市公共数据开放暂行办法》，对包括政府数据在内的公共数据的开放流程、平台建设、安全保障等内容进行细化规定；同时颁布《上海市公共数据开放分级分类指南(试行)》，提出"分级分类、专家议事、统筹协调、多元生态"四大创新机制，对公共数据实行精细化管理、精准化开放。此外，北京市经济和信息化局牵头制定的《互联网信息领域开放改革三年行动计划》明确指出，要制定公共数据管理办法，探索建立社会数据采购与双向使用机制，打造公共数据开放平台，在医疗卫生、社保就业、交通运输、教育文化等重点领域，降低企业获取政府数据的壁垒，实现政府数据的社会化开发利用。山东省政府出台的《数字山东2020行动方案》也明确指出，要统筹汇聚政府数据和社会数据，开展基于大数据的关联分析和融合应用，在生态环境、农业畜牧、金融安全等重点领域开展政府数据创新示范应用。

(2) 地方政府数据开发利用的亮点行动方面。上海市率先试点政府数据的"以赛促用"，借助开放数据应用创新大赛(SODA)，通过面向全社会开放经济社会、环境交通、公共服务等12个重点领域2100余项公共数据，推进社会对政府数据的创新应用，产生了智能车险报价、食品安全风险指数等一系列可落地的应用案例和产品。同时，上海市在医疗、旅游、交通、能源、金融等重点行业领域积极打造大数据联合创新实验室，充分打通产学研协同应用，推动行业政府数据资源深度融合，产出了一系列关键技术产品和政府大数据创新应用，形成一系列行业性数据服务平台。此外，北京市在全国率先建成公共数据开放创新基地，通过特定方式向北京人工智能企业有条件开放医保、司法、交通等领域的特殊公共数据资源，为企业开发产品、创新应用提供无偿精准的数据供给。北京市交通委员会于2019年11月出台《交通出行数据开放管理办法(试行)》，通过向社会开放交通出行数据，促进交通行业和互联网企业深度融合，优化和改善出行引导服务。

3.2.3 针对我国政府信息资源开放利用的政策建议

根据政府数据开发利用生命周期的特点，可以构建出政府数据开发利用过程机制(如图3-1所示)。首先，高效的政府数据开发利用需要高质量、高精度的数据来源作为支撑，并要清晰明确地了解政府数据源头。因此，对大量原始政府数据的分类汇聚是政府数据开发利用的前提，建立全国统一、央地联动、行业齐全的政府数据汇聚和开放平台是政府数据开发利用的关键。其次，在政府数据开放和利用之前，要分别明确数据开放许可协议和数据利用授权机制，保证开发利用全过程循环有序地进行。最后，要加强政府数据开发利用的技术支撑，强化数据安全防护，保证政府数据合法合理整合使用；与此同时，要加快政府数据开发利用立法进程，完善政府数据开发利用政策体系引领，让政府数据开发利用在安全稳健的环境中有保障地运行。

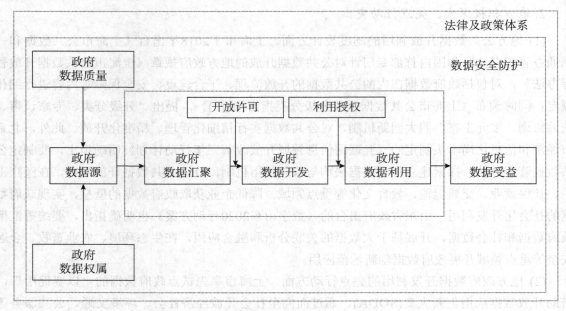

图3-1 政府数据开发利用过程机制

基于上述政府数据开发利用的过程机制，提出以下几点政策建议。

1. 加强顶层立法，落实制度保障

国家层面应加快构建政府数据开发利用和个人数据保护并行的政策方案，明晰各有关职能部门权利和义务的关系；完善政府数据开发利用标准，构建个人数据的有效保护机制；实现政府数据的依法收集、汇聚、共享、管理和利用，有序推动政府数据开发利用工作。

2. 扩大数据来源，提升数据质量

政府部门应充分调动除政府外其他社会主体补充数据集的积极性，扩充形成全方位、多层次、宽领域的政府数据信息源；从数据的真实性、一致性、时效性、动态性等方面，进一步提高政府数据质量；厘清数据统计发布口径和业务逻辑关系，优化数据管理和监督监控，尽可能使政府数据及时发布、立即回应、迅速反馈，从而提升政府数据的可开发利用程度。

3. 统一汇聚开放，深化行业应用

这主要从以下两个方面着手：加快建立全国统一、央地联动、行业齐全的政府数据汇聚和开放共享平台，提升"一站式"政府数据获取能力；扩大政府数据开发应用场景，加快公共数据与行业数据深度融合，探索建立一系列多元覆盖、反映公民实际需求、以政府数据为基础的优质应用程序，充分挖掘政府数据资源价值。

4. 确立认证许可，明晰授权机制

这主要表现为以下几点：推动建立政府数据开放许可协议机制和政府数据利用授权机制，为汇聚的数据集匹配相应的开放政府许可协议；落实政府与用户权责，调和数据价值释放与风险管理间的冲突，从法律层面保障政府数据依法有序地实现开放共享；明确政府数据使用的主体、模式、权限等具体细则，消弭政府数据利用壁垒，实现政府数据开发利用制度监督。

5. 创新开发模式，明确权益分配

这主要表现为以下几点：确保政府数据开发利用过程中政府责任的切实履行，保障政府的"数据收益权"；推动构建开发利用政府数据的付费体系，创新政府数据利用模式；建立公共属性政府数据免费开放利用、准公共属性政府数据付费开放利用的原则，充分调动政府高质量数据深度开发利用的积极性；明确数据开发利用过程中政府和企业、个人等开发利用主体间的权益分配问题，平衡各方利益冲突，实现政府数据公平利用和经济价值，完善政府大数据产业。

6. 推动试点先行，探索可行经验

依据我国现阶段政府数据利用的实际情况和未来需求，选择金融、交通、医疗、电力等重点行业领域，在部分地区开展政府数据开发利用的先行先试工作，通过试点为全国政府数据开发利用探索出可复制和可推广的经验[①]。

7. 强化技术支撑，保障数据安全

在政府数据开发利用的源头方面，加强大数据算法开发，通过多种技术手段和策略布局，按需对原始政府数据进行"脱敏"处理，切实保护个人和政府数据安全，降低数据开放利用风险。在政府数据开发利用的全周期，加强区块链等先进技术的积极作用，科学保障政府数据全周期运行的完整性、准确性和可追溯性，为开发利用安全可靠的政府数据保驾护航。

3.3 政府信息资源的整合与共享

电子政务建设的核心基础是政府信息资源的整合、共享和利用。随着经济全球化和信息时代的到来，我国电子政务建设的不断深入，以及电子政务信息资源总量不断增加、质量不断提高，政府信息资源开发及利用环境初步形成。通过信息化手段实现政府部门之间网络的横纵串联贯通、信息资源的整合共享、业务流程的高效协同、政府决策的科学智慧、社会治理的精准有效，是推动国家治理体系和治理能力现代化的重要方式。

3.3.1 政府信息资源整合与共享概述

1. 政府信息资源整合

所谓整合，是指从整体的角度依据一定的目的把不同实践要素按照合理的活动程序、配置比例，将各种片段或分散的对象元素或单元再建构，使之具有可以发挥功能的总体性能。通过整合，各部分性能得以相容、适应、互动及配合。所谓信息资源整合，是指将某一范围内的，原本呈离散的、多元的、异构的、分布状态的信息资源通过一定的逻辑或者物理的方式组织为一个整体，使之有利于管理、利用和服务。也就是说，信息资源整合就是把分散的资源集中起来，把无序的资源变为有序，使之方便用户查找、方便服务于用户。

---

① 宋卿清，曲婉，冯海红. 国内外政府数据开发利用的进展及对我国的政策建议[J]. 中国科学院院刊，2020，35(06)：742-750.

因此，政府信息资源整合是通过各级政府部门、企事业单位、社会公众等多个主体相互合作，共同参与政府信息资源的建设，共同拥有政府信息资源获取权与获取条件，将分散于政府各部门和社会上的政府信息资源进行集成整合的活动。政府信息资源整合包含资源共建和资源共享两个层面的含义，而主管部门为了促进信息资源共享，便会对信息资源进行统一规划和管理，制定信息资源的统一标准。

2. 政府信息资源共享

(1) 政府信息资源共享的含义。信息资源共享的概念是从"资源共享"的概念发展而来的。20世纪70年代，美国图书馆首先借用"资源共享"的概念，提出了"图书馆的资源共享"。美国图书馆学家肯特(A. Kent)认为，"'资源共享'最确切的含义是互惠，是一种每个成员都拥有一些可以贡献给其他成员的有用事物，并且每个成员之间都愿意和能够在其他成员需要时提供这些事物的伙伴关系。"肯特还特别指出："开展资源共享的唯一途径是拥有可供共享的资源，并具有共享资源的意愿和实施资源共享的计划，否则资源共享就是一个空洞无物的概念，因为非此则不能按需提供帮助。"共享是在一定的政策体制、激励措施和安全保障的基础上，通过一定范围内的所有成员之间相互协作，共同使用彼此资源形成的一种机制。因此，政府信息资源共享就是在一定的政策体制、激励措施和安全保障的基础上，在政府内部、政府与政府外部之间共同使用政府信息资源的一种机制，目的是提高公共管理和公共服务水平。

(2) 政府信息资源共享的层次。政府信息资源共享从需求和内容上可划分为4个层次，由低到高依次为政府各职能部门之间的资源共享、不同层级政府之间的资源共享、国家权力机关与政府之间的资源共享、政府与企业之间和政府与公民之间的资源共享。

第一层次为政府各职能部门之间的资源共享。这是政府信息资源共享的基础部分，其主要内容是政府数据如何在各职能部门之间合理分布，避免重复采集、重复存放和重复加工；各职能部门如何方便地访问和获取公共数据及其需要的其他职能部门的专有数据。这个层次共享的目的是提高政府内部的效率，加强各职能部门之间的合作，通过整合各职能部门分散的数据库、信息系统、信息基础设施，开展协同式网上办公，为企业和公民提供"一体化"政府信息服务打下坚实基础。

第二层次为不同层级政府之间的资源共享，其主要内容是如何简化下级政府访问上级政府的信息路径，以及上级政府如何快速访问、获取和分析下级政府的信息。这个层次共享的目的是加强上下级政府的沟通，为制定决策提供多方位考量。

第三层次为国家权力机关与政府之间的资源共享，其主要内容是国家权力机关如何实时地访问政府数据，并做相应的分析。这个层次共享的目的是实现国家权力机关对政府的动态监督，变事后惩处为事先预防，建设"阳光政府"，全力遏制腐败。

第四层次为政府与企业之间和政府与公民之间的资源共享，其主要内容是政务公开，让企业和市民能方便地通过网络获取自己所需要的政府信息。这个层次共享的目的是为企业和公民提供优质、便捷的信息服务。

政府信息资源共享在不同需求层次中的内容和目的各不相同，在实践中根据不同层次的需求制定合理的目标和策略，更需要一定的政策保障和经济激励措施，否则政府信息资源共享在实践中难以实现。

3. 政府信息资源整合共享的基本原则

政府信息资源整合共享要按照"五个统一"的总体原则,有效推进政府信息资源整合共享,切实避免各自为政、自成体系、重复投资、重复建设。

(1) 统一工程规划。围绕落实国家政务信息化工程相关规划,建设"大平台、大数据、大系统",形成覆盖全国、统筹利用、统一接入的数据共享大平台,建立物理分散、逻辑集中、资源共享、政企互联的政府信息资源大数据,构建深度应用、上下联动、纵横协管的协同治理大系统。

(2) 统一标准规范。注重数据和通用业务标准的统一,开展国家政务信息化总体标准研制与应用,促进跨地区、跨部门、跨层级数据互认共享;建立动态更新的政府信息资源目录体系,确保政府信息有序开放、共享、使用。

(3) 统一备案管理。实施政府信息系统建设和运维备案制,推动政府信息化建设和运维经费审批在同级政府政务信息共享主管部门的全口径备案。

(4) 统一审计监督。开展常态化的政府信息共享审计和政府信息系统,加强对政府信息系统整合共享成效的监督检查。

(5) 统一评价体系。提出政府信息共享评价指标体系,建立政府信息共享评价与行政问责、部门职能、建设经费、运维经费约束联动的管理机制。

3.3.2 政府信息资源整合的内容

政府信息资源整合是全社会共同参与政府信息资源建设,共同分享政府信息资源的过程。从信息工程角度看,政府信息资源整合的内容可按照它们在信息系统中不同的作用和地位分为以下几类。

1. 数据整合

数据整合主要用来实现不同系统的数据交流与共享,通常发生在应用领域内的数据库和数据级别中,通过从一个数据源将数据移植到另一个数据源来完成数据整合。数据整合是现有整合解决方案中的普遍形式,然而数据整合的一个最大问题是业务逻辑常常只存在于主系统中,无法在数据库层次去响应业务流程的处理,因此限制了实时数据处理的能力。通常数据整合是进行下一步整合的基础,采用的主要数据处理技术有数据复制、数据聚合和接口整合。数据整合对数据进行标识并编成目录,之后确定元数据模型。只有在建立统一的模型后,数据才能在数据库系统中分布和共享。

2. 应用整合

应用整合是电子政务信息整合的关键。就电子政务来说,对应用系统进行整合,需要注意以下几点问题:一是提供一个开放式的整合框架,使所有纳入整合的应用系统能够通过统一的技术框架进行快速整合;二是提供一套规范的访问接口,使得遵循规范的应用系统能够方便地整合起来;三是提供一个统一门户实现应用整合,使得用户能进行统一的单点登录和应用。

3. 内容整合

内容整合是电子政务信息整合的外衣。在进行内容整合的过程中,应当注意以下几点:一是在信息发布和权限管理问题上,要保证向用户发布的信息是能够符合和满足用户需求的,并且是在有效权限控制基础上的最大限度的信息共享；二是在信息内容深度上，要保证对有限的信息进行基于知识管理基础上的深度知识挖掘，以提供更多、更有价值的有效信息；三是在信息检索方面，要建立一个共享平台上的跨系统搜索引擎，最大限度地缓解"二次数字鸿沟"问题；四是在信息展示问题上，需要将信息发布和展示与门户整合进行有机结合，使得用户能够通过门户方便快捷地获取所需信息内容。

4. 门户整合

门户整合是电子政务信息整合的门面。我们可以将信息门户与应用门户集成起来，提供"一站式"整合服务。无论是政府部门工作人员、企事业单位，还是社会组织与社会公众，都可以在任何时间、任何地点通过进入一个政府网站即可获取所需的任何信息和服务。值得注意的是，政府门户网站建设本身也可作为一条电子政务信息资源整合的有效途径。

5. 流程整合

流程整合是电子政务信息整合的核心。流程整合中的"流程"二字指的是政务流程。流程整合就是说在开展前面4种整合的基础上，对政府机构的政务流程进行再造，根据电子政务所倡导的信息公开、互联互通的原则，利用信息技术重新对以往传统的智能管理业务流程进行分析、梳理、重组和修改，从而进行重构和优化政府工作的全过程。需要强调的是，政府业务流程整合的前提是分析信息技术发展对业务流程重新组合的影响，而非利用信息技术处理现有的业务流程；要对传统工作模式、工作方法和工作手段进行全面革新，而非简单地将现有业务、办公、办事程序原封不动地"搬"上计算机。也就是说，流程整合及流程再造必须与政府行政机构改革相结合[①]。

3.3.3 政府信息资源共享的意义

资源共享是在充分重视个体潜力展现的同时强调合作，减少资源的浪费与冲突，而政府信息资源共享更具有特别意义。

(1) 政府信息资源共享是职能部门间开展协同办公的需要，能提高政府管理的效率。所谓协同办公，就是各业务相关职能部门间进行流水线型的交互合作工作模式。政府信息资源共享是实现协同办公模式的基础，只有在政务信息资源共享条件下，政府各职能部门才能有效地实现协同办公模式。随着电子政务的发展，这种流水线型的机构间相互交流需求日益增加。

(2) 政府信息资源共享是构建节约型社会的需要，能带来良好的经济效益。首先，政府信息资源共享能实现政府公共数据的统一采集、统一加工、统一维护和共同使用，从而能降低信息资源重复采集、重复存放等带来的成本；其次，同一数据的单次采集、共同使用使得由于数据不一致所造成管理漏洞的损失减少；最后，政府信息资源共享能带动信息基础设施、信息系统的整合，使得服务器等基础设备减少，从而节约大量的资金。

(3) 政府信息资源共享为市民提供一体化电子服务的需要做准备，能带来良好的社会效益。电子政务的重要目标之一就是为市民提供"一站式"的电子服务。政府信息资源共享能够为建立"一站式"的电子政务打下坚实的基础，为市民提供便捷、优质、无缝隙的公共服务，

---

① 李传军. 电子政务[M]. 上海：复旦大学出版社，2011.

从而有效地提高企业和公民的办事效率。

(4) 政府信息资源共享是政府正确决策、整体规划的需要，能有效提高政府的决策水平。首先，政府资源共享能为政府做出快速有效的决策提供充分的、集成的信息储备；其次，政府信息资源共享能为政府决策支持系统的建立提供基础框架，为知识挖掘和知识管理打下坚实基础。

3.3.4 电子政务信息资源共享模式

根据不同的电子政务信息系统功能与目标，电子政务信息资源共享可分为政府信息公众开放系统模式、政府信息资源的增值服务模式、政策研究信息共享系统模式以及政府业务自动管理系统模式。

1. 政府信息公众开放系统模式

政府信息公众开放系统是面向社会公众进行信息和服务提供的系统，其能够提供的信息可以分为以下三类。

(1) 公告性内容，即根据法律要求应当公开的有关政府决策的信息，或者是其他政府认为公众需要的信息，如法律、规章、政府工作报告、司法解释等。

(2) 服务性内容，即体现政府的社会管理职能，提高政府社会服务效率的信息。在公众的日常生活、工作之中，很多时候都需要政府提供相关的服务，如婚姻登记、办理个人税务、出入境等。通过网上的信息沟通及政务服务提供，公众进行事务办理的时间和其他成本得以节约，政府的服务能力和公民满意度也得到了提高。

(3) 透明性内容，即关于政府各项活动的具体过程，供公众对政府行为行使其监督权的信息。一方面，通过公开政府网站上所提供的相关功能，公众可以对政府的工作、决策流程、解决某方面问题的工作进度以及各项政府活动的使用经费等情况进行了解。另一方面，网站提供的留言、讨论等功能为公众进行批评和反馈提供了便捷渠道。政府信息公众开放系统是最为基础也是最为重要的政府信息资源共享系统，政府产生及持有的各种资料数据通过这一渠道向社会公众进行提供。政府信息公众开放系统的信息资源共享后，可以带动其他信息共享模式，让政府信息资源的价值得到充分发挥。

2. 政府信息资源的增值服务模式

政府是整个国家中所拥有统计系统最为完整、最为庞大的部门，产生的数据十分可观。同时，政府作为国家和社会的管理者，承担各种各样的管理业务，这就使得政府积累了大量关于国家和社会的工作事务数据。政府持有的信息数据资源不管是在范围上还是内容上，都是十分广泛的，如自然资源数据、公民信息数据、交通信息数据、商品进出口统计数据等。这样大量的信息数据如果能够被社会充分利用，必定会对社会经济的发展起到重大的促进作用。然而，由于政府信息资源增值服务存在诸多难点，要将具有巨大潜在价值的政府信息资源开发成为高产出、高效益、可持续的信息服务产业是十分困难的。具体来说，有以下几个难点。

(1) 政府提供的数据资源并不能直接被公众使用，并且与公众的实际应用需求之间还存在较大的间隔。如果进一步组织政府信息资源，使其达到能够直接应用的状态，还需要政府投入巨大的资金支持。

(2) 政府信息资源增值服务的市场风险很高。某类信息可能有一定的使用价值，但价值的实现形式是多种多样的，有价值的信息并不意味着一定就有市场化经营的价值，成功的市场化经营不仅取决于挑选的过程，更依赖于承担风险的能力。

(3) 政府缺乏对信息数据实际应用和转化服务所需的专业知识。政府缺乏市场创新能力，也缺乏对变化性较大的产品进行持续改进、完善的激励机制，因此，仅仅依靠政府无法完成有效地收集数据信息，也无法完成对数据信息加工并提供给最终用户的任务。

通过对这些问题的分析可以发现，原始信息的采集工作应当由政府进行，因为政府进行数据采集是效率最高的，所获得的数据最为可靠，而对于原始信息的进一步加工并实现增值应用，由政府来做是效率较低的，应当把增值应用的工作交由企业来做。只有让政府与企业在整个政府信息资源增值服务的过程中扬长避短、分工合作，才能让政府信息资源增值服务达到最优状态。

3. 政策研究信息共享系统模式

政策研究信息共享系统是在政府内部使用的信息资源共享系统，一方面，领导干部及政策研究人员利用这一系统进行各种资料的查阅检索，为决策提供信息支持；另一方面，其他干部可以利用这一平台进行学习，不断提高自身业务素质及水平。具体说来，政策研究信息共享系统主要有以下三个方面的用途。

(1) 阅读新闻，了解时事及社会状况。对于政府工作人员来说，及时、全面、正确地了解新闻具有重要意义，这一点对于领导干部更为重要。因为领导干部在做出决策时要对社会大局有一个较为全面深刻的把握，而通过电子化的手段能够获得更加综合全面的信息。事实上，简单高效的新闻系统经常是政府内部各系统中使用频率最高、访问量最大的系统。

(2) 业务学习与专题研究。政府内部领导部门人员的很大部分工作内容是学习和研究各种政策理论，虽然实地调查研究获取第一手资料很重要，但是也要广泛阅读文献资料、调查报告。通过对信息资源共享系统的有效利用，一方面能够使得资料收集、信息查阅的效率大大提升；另一方面，资料的整合重组可以使得原本零散的资料价值得到进一步提升。

(3) 资料查询。在进行日常事务管理的过程中，工作人员常常需要查阅多种资料或核校各种数据引用。在传统的工作方式条件下，这类查阅核校工作需要花费大量的时间，而在政策研究信息共享系统下，同样的工作变得更为简单，进而提升了政府部门的办事效率。

政策研究信息系统不仅仅是一个将信息进行堆积的系统，还需要将信息进行组织整合使之成为更具有知识性、应用性、高效性的系统。政策制定之所以复杂，是因为需要对某一问题或现象进行深刻理解，并且加入充分的考察，这就使得在政策制定过程中对于知识性的内容有着很大的需求。此外，在互联网已经普及的今天，对于一般信息资料的稀缺问题已经不是最为突出的问题，而是在快节奏的工作环境下时间的稀缺问题，这就使得提高信息质量、减少用户使用时间成为政策研究信息资源系统的核心，也只有从用户实际需求出发来进行政策研究信息资源系统建设，才能更容易让用户接受并乐于使用，使得其作用及价值得到充分发挥。

4. 政府业务自动管理系统模式

政府业务自动管理系统主要是由基层工作人员进行操作和使用的，对政府工作中的诸多规范性业务进行处理的系统。通过应用一个规范的自动管理系统对政府日常工作中的规范性业务(如税收、年检、进出口管理等)进行管理，不仅可以在保证工作质量的同时极大提高工作效率，更容易管理业务相关的各种信息数据。

由于政府业务自动管理系统具有较强的综合管理能力和优良的信息共享能力，可大幅度提高政府提供服务的质量。需要注意的是，政府业务自动管理中所涉及的信息共享，只是电子政务信息资源共享的一个部分，存在如下特点：一是微观性，政府业务自动管理中所涉及的信息共享是在不同的业务系统中针对某一特定主体而提供相关数据，例如在驾照管理系统中仅是针对个人这一主体进行驾照相关事务提供数据；二是精确性，在规范化的业务流程中，对数据的逻辑判断处理操作是基层操作中很大的一部分，任何原始数据的错误都将使结果严重失真，因此数据的精确性非常重要。政府业务自动管理系统中提供共享服务的主体数目是非常大的，而要对这样大规模的实体资料进行管理、维护以及更新工作是极其困难的，因此政府业务自动化管理系统特别是在数据更新频率、数据精度的设计上一定要经过精心的设计，以免增加不必要的成本。

3.3.5 政府信息资源整合共享机制的完善

随着信息技术和政务业务的进一步深度融合，信息整合的重点正逐步向数字化趋势发展。数字政府理念的出现正成为政务信息化未来发展的重要方向，也成为推动国家治理体系和治理能力现代化的重要方式。当前，世界上许多国家正对数字政府理念进行实践应用，并取得了较好的应用效果，特别是在提升政府行政效率、社会治理水平、公共服务能力等方面成效显著。数字政府带来的宏观效益显而易见，而其阻碍政府发展的因素也逐渐显现，那就是政府部门间"数字鸿沟""数字孤岛"的大量存在，导致政府数据资源无法有效整合共享，制约了政府数据资源开发利用。因此，如何实现政府业务流程整合优化重构，破除当前部门间的数据壁垒，是数字政府建设中亟须解决的问题。

1. 政府信息资源整合共享的需求分析

数字政府建设的基石是政府信息资源，是在政府信息资源综合开发利用的基础上形成的一种新型的政府管理和治理形态。要落实好数字政府建设就必须充分利用政府信息资源，首要工作就是对现有政府信息资源进行整合共享，消除当前政府部门之间的"数字孤岛"和"数字鸿沟"，突破业务壁垒，重塑业务流程，依托资源整合共享促进业务协同，形成政府多部门间的业务联动，让广大群众切身感受到信息技术带来的利好，按照国务院印发的《关于加快推进"互联网+政务服务"工作的指导意见》要求，实现"最多跑一次""让数据多跑路，让群众少跑腿""全程电子化"的目标，让政府切实感受到资源整合共享和综合利用对于政府科学决策和有效监管的重要促进作用。基于数字政府的建设理念，结合当前政府信息化发展现状及存在问题，政府信息资源整合共享的需求主要体现在三个方面。

(1) 数字政府建设需要完善的政府信息资源整合政策制度支撑，要通过国家政策制度去推进和保障政府信息资源整合共享工作，确保政府信息资源整合共享执行有抓手、推进有依据、成效有标准、落实有责任。

(2) 数字政府建设需要统一的资源整合共享标准体系基础，须明确资源整合共享的对象、路径、方式、目标等方面的政策标准、业务标准和技术标准，促进多部门间数据的互通互认、整合对接、关联融合、统一应用等，做好政府信息资源整合共享标准体系的顶层设计，以此驱动和规范政府信息资源整合共享工作。

(3) 数字政府建设需要科学的政府信息资源整合共享技术体系提供保障。政府信息资源整合共享离不开信息技术，要通过数字政府建设形成一套涵盖政府信息资源整合共享全流程的信息技术支撑体系，再通过技术手段推进和保障数据采集汇聚、数据关联整合、数据共享交换、数据管理存储、数据分析应用、数据传输加密、数据隐私保护、数据对接互认、安全体系防护、系统平台支撑等相关环节工作，促进政府信息资源整合共享更加科学有效开展。

2. 政府信息资源整合共享的关键路径

(1) 政府信息资源整合共享的目标定位从信息治理转向国家治理。

当前，政府部门的信息治理和信息应用主要以服务本部门日常工作为核心，这些信息的作用范围仅局限在部门内部，暂未实现多部门的信息整合共享，信息价值没有得到充分发挥。要改变现状，必须首先通过信息治理推进政府资源整合共享，依托数字政府建设更好地支撑党的执政能力和提升政府履职施政的水平。

国务院《促进大数据发展行动纲要》指出："将大数据作为提升政府治理能力的新途径，推动政府管理理念和社会治理模式进步，逐步实现政府治理能力现代化。"政府部门必须明确资源整合共享是信息治理的首要基础性工作，而信息治理是以服务国家治理能力现代化为核心，是推进当前国家治理改革模式创新的重要手段，因此，为更加适应改革发展的大政方针，必须将政府信息资源整合共享目标定位于从强调本质的信息治理向更高层面的国家治理转变，将推进政府资源整合共享作为国家治理的一项重要举措。

(2) 政府信息资源整合共享的应用方式由内部共享转向对外开放。

为了让政府信息资源有更加广阔的发展平台，能被更多的政府部门、社会公众、企业机构接触到，需要调动各参与方的积极性，结合各自需求对政务信息资源进行自主开发利用，充分挖掘政府信息资源在不同领域、部门、层级、区域相互作用的潜在价值。这些潜在价值主要体现在以下三个方面。

① 社会价值。政府信息资源的对外开放必将打破部门间的"数字孤岛"和"数字鸿沟"，通过信息整合共享可以促进现有业务流程的优化重构，甚至政府职能重组调整；同时政府信息蕴含的巨大价值必将吸引更多社会力量参与，共同拓展信息的应用范围，将信息开放成果作用于更多的社会服务领域，推进政府简政放权。

② 政治价值。信息的公开透明不仅为社会公众带来很多便利性，还可以破除由于信息不对称带来的消极影响和错误舆论导向，消除"数字鸿沟"引起的信任差异，促进社会公众更加积极地参与社会管理，有利于减少甚至消除政府权力寻租，促进"阳光型政府"的建设，也让民众能够更加真切地感受到政府为民办事的实效和成果，树立良好政府形象，为维护和谐的政民关系奠定坚实的群众基础。

③ 经济价值。信息对外开放必然形成信息资源在政府部门及社会的自由流转，有利于打破当前政府部门间信息重复、信息缺失、资源浪费的现象，促进政府资源的有效整合，节约行政服务成本；同时政府信息开放必然为社会力量参与挖掘政府信息经济价值提供有利条件，进而

带动信息相关产业发展，促进社会经济增长。

(3) 政府信息资源整合共享的建设模式从自主建设转向共同建设。

当前，阻碍政府信息资源整合共享的技术因素主要是信息标准不统一、网络环境不相同、基础平台有差异，这主要是由过去各部门分散自主开展信息化建设而造成的。建设数字政府，必须首先突破政府信息仅局限于部门内部的共享应用，应在更大范围推进政府信息资源的整合共享，充分发挥政府信息资源的应用价值，实现跨层级、跨地域、跨系统、跨部门、跨业务的信息整合共享目标。推进政府信息资源整合共享建设模式由过去的自主建设向未来的共同建设转变，可从以下几个方面着手。

① 提高共享共建意识。政府部门要找准政治定位，树立大局意识，创新服务思想，深刻理解共同建设对于推进政府信息资源整合共享的重要意义，正确把握共同建设对于实现数字政府建设目标的重要作用，基于合作共建、成果共享的原则，数字政府建设也将带动本部门行政效率和服务水平的全面提升。

② 建立统一建设标准。通过信息标准化、网络标准化和平台标准化，解决当前政府信息资源整合共享存在的技术问题，通过共同建设过程中各部门对标准化的规范执行，为数字政府建设打好技术标准化基础，真正实现各部门信息系统的互联互通、信息资源的整合共享。

③ 打造统一运营平台。按照数字政府的建设思路，统一平台是破除"数字孤岛"和"数字鸿沟"的有效手段，按照当前各部门实际情况，统一平台不能独立于各政府部门现有信息化基础设施。因此，只有各部门共同构建技术一体化、服务一体化和保障一体化的统一平台，才能真正实现部门间的信息有效共享和业务协同联动。

(4) 政府信息资源整合共享的技术体系从传统模式转向新兴技术深度融合。

当前，传统的信息资源整合共享技术主要是前置库采集方式、信息库对接方式、应用接口方式、XML方式、中间件方式和Agent代理方式等，虽然在技术上能够满足当前主流信息整合共享需求，但也存在处理效率低、实施过程复杂、执行结果不稳定、智能化程度不高等方面的问题。因此，云计算、区块链、微服务等新兴技术在政务领域的逐步深入应用，也为政府信息资源整合共享提供了更加优化的技术选择方案。如利用云计算平台通用性强、扩展灵活、统一管理、安全可靠的特点，构建集中统一的政府信息整合共享交换平台，通过迁移部署政务应用系统，在云平台上实现对政府信息资源的集中共享和业务应用的协同联动；利用区块链技术的去中心化、安全、防篡改、多方维护、智能合约的特性，构建以区块链为核心信息整合共享技术的架构，屏蔽各政府部门底层技术框架的差异，在保护信息隐私的前提下实现多方协作的信息计算，解决"数字垄断"和"数字孤岛"问题，实现政府信息资源的整合共享，提升信息流动价值；利用微服务的软件架构，对应用程序和服务进行拆分，建立每个信息项目的颗粒度的标准接口，这样就可以解决传统统一标准接口不灵活、维护复杂的弊端，同时利用微服务的信息总线管理机制，实现信息共享交换过程中对信息的协同调度和全生命周期管理。

由此可见，当前的新兴技术对于提升政府信息资源整合共享效能的优势非常突出。因此，在数字政府建设过程中要同步推进信息资源整合共享技术的研究，特别是业务需求与新兴技术的结合，促进政府信息资源整合共享技术体系从传统模式向新兴技术深度融合的转变，通过技术的转型升级凸显数字政府建设优势。

(5) 政府信息资源整合共享的权责划分要从权责迷惘转向权责清晰。

政府部门是拥有社会信息最多的机构，掌握全社会经济发展活动的各项重要信息，因而在数字政府建设过程中的重点工作就是推进政府部门的信息资源整合共享，将政府部门信息的价值真正利用起来。现在政府部门间的信息资源整合工作虽然正在有效开展，取得了较大突破，但某些政府部门仍存在"不愿共享""不敢共享""不能共享"信息资源的行为，对于政务信息对外开放更是存在抵触情绪，究其原因主要是国家层面对于政务信息的整合共享和开发利用引起的权责问题缺乏完善的法律规章及政策制度支撑，政府部门对信息归属、信息利用、信息价值和信息公开等方面问题存在迷惘。因此，从法律和制度层面明确信息权责将是改变当前政务信息资源整合共享难的破局之策。明确信息权责主要从以下几个方面进行。

① 解决信息资源权属问题，主要是明确信息归属权、使用权和管理权，明确各方的相互关系和职责权利，消除信息提供、管理和使用部门的后顾之忧，促进一部分政务部门能积极参与信息整合共享工作。

② 解决信息使用信任问题，主要是信息的提供方和信息使用方之间相互信任和对共享信息内容的信任，确保对信息的使用达成一致，避免后期信息使用或者开发利用过程中产生纠纷。

③ 解决信息追溯问题。对于信息提供和使用过程做到可追溯、可定位，从而可明确责任定位，分清工作边界，进行信息校验核对等方面工作。

④ 解决信息分类共享问题。对现有信息进行分类定义，将政务信息根据对象属性分为公共信息资源、企业信息资源和个人信息资源，对于不同的信息资源制定不同的共享策略，促进信息的正确合理整合共享，防止信息泄露的风险。

本章小结

政府信息资源管理是电子政务的重要组成部分，它在促进公共管理模式转变、实现公共部门流程再造、提高政府信息资源利用效率、推动信息资源合理配置以及提升政府服务能力等方面发挥了重要的作用。本章从政府信息资源管理概述、开发利用、整合与共享三方面入手，首先介绍了政府信息资源的概念和特点、分类和来源、政府信息资源管理的形成与发展，以及我国政府信息资源管理概况；其次，总结了政府信息资源的开发利用的相关知识，并提出相应的政策建议；最后结合我国政府信息资源整合共享的内容、意义及模式等方面，针对性地提出当前完善我国政府信息资源整合与共享机制的关键路径。

关键词

政府信息资源　政府信息资源管理　信息资源开发　信息资源利用
信息共享系统　"一站式"电子服务

复习思考题

1. 概念题

政府信息资源、政府信息资源管理、信息资源整合共享、"一站式"电子服务、门户整合

2. 简答题
(1) 简述政府信息资源的特点。
(2) 简述政府信息资源的来源及获取的基本模式。
(3) 简述政府信息资源管理的意义与作用。
(4) 简述政府信息资源管理体系的建设要点。
(5) 简述针对我国政府信息资源开发利用的政策建议。
(6) 简述我国政府信息资源整合与共享的发展策略。

第4章　电子政务安全

电子政务包含着大量的公共信息，是现代政府维持社会运行的重要基础。随着社会经济的发展以及互联网技术的不断提升，电子政务安全也面临着愈发严峻的挑战，为保障国家安全以及政府权力的正常行使，在电子政务建设过程中必须重视电子政务安全管理。

4.1　电子政务安全相关概念

4.1.1　我国电子政务安全背景

党的十八届三中全会明确提出，建立基于互联网的、为社会公众提供一体化公共服务的在线政府，要求着力改善政府管理过程中信息资源难以互联互通的问题，实现从以"平台政府、信息政府"为核心的政府2.0向以"数据开放，交互服务"为理念的政府3.0转变。与此同时，电子政务所面临的安全问题愈加严峻。第一，电子政务在信息安全、计算机安全、网络安全等领域面临的威胁范围不断扩大，危害程度不断加深；第二，电子政务顶层设计的缺失使电子政务的安全管理始终滞后于发展需求，无法为其提供有效可行的制度保障；第三，随着人为信息窃取数量与境内外黑客攻击频率日益上升，公民、社会和国家对信息安全的要求不断上升。电子政务系统掌握着大量的公共信息，是维持社会有效运转的基础，如果电子政务系统受到攻击，各类公共信息遭到泄露，将给个人、企业和国家带来巨大的损失。

因此，电子政务安全对于保障国家安全、保障政府权力的正常行使，以及保障公民个人和企业的合法权益有着非常重要的意义。2018年，习近平总书记在网络安全和信息化工作会议中强调："我们必须敏锐抓住信息化发展的历史机遇，维护网络安全，推动信息领域核心技术突破，发挥信息化对经济社会发展的引领作用，自主创新推进网络强国建设。"[1]电子政务的安全问题成为摆在我国各级政府部门管理人员、信息化建设专业人员以及电子政务科技人员面前一项重要而紧迫的课题。在此背景下，认识电子政务安全面临的挑战并采取相应的技术和措施进行防范，成为电子政务发展的重中之重。

4.1.2　电子政务安全相关概念

在现代信息安全领域，我们经常会遇到与电子政务安全相关的计算机安全、网络安全和信息安全等概念，这些概念之间具有一定的区别和联系。

---

[1] 人民网. 重温习近平总书记"4·19"重要讲话，打好互联网战"疫"[EB/OL]. (2020-04-19)[2021-08-24]. http://media.people.com.cn/n1/2020/0420/c40606-31679436.html.

1. 计算机安全

计算机安全是指计算机系统资源和信息资源不受自然或者人为的威胁与损坏。这些资源包括计算机设备、存储介质、软件和数据等。计算机安全可以通过限制被授权人员使用计算机系统的物理范围，利用专用软件，将安全功能构造于计算机操作规程中等方法保障。

2. 网络安全

网络安全是指网络系统中的硬件、软件及其系统中的数据受到保护，不会因偶然的或者恶意的原因而遭到破坏、更改和泄露，系统能够连续可靠地正常运行。网络安全涉及的内容有技术方面的问题，也有管理方面的问题，两方面相互补充，缺一不可。技术方面侧重于防范外部非法用户的供给，管理方面则侧重于对内部人为因素的管理。

3. 信息安全

信息安全是指网上公布的信息在各个阶段都受到保护，免遭窃取、破坏、攻击等形式的非法入侵。从本质上讲，电子政务的安全问题就是信息安全问题，信息安全在宏观层面上表现为国家和社会的信息安全问题，涉及政策、法规、文化、基础设施、服务等多方面的内容；在微观层面上表现为政府机关在运行过程中的信息安全问题，涉及技术、标准、管理、措施等多方面内容。总而言之，信息安全已经成为电子政务安全问题的核心和基础，是政府信息化过程中提升电子政务发展水平的一个重要部分。

4. 电子政务安全

由于电子政务具有开放性、虚拟性、网络化的特点，联通各级政府平台和网站，涵盖全国人民以及企业的信息和数据，甚至包括国家政治经济的敏感数据和信息[1]。因而，电子政务安全是一个非常复杂的系统工程，它遍布于政府信息化的各个环节之中，其范畴已经超过了网络安全所指的技术层面，涵盖了数据库、信息系统、法规环境等多个方面。

以上概念都是相互关联的，电子政务安全包含计算机安全、网络安全以及信息安全，从本质上它们的侧重点各有不同，计算机安全更关心信息的存储和处理方面的安全问题；网络安全更关心的是信息在网络传播过程中所涉及的各种安全问题；信息安全既要考虑网络及网络传输中的所有安全问题，也要考虑计算机本身所固有的安全问题。

4.1.3 电子政务安全特性

电子政务的安全需求是保护政务信息资源不受侵犯，保证信息资产的拥有者面临最小的风险和获取最大的安全利益，使政务的信息基础设施、信息应用服务和信息内容为抵御上述威胁而具有真实性、可用性、机密性、完整性和不可抵赖性等特性，从而确保一个政府部门能够有效地完成法律所赋予的政府职能。

1. 真实性

电子政务的真实性是指保证接收方获得的信息是从发送方发出的真实信息，即对信息的来源进行判断，对伪造来源的信息予以鉴别。作为国家机关，政府所提供的公众服务信息，及其

---

[1] 徐双敏. 电子政务概论[M]. 3版. 北京：科学出版社，2016.

自身所用的内部政务专网和核心政务网，首先要保证信息的真实性，确保信息可靠，这样的信息才能得到利用，才能为网络政务平台提供有效保障。因此，在电子政务平台的构建过程中要充分考虑到保障信息真实性的技术和制度要求，确保信息真实性。

2. 可用性

电子政务的可用性是指可被授权实体访问并按需求使用的特性，即授权用户能存取所需的信息。电子政务系统构建的目的是让各种信息都能流通，使需要的人能够得到应有的帮助，以达到便民之目的。但为了避免一些非使用者的恶意闯入，在构建电子政务系统过程中，也要考虑到使用该系统的用户身份验证和鉴别问题，通常可以通过数字签名和数字证书相结合的方式实现用户身份的鉴别。

3. 机密性

电子政务的机密性是指信息不泄露给非授权的用户、实体或供其利用的特性，即只有那些被授予特定权限的人才能够访问信息。作为政府内部的政务专网和核心政务网，很多消息都涉及国家安全和国家机密，所以更应保证这些信息的安全保密。这些非公开的信息，对当地政府乃至国家的安全与稳定都将具有重要的作用和意义。信息的机密是整个电子政务安全体系建设的核心，在一定程度上可以说电子政务的安全就是保证国家机密不被窃取，所以保密性工作对电子政务的构建来说极为重要。

4. 完整性

电子政务的完整性是指数据未经授权不能进行改变的特性，即信息在存储或传输过程中保持不被修改、不被破坏和丢失的特性。信息的完整性对于信息传输、公文传达、公函送递和政府重要通知下达等方面都具有重要意义。只有在保证信息完整性的基础上才能进一步要求政府行政行为的正确性和落实性，因而构建有效的数据信息验证系统，确保信息传输过程中的完整是非常必要的。

5. 不可抵赖性

电子政务的不可抵赖性是指信息的发送者和接收者无法否认自己发送或接收信息的行为，即对出现的网络安全问题提供调查的依据和手段。在电子政务系统构建中要注意网络的虚拟性，对于信息的发布和确认都应有一套完整的机制和技术手段来约束，从而对信息的原发者起到不可否认的制约作用，使信息的原发者和信息传输过程中的参与者无法否认已发生的事实。

4.1.4 电子政务安全技术

1. 防火墙

在电子政务建设中，防火墙是用于隔离内联网与外联网、内联网与互联网，保障网络信息安全的重要技术手段。防火墙是一个或多个设置了访问策略的系统，通常放在两个网络之间检查、控制数据，允许授权的信息通过，限制非法的入侵和窃取。简单的防火墙可以只用路由器实现，复杂的防火墙可以用主机甚至一个子网来实现，它可以在IP层设置屏障，也可以用应用层软件来阻止外来攻击。但无论如何配置，设置防火墙都是为了在内联网与外联网之间设立唯一的通道，简化网络安全的管理。

(1) 防火墙的主要功能。防火墙的主要功能有以下几项：控制不安全的服务，防止用户的非法访问和非法用户的访问；控制对特殊站点的访问；某些防火墙提供内容过滤功能，可以完成病毒过滤功能；集成了入侵检测功能；集中安全保护，提供了监视互联网安全和预警的方便端点；提供网络连接的日志记录及使用统计。

(2) 防火墙的分类。防火墙根据不同的标准有不同的分类。从技术实现角度，防火墙可分为数据包过滤、应用级网关和复合型防火墙三种类型。

数据包过滤技术是在网络层对数据包进行选择，选择的依据是系统内设置的过滤逻辑，被称为访问控制表，通过检查数据流中每个数据包的源地址、目的地址、端口号、协议状态以及它们的组合等因素来确定是否允许该数据包通过。数据包过滤防火墙逻辑简单、价格便宜、易于安装和使用、网络性能和透明性好，传输性能和可扩展能力强，通常安装在路由器上，而路由器是内联网与互联网连接必不可少的设备，因此在原有网络上增加这样的防火墙几乎不需要任何额外的费用。然而，数据包过滤防火墙的安全性也有一定缺陷，因为系统对应用层信息无感知，也就是说防火墙不理解通信的内容，所以可能被黑客攻破。因此，数据包过滤防火墙有两大缺点：一是非法访问一旦突破防火墙，即可对主机上的软件和配置漏洞进行攻击；二是数据包的源地址、目的地址以及IP的端口号都在数据包的头部，很有可能被窃听或冒用。

应用级网关常常被称为代理服务器，是在网络应用层上建立协议过滤和转发功能。应用型防火墙的物理位置与数据包过滤路由器一样，但它的逻辑位置在OSI[①]7层协议的应用层上，主要采用协议代理服务，也就是在运行防火墙软件的堡垒主机上运行代理服务程序。如应用型防火墙不允许网络间的业务直接联系，而是以堡垒主机作为数据转发的中转站。堡垒主机是一个具有两个网络接口的主机，每一个网络接口与它所对应的网络进行通信，既能作为服务器接收外来请求，又能作为客户转发请求。如果其认为信息是安全的，那么代理就会将信息转发到相应的主机上，用户只能够使用代理服务器支持的服务。在业务进行时，堡垒主机监控全过程并完成详细的日志和审计，大大提高了网络的安全性。

在实际应用中，数据包过滤路由器法虽有较好的透明性，但无法有效区分同一IP地址的不同用户；而应用级防火墙易于建立和维护、造价较低，比数据包过滤路由器更安全，但缺少透明性，效率相对较低，用户往往将两种防火墙技术结合起来，以取长补短，形成复合型防火墙。

2. 访问控制

访问控制是通过一组机制来控制不同级别主体对不同级别受保护资源客体的授权访问。具体地说，主体可能包括网络用户、用户组、终端或主机等对网络资源进行访问的实体。资源客体可能包括设备、程序、数据、目录等受访问的实体。访问控制就是要在这些主体和客体之间建立可否访问、可以如何访问的关系，将绝大多数攻击主体阻止在到达攻击目标之前。访问控制的功能主要有防止非法主体进入受保护的网络资源，允许合法用户进入受保护的网络资源，防止合法用户对受保护的网络资源的非授权访问。访问控制的中心内容是实现对主体身份的认证识别以及客

---

① OSI是open system interconnection的缩写，意为开放式系统互联。国际标准化组织(ISO)制定了OSI模型，该模型定义了不同计算机互联的标准，是设计和描述计算机网络通信的基本框架。OSI模型把网络通信的工作分为7层，分别是物理层、数据链路层、网络层、传输层、会话层、表示层和应用层。

体对于主体的授权访问两个环节。基于此，访问控制通常包含以下几种实现策略。

(1) 入网访问控制。入网访问控制为网络访问提供了第一层访问控制。它控制哪些用户能够登录网络并获取网络资源，控制准许用户入网的时间和准许他们在哪台计算机入网。用户的入网访问控制包括三个步骤：用户名的识别与验证、用户密码的识别与验证、用户账号的默认限制检查。如有任何一个步骤不通过，该用户便不能进入该网络。对网络用户的用户名和密码进行验证是防止非法访问的第一道防线。用户注册时，首先输入用户名和密码，服务器将验证所输入的用户名是否合法。如果验证合法，才继续验证用户输入的密码，否则，用户将被拒之网络之外。其次，密码是用户入网的关键所在，为保证密码的安全性，用户密码不能显示在显示屏上，密码长度应不少于6个字符，密码字符最好是数字、字母和其他字符的混合。用户密码必须经过加密，加密的方法很多，其中常见的方法有基于单向函数的密码加密、基于测试模式的密码加密、基于公钥加密方案的密码加密、基于剩余平方的密码加密、基于多项式共享的密码加密以及基于数字签名方案的密码加密等。经过上述方法加密的密码，即使是系统管理员也难以得到它。此外，用户还可采用一次性密码，也可用便携式验证器(如智能卡)来验证用户的用户名和密码是否有效，进一步履行用户账号的默认限制检查。同时，网络应能控制用户登录入网的站点、限制用户入网的时间以及限制用户入网的工作站数量，当用户对交费网络的访问"资费"用尽时，网络还应能对用户的账号加以限制，而用户此时也应无法进入网络空间访问网络资源。最为关键的是网络应对所有用户的访问进行审计，如果多次输入密码不正确，则认为是非法用户的入侵，并提交报警信息。

(2) 网络的权限控制。网络的权限控制是针对网络非法操作所提出的一种安全保护措施。用户和用户组被赋予一定的权限，网络可以控制用户和用户组访问哪些目录、子目录、文件和其他资源，能够指定用户对这些文件、目录、设备执行哪些操作。根据访问权限将用户分为特殊用户、一般用户、审计用户。特殊用户，即系统管理员；一般用户，即系统管理员根据他们的实际需要为他们分配操作权限；审计用户，即负责网络的安全控制与资源使用情况的审计。用户对网络资源的访问权限可以用一个访问控制表来描述。

(3) 目录级安全控制。目录级安全控制是指系统管理员控制用户对目录、文件、设备的访问，指定用户在目录一级的权限对所有文件和子目录有效，还可以进一步指定用户对目录下的子目录和文件的权限。一般情况下，用户对目录和文件的访问权限有7种，即系统管理员权限、创建权限、读写权限、修改权限、删除权限、文件查找权限和存取控制权限。然而，用户对文件或目标的有效权限取决于用户的受托者指派、用户所在组的受托者指派以及继承权限屏蔽取消的用户权限。一个网络系统管理员应当为用户指定适当的访问权限，这些访问权限控制着用户对服务器的访问，7种访问权限的有效组合既可以让用户有效地完成工作，又能有效地控制用户对服务器资源的访问，由此加强网络和服务器的安全性。

(4) 属性安全控制。使用文件、目录和网络设备时，网络系统管理员应给文件、目录等指定访问属性。属性安全控制可以将给定的属性与网络服务器的文件、目录和网络设备联系起来，能够在权限安全的基础上提供更进一步的安全性。属性设置可以覆盖已经指定的任何受托者指派权限和有效权限，往往具备以下几个方面的权限：查看目录和文件、修改目录和文件、复制目录和文件、删除目录或文件、执行文件、隐含文件、共享文件等。同时，网络的属性可以增加副本，以保护重要的目录和文件，防止用户对目录和文件的误删、错改等。

总体来说，访问控制是网络安全防范的主要策略，它的主要任务是保证网络资源不被非法使用和异常访问，也是维护网络系统安全、保护网络资源的重要手段。虽然访问控制可以说是保证网络安全的核心策略之一，但各种安全策略必须相互配合才能真正起到保护作用。

3. 防病毒技术

计算机病毒是指编制者在计算机程序中插入的破坏计算机功能或者毁坏数据、影响计算机使用并能自我复制的一组计算机指令或者程序代码。它是一种特殊的程序，具有传染和破坏作用。计算机病毒能够对自身进行复制和传播，而且往往是在用户不知情的情况下进行的。计算机病毒的传播方式是将自身嵌入其他程序，如文字处理软件、电子表格软件或者磁盘的引导扇区中。大多数情况下，计算机之间的病毒传播是通过人来执行的，人通过电子邮件发送附件、磁盘传递程序或者将文件复制到文件服务器中都有可能造成病毒的传播，当用户收到已被病毒感染的文件或磁盘时，也就将病毒传播到自己的计算机中；而当用户运行感染病毒的软件或者从感染病毒的磁盘启动计算机时，病毒程序也就同时被运行了。

随着互联网的迅速发展和日益普及，计算机病毒的传染方式发生了重大的改变。磁盘在作为病毒传播源方面的重要性日益下降，而通过电子邮件附件、FTP[①]下载等网络方式传播的病毒日益增多，特别是电子邮件附件病毒在最近两年出现了愈演愈烈的形势。通过网络途径，原来在单机运行的病毒程序正迅速地蔓延到网络的其他主机，更为严重的是某些病毒具有自动传播的功能，致使它的威力大大强于一般的单机病毒。这种病毒我们称之为网络病毒，它不仅具有单机病毒的一切特征，还具有自己的新特点，即传播范围更为广泛，同时破坏性、潜伏性、可激发性和针对性更强。

由于在网络环境下，计算机病毒有不可估量的威胁性和破坏力，因此对网络病毒的防范是网络安全建设中极其重要的一环，防毒技术可以直观地分为病毒预防技术、病毒检测技术及病毒清除技术。

(1) 病毒预防技术。计算机病毒的预防技术就是通过一定的技术手段防止计算机病毒对系统的传染和破坏。实际上这是一种动态判定技术，即一种行为规则判定技术。也就是说，计算机病毒的预防是对病毒规则进行分类处理，而后在程序运作中凡有类似的规则出现则认定是计算机病毒。具体来说，计算机病毒的预防是通过阻止计算机病毒进入系统内存或阻止计算机病毒对磁盘的操作。预防病毒技术包括磁盘引导区保护、加密可执行程序、读写控制技术、系统监控技术等。例如，大家所熟悉的防病毒卡的主要功能是对磁盘提供写保护，监视在计算机和驱动器之间产生的信号，以及可能造成危害的写命令，并且判断磁盘当前所处的状态，即哪一个磁盘将要进行写操作、是否正在进行写操作或者磁盘是否处于写保护等，来确定病毒是否将要发作。计算机病毒的预防应用包括对已知病毒的预防和对未知病毒的预防两个部分，对已知病毒的预防可以采用特征判定技术或静态判定技术，而对未知病毒的预防是一种行为规则的判定技术，即动态判定技术。

---

① FTP(file transfer protocol，文件传输协议)是 TCP/IP 协议组中的协议之一。FTP协议包括两个组成部分，其一为FTP服务器，其二为FTP客户端。其中FTP服务器用来存储文件，用户可以使用FTP客户端通过FTP协议访问位于FTP服务器上的资源。在开发网站的时候，通常利用FTP协议把网页或程序传到Web服务器上。此外，由于FTP传输效率非常高，在网络上传输大的文件时，一般也采用该协议。

(2) 病毒检测技术。计算机病毒的检测技术是指通过一定的技术手段判定出特定计算机病毒的一种技术。它有两种形式：一种是根据计算机病毒的关键字、特征程序段内容、病毒特征及传染方式、文件长度的变化，在特征分类的基础上建立的病毒检测技术；另一种是不针对具体病毒程序的自身校验技术，即对某个文件或数据段进行检验和计算并保存其结果，以后定期或不定期地以保存的结果对该文件或数据段进行检验，若出现差异则表示该文件或数据段完整性已遭到破坏，感染上了病毒，从而检测到病毒的存在。

(3) 病毒清除技术。计算机病毒的清除技术是计算机病毒检测技术发展的必然结果，也是计算机病毒传染程序的一种逆过程。清除病毒大都是在某种病毒出现后，通过对其进行分析研究而研制出来的具有相应解毒功能的软件。这类软件技术发展往往是被动的且带有滞后性。而且，由于计算机软件所要求的精确性，解毒软件有其局限性，对有些变种病毒的清除无能为力。

4. 入侵检测技术

入侵检测，顾名思义，便是对入侵行为的发觉，其通过从计算机网络或计算机系统中的若干关键点收集信息并对其进行分析，发现网络或系统中是否有违反安全策略的行为和遭到攻击的迹象。入侵检测是动态安全技术的核心技术之一，传统操作系统加固技术和防火墙隔离技术等都是静态安全防御技术，对网络环境下日新月异的攻击手段缺乏主动反应。入侵检测系统(IDS)[①]主要通过以下几种活动来完成任务：监视、分析用户及系统活动；对系统配置和弱点进行审计；识别与已知的攻击模式相匹配的活动；对异常活动模式进行统计分析；评估重要系统和数据文件的完整性；对操作系统进行审计跟踪管理；识别用户违反安全策略的行为。除此之外，有的入侵检测系统还能够自动安装厂商提供的安全补丁软件，并自动记录有关入侵者的信息。

入侵检测技术通过对入侵行为入侵技术的过程与特征的研究，使安全系统对入侵过程做出实时响应。从分析方式上，入侵检测技术分为两种：一种为异常发现技术，即假定所有入侵行为都是与正常行为不同的，如果建立系统正常行为的轨迹，那么理论上可以把所有与正常轨迹不同的系统状态视为可疑企图，对于异常阈值(或门限值)与特征的选择是异常发现技术的关键，如通过流量统计分析将异常时间的异常网络流量视为可疑，然而异常发现技术也存在局限性，是因为并非所有的入侵都表现为异常，而且系统的轨迹难于计算和更新。另一种为模式发现技术，即假定所有入侵行为和手段(包括其变种)都能够表达为一种模式或特征，那么所有已知的入侵方法都可以用匹配的方法发现，模式发现技术的关键是如何表达入侵的模式，把真正的入侵与正常行为区分开来，其优点是误报少，局限是只能发现已知的攻击，对未知的攻击无能为力。

从实现方式上，入侵检测系统一般分为两种：基于网络的IDS和基于主机的IDS。一个完备的入侵检测系统一定是基于网络和主机两种方式兼备的分布式系统。另外，能够识别的入侵手段数量、入侵手段是否及时更新也是评价入侵检测系统的关键指标。基于网络的IDS使用原始网络分组数据包作为进行攻击分析的数据源，一般会利用一个网络适配器来实时监视和分析所有通过网络进行传输的通信，一旦检测到攻击，IDS应答模块将通过通知、报警以及中断连接

---

① IDS是英文"intrusion detection systems"的缩写，中文意思是"入侵检测系统"，专业上讲就是依照一定的安全策略，通过软、硬件，对网络系统的运行状况进行监视，尽可能发现各种攻击企图、攻击行为或者攻击结果，以保证网络系统资源的机密性、完整性和可用性。

等方式来对攻击做出反应。基于主机的IDS一般监视 Windows NT(即视窗NT，是由微软公司发行的操作系统)上的系统、事件、安全日志以及UNIX[①]环境中的系统日志文件，一旦发现这些文件发生任何变化，IDS将比较新的日志记录与攻击签名，审核它们是否匹配。如果匹配，检测系统将向管理员发出入侵报警并且采取相应的行动。

5. VPN技术

VPN即虚拟专用网，是利用公共网络基础设施，通过"隧道"技术等手段达到类似私有专网数据安全传输的一种技术。针对不同的用户要求，VPN有三种解决方案：远程访问虚拟网、企业内部虚拟网和企业扩展虚拟网。这三种类型的VPN分别与传统的远程访问网络、企业内联网以及企业网和相关合作伙伴的企业网所构成的外联网相对应。VPN综合了传统数据网络的性能优点(安全和服务质量保证)和共享数据网络结构的优点(简单和低成本)，能够提供远程访问，将外部网和内部网的连接，在降低成本的同时满足了对安全性、网络带宽[②]、接入和服务不断增加的需求。因此，可以预测VPN必将成为未来企业传输业务的主要工具，也必将成为组建安全的电子政务网络的可选技术。

4.2 电子政务安全风险管理

4.2.1 电子政务安全风险的概念

要理解电子政务安全风险的概念，应首先弄清风险以及风险管理的内涵。首先，风险的构成包括5个方面：起源、方式、途径、受体和后果。其中，风险的起源是威胁的发起方，叫做威胁源；风险的方式是威胁源实施威胁所采取的手段，叫做威胁行为；风险的途径是威胁源实施威胁所利用的薄弱环节，叫做漏洞；风险的受体是威胁的承受方，即资产；风险的后果是威胁源实施威胁所造成的损失，叫做影响。它们之间的相互关系可表述为：风险的一个或多个起源，采用一种或多种方式，通过一种或多种途径，侵害一个或多个受体，造成不良后果。风险管理就是把管理工作中可能发生的各种风险，限制在最低限度的管理方法。风险管理一词是美国宾夕法尼亚大学教授所罗门·许布纳(S. S. Huebner)于1930年首先提出的，其内容有以下几项：对可能发生的风险进行广泛深入的分析，包括找出可能发生风险的原因，从风险的角度检查合同，发现产生风险的可能性，随时分析、修订减轻风险和防止损失的风险处理计划；在分析的基础上抓好风险管理，包括避免因偶然风险使现有资产及获利能力遭到部分或全部的损失，按有利的条件向保险公司投保，对未投保的风险进行分析和监督，做好应急计划，风险发生后，已投保的部分应迅速取得赔偿，再分析风险产生的原因，防止风险再度发生。由此可

---

① UNIX操作系统(尤尼斯)，是一个强大的多用户、多任务操作系统，支持多种处理器架构，按照操作系统的分类，属于分时操作系统，最早由Ken Thompson、Dennis Ritchie和Douglas McIlroy于1969年在AT&T的贝尔实验室开发。目前它的商标权由国际开放标准组织所拥有，只有符合单一UNIX规范的UNIX系统才能使用UNIX这个名称，否则只能称为类UNIX(UNIX-like)。

② 网络带宽是指在单位时间(一般指的是1秒钟)内能传输的数据量。网络和高速公路类似，带宽越大，"车道"越多，其通行能力越强。网络带宽作为衡量网络特征的一个重要指标，日益受到人们的普遍关注，它不仅是政府或单位制订网络通信发展计划的重要依据，也是互联网用户和单位选择互联网接入服务商的主要因素之一。

知,风险估计是风险管理的首要环节,这种估计包括鉴别与方案实现有关的否定后果,估计否定后果出现的概率、主要程度的大小,及时做出管理决策,努力避免风险,减少损失。

从风险管理的概念中,我们可以引出电子政务的安全风险是指电子政务建设中各种威胁事件发生的概率和相应事件可能造成损失的总和。其中,事件的发生概率主要与电子政务系统的威胁源、漏洞和产生影响有关,而对风险事件影响程度的估计通常从对资产的直接影响、间接影响以及系统恢复费用三方面来衡量。电子政务的安全风险不仅受到来自外部的威胁,还会受到来自内部的威胁,如外部的威胁有病毒传染、黑客攻击、信息间谍、信息恐怖活动、信息战争、自然灾害等,内部的威胁因素包括内部人员恶意破坏、内部人员与外部勾结、管理人员滥用职权、执行人员操作不当、安全意识不强、内部管理疏漏、软硬件缺陷等。

4.2.2 电子政务安全风险管理的关键环节

电子政务安全风险管理的关键是安全风险分析。电子政务安全风险分析是指依据有关信息安全技术标准对电子政务系统及由其处理、传输和存储信息的保密性、完整性和可用性等安全属性进行科学公正分析的活动过程。电子政务安全风险管理的关键环节主要体现在以下几个方面。

首先,安全风险分析是电子政务安全建设的起点和基础,是风险分析理论和方法在电子政务安全管理中的运用。为了确定电子政务安全控制的水平,安全策略的制定者必须进行全面的信息安全风险分析。同时,电子政务安全建设是基于安全风险评估的,只有在正确地、全面地理解风险后,才能在控制风险、减少风险之间做出正确的判断,决定调动多少资源、以什么样的代价、采取什么样的应对措施去化解、控制风险。对电子政务建设而言,必须遵照一定的成本控制,不存在不计成本的信息安全策略,也就是信息安全策略的制定者要根据被保护信息资产的重要性来决定信息安全控制的级别。

其次,安全风险分析是分级防护和突出重点的具体体现,信息安全建设必须从实际出发、坚持分级防护、突出重点,风险分析正是这一要求在实际工作中的具体体现。从理论上讲,实践中,政府部门在信息安全建设时不可能做到绝对的安全,风险总是客观存在的。安全是风险与成本的综合平衡,盲目追求安全和完全回避风险是不现实的,也不是分级防护原则所要求的,应从实际出发,坚持分级防护、突出重点、正确分析风险,以便采取有效、科学、客观的措施。

最后,安全风险分析是当前信息安全工作的客观需要和紧迫需求。由于信息技术的飞速发展,关系国计民生的信息基础设施规模越来越大,极大地增加了电子政务系统的复杂程度。许多国家越来越重视风险分析与评估工作,提倡风险分析与评估制度化,他们认为没有有效的风险分析便会导致信息安全需求与安全解决方案的严重脱离,同时强调没有任何事情比错误地解决问题和建立错误的系统更低效率的了。近年来,一些国家正大力加强以风险分析为核心的信息系统安全工作,并以法规、标准手段为保障,逐步形成横跨立法、行政、司法的完整信息安全管理体系。因此,我国为加强宏观信息安全管理,促进信息安全保障体系建设,就必须加强风险分析工作,并逐步使风险分析工作朝着制度化的方向发展。

对任何信息系统而言,风险总是存在的。电子政务系统的国家性质,使它必然存在着更大的安全风险。因此,安全风险分析是电子政务安全工程设计的前提。电子政务安全风险分析工作能够为制定安全规划和安全设计以及为做出决策提供依据,但是风险因素的复杂性和不确定性,增加了风险分析的困难,使得风险分析的结果存在一定的不准确性。然而,电子政务风险管理的目的并不仅仅是得到精确的风险分析数值,更重要的是通过风险分析获得将风险控制在可接受限度内的控制方法,以及在不同防护机制和防护力度情况下的风险比较结果。

此外,电子政务安全风险分析还需要分析系统的脆弱性、系统面临的威胁以及脆弱性被威胁源利用后所产生的实际负面影响,并根据安全事件发生的可能性和负面影响的程度来识别系统的安全风险,实施的一般过程如下所述。首先应按照信息系统业务运作流程进行资产识别,明确要保护的资产及其位置,并根据估价原则评价资产的重要性;为确保资产估价的一致性和准确性,系统应建立一个统一的价值尺度,以明确如何对资产进行赋值,还要注意特定信息资产价值的时效性和动态性。其次对系统进行全面的安全性分析,运用一定的分析方法和技术,识别资产的内外部安全威胁、每一威胁相对应的资产或信息系统的脆弱点、威胁发生的可能性以及威胁发生后对系统造成的危害,为风险估计收集信息。接下来,对已采取的安全控制进行确认。最后建立风险测量方法及风险等级评价原则,确定风险的大小与等级。

4.2.3 电子政务安全风险管理的方法

1. SSE-CMM

SSE-CMM是指系统安全工程能力成熟度模型(systems security engineering capability maturity model),该模型的主要任务就是评测和改进整个信息安全系统在生命周期中的安全工程活动。到目前为止,这个模型是信息系统安全工程领域当中可靠性较高的针对性模型。SSE-CMM作为一个过程参考模型,能够通过对安全工程组织实施安全工程过程的能力进行评估,识别过程域中影响质量和过程改进的关键问题,它为组织的过程改进提供了途径。SSE-CMM模型框架是一个二维架构(见图4-1)。

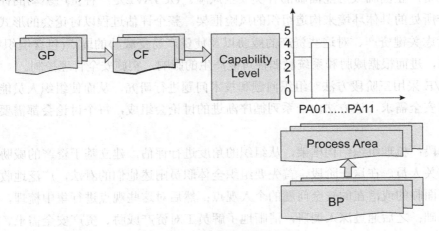

图4-1 SSE-CMM模型框架

该模型的横轴上有11个系统安全工程过程域(PA01—PA11),分别描述风险过程、工程过程和信任度过程。其中,风险过程用于识别被开发产品或系统的潜在危险,并将其按优先级排列次序;工程过程强调将安全工程过程与其他工程学科相结合,以解决由危险带来的问题;信任度过程则建立了安全解决方案的信心,并将这种信心传递给用户。这11个过程域可能出现在安全系统生存期的各个阶段,SSE-CMM模型并不规定它们之间的顺序。

该模型的纵轴上有5个能力成熟级别,5个等级由低到高。低等级是不成熟的、难控制的;

中等级是可管理的、可控的;高等级是可量化的、可测量的。每个级别的判定反映为一组共同特征(CF),而每个共同特性进而通过一组确定的通用实践(GP)来描述。过程能力由GP来衡量,GP、CF和能力级别组成了三级结构。

SSE-CMM风险分析过程是对威胁性、脆弱性、影响和相关风险的分析。SSE-CMM定义了4个风险分析过程:评估威胁过程(PA04);评估脆弱性过程(PA05);评估影响过程(PA02);评估安全风险过程(PA03)。图4-2为威胁、脆弱性和影响的关系。

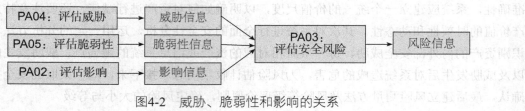

图4-2 威胁、脆弱性和影响的关系

2. OCTAVE

OCTAVE(operationally critical treat, asset, and vulnerability evaluation)是由美国卡内基梅隆大学的CERT协调中心于1999年提出的可操作性关键威胁评估和脆弱性评估方法,它是一种从系统的、组织的角度开发的新型信息安全保护方法。OCTAVE方法遵循自主评估的原则,该方法首先重点强调的是评估的可操作性,然后关注的才是可能导致风险的关键因素,旨在帮助组织从自身维度识别、评估和处置信息安全风险。因此,OCTAVE方法需组建一个来自各方面专业人员的团队(称为分析团队)来进行风险评估和安全整改等核心工作,分析团队的成员既包括业务部门的人员,又包括信息技术部门的人员。它强调采用公认良好的安全实践方法,来管控组织的信息资产正面临或可能面临的各类安全风险。OCTAVE是一种资产驱动的评估方法,根据组织资产所处的具体环境来构造组织的风险框架。整个评估过程以讨论会的形式进行,分析团队必须考虑关键资产、对这些资产的威胁以及使资产易受威胁的弱点(包含组织和技术)三者之间的关系,进而根据威胁和系统脆弱性可能产生的影响,实施安全管理控制。

OCTAVE 采用三阶段方法对组织问题和技术问题进行研究,从而使组织人员能够全面把握组织的信息安全需求,该方法由一系列循序渐进的讨论会组成,每个讨论会都需要其参与者之间的交互。

第一阶段:梳理组织结构框架,从组织的角度进行评估,建立基于资产的威胁配置文件并重点关注相关人员。在这一阶段,首先要组织全体职员阐述他们的看法,广泛地收集各部门员工对组织正面临的或潜在的安全问题的个人观点;然后对这些观点进行集中梳理,作为后续评估分析的基础;之后通过深入调研,清晰地了解员工对资产威胁、资产安全需求、现行资产保护措施有效性等相关问题的认识;最后由分析团队整理这些信息,确定对组织最重要的资产(关键资产),并标识对这些资产的威胁。

第二阶段:标识基础结构的弱点,对计算基础结构进行评估。由于分析团队在此阶段的注意力转移到计算组织的信息系统基础框架,该阶段也被称为OCTAVE的技术核心。在这个阶段,分析团队通过数据收集对应的分析活动,对承载业务的基础设施进行总体评价。分析团队会标识出与每种关键资产相关的关键信息技术系统和组件,并对信息技术基础结构的核心组件进行检查,找出导致对关键资产进行未授权行为的弱点。

第三阶段：开发安全策略和计划，即制定企业整体的安全发展蓝图及信息安全策略。在此阶段，需要开发出科学有效的安全策略和实施计划，来应对组织内部存在的风险。在这个阶段，分析团队以阶段一和阶段二的成果为基础，综合分析组织信息系统基础结构的评估评价结果，识别其面临的风险与潜在的风险，以及由此可能导致的不利影响，并对风险进行优先级排序。另外，根据风险优先级，分析团队制定科学有效的风险应对策略和安全保护策略，以解决关键资产的风险。

3. BS7799

作为典型的信息安全管理标准，英国标准BS7799是由英国标准协会(BSI)制定的信息安全管理标准。它于1995年由英国标准组织提出，是目前世界上应用最广泛的信息安全管理标准，包括两部分：BS7799—1《信息安全管理实施细则》和BS7799—2《信息安全管理体系规范》。在2000年12月，该标准的第一部分BS7799—1通过了国际标准化组织(ISO)的认可，修订为国际标准ISO/IEC 17799—1：2000，全名为《信息安全管理实施细则》。《信息安全管理实施细则》是组织建立并实施信息安全管理体系的一个指导性的准则，主要为组织制定其信息安全策略和进行有效的信息安全控制提供一个大众化的最佳惯例。虽然实施细则中的指南内容尽可能趋于全面，但是实施细则中所提供的基线控制集并非对每个组织都是充分的，也并非对每个组织都是缺一不可的，它没有考虑实际信息系统在环境和技术上的限制因素，标准假设条款的实施是由具有合适资格和经验的人来承担或指导的。

BS7799广泛地涵盖了所有的信息安全议题，如安全方针的制定、安全责任的归属、风险的评估、定义与强化安全参数及访问控制，甚至包含防病毒的相关策略等，已成为国际公认的信息安全实施标准，适用于各种产业与组织。

此外，BS7799认为，在风险评估和风险管理方法被应用的过程中，评估时间、力度以及具体开展的深度应与组织的环境和安全要求相称，故风险评估与管理方法也被分为三个等级：基本的风险评估、详细的风险评估与联合评估方法。基本的风险评估是指应用直接简易的方法达到基本的安全水平，就能满足组织及其业务环境的所有要求，这种方法适用于业务运作不是非常复杂的组织，并且组织对信息处理和网络的依赖程度不高。详细的风险评估包括对资产的详细识别和估价，以及那些对资产形成威胁和相关薄弱点水平的评估，上述结果被用于评估风险并随后被用于安全控制的识别和选择。这一方法是将安全风险作为资产、威胁及薄弱点的函数来进行识别与评估，根据被评估的风险，能够从有关安全管理标准中选择安全控制，再进行更为详细的分析。联合评估方法首先使用基本的风险评估方法，识别信息安全管理体系范围内具有潜在高风险或对业务运作来说极为关键的资产，然后根据基本的风险评估结果，将信息安全管理体系范围内的资产分成两类：一类需要应用一个详细的风险评估方法以达到适当保护，另一类则通过基本的评估方法就足够达到保护目的。组织应根据自身的业务环境、业务性质和重要性，对支持组织业务信息系统的技术性和非技术性依赖等因素来选择适当的风险评估和管理方法。

4. 故障树方法

故障树分析(FTA，fault tree analysis)是美国贝尔电报公司的电话实验室于1962年在分析和预测民兵式导弹发射控制系统安全性时首先提出并采用的分析方法。这种方法是提出"不希望事件"作为顶事件，例如灾害、系统丧失功能等，然后一步步追查原因，通过逻辑门将顶事件分解成树枝状，构成故障树。它采用逻辑的方法形象地进行危险的分析工作，其特点是直观明了、思路清晰、逻辑性强且可以做定性分析，也可以做定量分析。一般来讲，FTA适用于安全工程方面，体现了以系统工程方法研究安全问题的系统性、准确性和预测性，是安全系统工程的主要分析方法之一，而安全系统工程的发展也是以故障树分析为主要标志的[①]。

故障树分析是把系统实施中最不希望发生的事件或状态作为风险分析的目标(在故障树中称为顶事件)；继而找出导致这事件或状态发生的所有可能的直接原因(在故障树中称为中间事件)；再跟踪找出导致这些中间事件发生的所有可能的直接原因(在故障树中称为底事件)；之后直到追寻到引起中间事件发生的全部原发事件为止。FTA是一种演绎的逻辑分析方法，遵循从结果找原因的原则，分析系统风险及其产生原因之间的因果关系。

5. RMECA

RMECA方法(risk mode effects and criticality analysis)，通过分析被评估系统所有可能的风险模式来确定每一种风险对系统和信息安全的潜在影响，以此找出单点风险，并按其影响的严重程度及其发生的概率确定其危害性，从而发现系统中潜在的薄弱环节，以便选择恰当的控制方式消除或减轻这些影响。

RMECA方法的实施步骤如下：定义被分析系统；绘制系统功能图和安全性框图；确定信息系统所有潜在的风险模式，并确定这些模式对系统相关功能的影响；按最坏的潜在后果评估每种风险模式，确定其严重性；确定每一种风险模式发生的概率；确定每一种风险模式发生的频数比；分析风险模式的危害度；分析系统的危害度或风险损失。

通过分析系统各种严重性类别的危害度，了解系统所面临的风险并结合对危害度与风险模式的关系，将有助于选择适当的控制措施，降低风险水平。

通过对系统风险损失或指定风险模式下的风险损失分析，可以更加精确地掌握系统潜在的经济损失期望值，从而为控制方式、应急方案等决策提供有力的支撑。

6. 层次分析法

层次分析法(analytic hierarchy process，AHP)，是由美国著名运筹学家托马斯·塞蒂(T. L. Saaty)于20世纪80年代创立的，它是将与决策总是有关的元素分解成目标、准则、方案等层次，在此基础之上进行定性和定量分析的决策方法。AHP法可以将复杂的问题分解成递阶层次结构，然后在比原问题简单得多的层次上逐步分析，面对由"方案层——因素层——目标层"构成的递阶层次结构来分析问题，给出一整套的处理方法与过程。AHP法最大的长处是可以处理定性与定量相结合的问题，能够将决策者的主观判断与政策经验导入模型，并加以量化处理。

AHP法的基本步骤包括以下几步：建立所研究问题的递阶层次结构；构建两两比较判断矩阵；计算权向量并做一致性检验(层次单排序)；计算综合权向量(层次总排序)。层次分析法本身是一种评价与决策方法，也是一种有效地处理不易定量化变量下的多准则决策手段。AHP法在风险分析领域的应用很少，且往往需结合其他方法，主要表现在采用AHP法进行风险因素识别后的重要度排序、系统风险度评价以及组合各方法分析结果等方面。AHP法的最大优点是其

---

① 汤志伟. 电子政务的管理与实践[M]. 成都：电子科技大学出版社，2013.

系统性、简洁性与适用性，还可以通过一定的数学模型、算法得出定量结果，使整个方法思路清晰，易于操作。

4.3 电子政务安全管理

4.3.1 我国电子政务安全管理现状

1. 电子政务安全法律法规有效完善

在我国电子政务实践过程中，电子政务法律法规体系的建设也在同步进行，已经取得了一定的成果。围绕电子政务安全，中国先后制定了《计算机信息系统安全保护等级划分准则》《计算机病毒防治管理办法》《中华人民共和国电子签名法》《中华人民共和国政府信息公开条例》《国家电子政务工程建设项目管理暂行办法》《信息安全技术基于互联网电子政务信息安全实施指南》等。2011年，《中华人民共和国电子政务法》的正式发布，促进了我国电子政务标准化体系和立法体系的逐步完善，成为我国电子政务发展中具有划时代意义的节点。2015年7月1日，新《国家安全法》正式予以公布实施，并首次以法律形式提出"维护国家网络空间主权"，明确建立网络和信息安全保障体系。之后实行的《中华人民共和国网络安全法》将网络安全监测预警和问题处理进行了制度化和法治化规范，对维护国家安全和社会公共秩序、处置重大突发社会安全事件、建立健全网络安全保障体系以及提高网络安全保护能力做了具体的规定。此外，国家及地方负责电子政务安全的管理组织也制定了与电子政务安全相关的各项管理条例，对电子政务的建设和安全管理进行及时的指导。自此，电子政务安全管理体系迈上制度化、日常化的运行轨道。

2. 电子政务安全组织有序发展

2015年7月，工业和信息化部将原通信保障局更名为网络安全管理局，并在网络安全管理局新增了相关互联网安全的职能，包括研究制定互联网安全规划政策和行业标准、研究建立电信网和互联网新技术安全评估制度并组织实施、指导督促电信企业和互联网企业落实网络与信息安全的管理职责，进一步强化了网络安全的机构职能。2018年3月，中央网络安全和信息化领导小组改名为中央网络安全和信息化委员会，负责网信领域重大工作的顶层设计、总体布局、统筹协调、整体推进和督促落实。从融入日常生活的社交通信软件到电商购物平台、移动支付应用；从推动放管服、覆盖连接全国的电子政务系统到正在大力研发的5G移动通信技术、大数据、物联网等新兴产业技术，中央网络安全与信息化委员会成立以来，我国网信事业快速健康发展，网络内容建设持续加强，网络安全保障能力稳步提升，信息技术和数字经济蓬勃发展，网络空间国际合作不断深化，持续为全球互联网发展治理贡献中国经验、中国智慧。

3. 电子政务安全标准化建设完善

我国电子政务法律法规体系在不断完善的同时，电子政务的安全管理标准化建设也逐步提上议事日程。为落实党中央、国务院关于发展电子政务的决策部署，全面推进电子政务工作，进一步落实《"十三五"信息化标准工作指南》等文件部署，2020年6月《国家电子政务标准体系建设指南》正式发布。按照"急用先行，循序渐进"的原则，该指南将研制一批支撑政务信息资源开放共享、公共信息资源开发利用、业务协同、政务服务一体化、安全保障所需的基础性、关键性、共性标准，标准的有效性、先进性和适用性显著增强，并带动行业应用标准的研制。该指南建设目标提出：到2021年，依据行业实际需要，制定或修订政务信息资源、电子文件、政务服务平台等电子政务基础共性标准和关键应用标准，基本满足电子政务标准化需求，补充完善国家电子政务标准体系；到2022年，全面覆盖电子政务基础共性标准、关键应用标准、安全保障标准，建立较为先进的国家电子政务标准体系，有效指导电子政务建设，建设电子政务标准应用服务平台，提升标准服务能力，提高标准应用水平。"统一标准，保障安全"一直是我国电子政务建设重要的工作原则之一，信息化建设必须具有标准化的支持，逐步推进电子政务安全的标准化是电子政务安全建设的重要基础，能够为各级政府之间的安全协同工作提供技术准则，从而使整个电子政务安全管理工作有章可循、有法可依。

4. 电子政务安全形势严峻

电子政务安全形势严峻，有意的破坏行为时有发生。有意的破坏行为是指外部或者内部人员有意识地采取对信息删除、更改、非法获取等各种手段来危及电子政务系统的行为。2018年，中国互联网大会发布的《中国互联网站发展状况及其安全报告》中指出：我国网络空间中出现的恶意攻击事件数量大幅增长，敌对分子将电子政务系统视为攻击的重要目标，对电子政务系统进行网络攻击的次数日益增多，金融机构内部网络犯罪、网上泄露国家秘密等案件层出不穷。每年我国不仅有大量的政府网站被篡改和植入后门，还有黑客通过非法入侵电子政务信息系统对系统内数据进行修改，造成数据丢失或系统瘫痪，给国家造成重大的政治影响和经济损失。同时，境内外敌对势力、敌对分子和非法组织通过建立反动站点，利用公共媒体发布反动文章、散布反动言论、煽动公众反政府情绪，吸纳更多的反动成员，并通过互联网进行煽动、渗透、组织、联络等非法活动。由此可见，电子政务的安全形势不容乐观。

5. 电子政务安全技术升级滞后

电子政务安全是发展电子政务的重要保障，而电子政务安全技术是保障电子政府安全的基石。面对愈加严峻的电子政务安全形势，传统的电子政务安全系统仅能在网络层(IP)设防，以达到防止外部攻击的目的，但却无法控制共享源的访问者源端，从而难以科学地预测未来的攻击和入侵，这使得电子政务在安全保护方面出现了难以控制漏洞的问题，危害了电子政务的安全稳定运行。随着"互联网+政务服务"的快速发展，原来的安全保护机制已经不能够满足电子政务发展的需求，新形势下网络安全防护技术与机制必须要有所创新和改变。

4.3.2 电子政务安全管理体系

安全管理体系是电子政务系统必要的组成部分，它为系统管理员和用户提供对整个安全体系的监管，并在计算机网络应用与各类安全技术之间搭起桥梁。同时，安全管理体系中人员管理、技术管理和制度管理模块的紧密融合，使得各类安全手段能与现有的计算机网络应用体系紧密地结合，实现无缝连接，从而实现网络安全与应用的真正一体化。

1. 人员管理模块

人员管理主要是指对电子政务系统中从事计算机信息系统工作的有关人员的管理。人员安全是安全管理的重要环节，特别是某些关键部门人员对网络信息的安全与保密起着至关重要的作用。实际上，大部分安全问题是由人为差错导致的，因为人不仅本身是个复杂的信息处理系统，还会受到自身生理因素、心理因素、技术熟练程度、责任心以及道德品质等原因的影响，所以对人员的管理是非常重要的。电子政务安全管理体系的人员管理主要包括以下几个方面。

(1) 人员审查。人员审查必须根据电子政务信息系统所规定的安全等级确定审查标准。电子政务相关信息系统工作人员应具有政治思想可靠、作风正派、技术合格等基本素质，最好是熟悉电子政务相关操作且了解国家机密事项规范的程序工作人员。

(2) 人员培训。应定期对从事操作和维护信息系统的工作人员进行培训，包括计算机操作维护培训、应用软件操作培训、信息系统安全培训、保密知识培训等，确保工作人员全部参与过培训后才能上岗。涉及安全设备操作和管理的人员，除接受上述培训外，还应由相应部门对其进行安全保密方面的专业培训，上岗后其仍需不定期接受安全保密教育和培训，必要时应就重要岗位签订保密责任书。

(3) 人员考核。要定期对电子政务信息系统所有技术工作人员从政治思想、业务水平、工作表现、遵守安全规程等方面进行考核。加强技术人员的责任意识和安全业务知识学习，对于经考核发现存在违反安全法规行为或不适于接触信息系统的人员要及时调离岗位，不应让其再接触系统。

(4) 人员调离。对被调离人员，特别是因不适合安全管理要求被调离的人员，必须严格办理调离手续、明确解密期限、进行调离谈话，指明其调离后的保密义务，讲清泄密责任，并收回所有密钥、证件，令其退还全部技术手册、软件及有关资料。同时，部门信息安全主管及时更换所管辖部门的系统口令和机要锁。

(5) 人员管理原则。电子政务安全管理体系的人员管理原则包括多人负责原则、责任分散原则、限制期限原则。多人负责原则，即尽可能指定两人或更多人员共同参加每项与安全有关的活动，并通过签字、记录和注册等方式证明每项安全活动的过程和内容；责任分散原则，即不让单独一人负责全部安全职能，如应用程序开发人员与操作人员工作分离，开发人员不参加日常操作，操作人员不参与开发等；限制期限原则，即工作人员不能永久工作在一个安全岗位，必须经常轮换岗位。

(6) 岗位人选。电子政务信息系统的关键岗位人选(如安全负责人、安全管理员、系统管理员、安全设备操作员和保密员等)必须经过严格的政审，并考核其业务能力。例如，对于系统分析员，部门不仅要有严格的政审，还要考虑其现实表现、工作态度、道德修养和业务能力等方面；应禁止兼职关键岗位的人员，尽可能保证这部分人员的安全可靠。

(7) 签订保密合同。对所有进入电子政务信息系统工作的人员，应按照其工作岗位的重要程度，签订相应的保密合同，明确对系统应尽的安全保密义务及解密期限；尽量避免使用外来临时人员和借调人员从事安全岗位的工作；确保其在岗、离岗后一定时期内均不得违反保密合同，泄露系统秘密。

2. 技术管理模块

技术管理主要是指对保障电子政务信息安全所涉及的技术实体管理。一般来说，它主要是指涉密介质管理、软件系统管理、密钥管理以及技术档案管理。

(1) 涉密介质管理。涉密介质主要是指能够传播涉密媒体的载体。这些媒体包括各种文件、数据等，载体泛指一切可以用电子信号存储的物品如U盘、移动硬盘等。涉密介质在信息系统安全中对系统的恢复、信息的保密，甚至在防止病毒等诸方面都起着十分关键的作用。因此，必须要高度重视对涉密介质的管理，具体有以下几个方面：涉密介质根据其中信息的最高密级决定介质的密级；涉密介质应按照同密级纸制文件的管理要求进行登记、审批、收发、传递、存放，并由专人负责保管；涉密介质维修应由专人负责，且外送维修必须经主管领导审批同意，并要送到国家保密部门指定维修点维修；发现涉密介质遗失应立即向单位及上级保密部门报告并组织查处，及时将查处情况报告国家保密单位；涉密介质销毁须报主管领导审批同意，由两人以上监督销毁，并做好销毁记录。

(2) 软件系统管理。软件系统管理主要是指对涉及电子政务的操作系统、网络系统、设备驱动程序系统和数据库系统等软件的管理。由于计算机网络本身存在着安全漏洞，对软件系统的安全管理更应不容忽视，具体包含以下几方面内容：保护软件系统的完整，防止软件丢失、被破坏、被篡改、被伪造等；保证软件的存储安全，包括保密存储、压缩存储、备份存储，以及系统恢复等重要措施；保障软件的通信安全，包括软件的安全传输、加密传输、安全下载、用户识别、审计与追踪等；保障软件的使用安全，包括用户授权访问、系统的访问控制、防止软件滥用、防止被窃取、防止被非法复制等；在软件的管理方面应高度重视相关管理人员对软件的选择和开发规程、软件安全保密测试、系统漏洞检测与修补、软件加密、防动态跟踪等工作情况。

(3) 密钥管理。密钥管理主要是指对涉及电子政务信息安全的加密技术进行管理。密钥的泄露将直接导致明文内容的泄露，而且从密钥管理的角度寻找突破比密码破译的代价要小得多，因此在电子政务系统中，密钥管理是十分重要的一部分。密钥管理涉及密钥自产生到最终销毁的整个过程，包括系统的初始化及密钥的产生、存储、备份、恢复、装入、分配、保护、更新、控制、丢失、吊销、销毁等内容。密钥管理对安全的要求包括密钥难以窃取、密钥有使用范围和使用时间的限制，以及密钥的分配和更换过程对用户透明且用户不需要亲自掌管密钥。基于上述三点基本要求，应主要在以下几个环节加强密钥管理：首先，密钥的生成应有专门的密钥管理部门或授权人负责，并且由随机数生成器产生密钥，密钥生成的算法应由有关机构审批；其次，密钥的分发可以是人工分发、自动分发，也可以是人工与自动分发相结合，分发过程应采用安全的信道，密钥的传送方式可以是集中传送，也可以是分散传送，即将密钥分解成多个部分传递，到达后再还原；之后，在密钥的验证方面，不仅应检验密钥是否出错，还应查收密钥传递时附带的一个用该密钥加密的密文(接受者已知明文)；此外，密钥的保存是密钥管理的重要内容，因为密钥在多数时间是静态的，它可以整体保存，也可以分散保存；最后，在密钥的销毁方面，要有相应的管理和仲裁机制。

(4) 技术档案管理。技术档案管理主要是指对系统设计的研判、开发、运行、维护中所有技术问题文字描述的管理。它反映了系统构造原理，表达了系统的实现方法，为系统维护、修改和进一步开发提供了依据。技术档案管理具体包括以下几点：首先，借阅、复制技术档案要履行相应手续，包括申请、审批、登记、归档等必要环节，并明确各环节当事人的责任和义务；其次，对秘密级以上的重要技术档案应考虑双份以上的备份，并存放于异地；另外，对报废的技术档案，要有严格的销毁、监视销毁的措施；最后，各级安全管理机构应制定技术档案的管理制度，要明确管理制度的责任人，管理制度要严格执行，对于违反规定人员一律加以处罚。

3. 制度管理模块

制度管理主要是指对保障电子政务信息安全的规章制度的管理。完善的规章制度是电子政务安全管理有效实施的保障，主要包括以下几个部分。

(1) 机房安全管理制度，包括机房出入管理制度、机房安全防范制度、机房卫生管理制度，以及机房运行操作管理制度等。

(2) 系统运行维护管理制度，包括设备管理维护与维修制度、软件维护与升级制度、用户管理制度、密钥管理制度、定期检查和监督制度以及各种操作制度等。

(3) 操作和管理人员管理制度，包括岗位的分工制度、权限划分制度、合法操作制度、异常情况报告制度、人员引进和调离制度，以及教育培训制度等。

(4) 计算机处理控制管理制度，包括编制及控制数据处理流程制度、程序软件和数据的管理、复制和存储介质的管理制度以及文档日志的标准化制度。

(5) 定期检查与监督制度，包括对系统安全运行的定期检查、对各项规章制度落实情况的定期检查、对制度执行情况和人员工作情况的监督等。

(6) 文档资料管理制度，是指对计算机的各种凭证、单据、账簿、报表和文字资料，制定妥善保管和严格控制的相应规章制度。

此外，电子政务的安全管理制度还应包括网络通信安全管理制度、病毒防治管理制度、安全等级保护制度、对外交流安全维护制度，以及对外合作制度等。

4.3.3 电子政务安全管理面临的威胁及其改进策略

电子政务信息安全遵循"木桶原理"，即一个木桶的容积取决于组成它的最短的一块木板。同理，电子政务信息安全强度应与它最薄弱环节的安全强度相当。为此，针对电子政务信息安全的各种基本需求，政府都必须采取合适的策略，以下任何一个环节都不能忽视：使用访问控制机制，阻止非授权用户进入网络，即"进不来"，从而保证网络系统的可用性；使用授权机制，实现对用户的权限控制，即不该拿走的"拿不走"，同时结合内容审计机制，实现对网络资源及信息的可控性；使用加密机制，确保信息不暴露给未授权的实体或进程，即未授权者"看不懂"，从而实现信息的保密性；使用数据完整性鉴别机制，保证只有得到允许的人才能修改数据，而其他人"改不了"，从而确保信息的完整性；使用审计、监控、跟踪、防抵赖等安全机制，使得攻击者、破坏者、抵赖者"走不脱"，并进一步对出现的安全问题提供调查依据和手段，实现信息安全的可审查性。

因为电子政务信息的安全和共享是一对矛盾，安全与信息的可用性也是彼此矛盾的，所以，在制定电子政务信息安全解决方案时，要充分考虑政务的特性和要求，将技术与管理有机结合，在进行安全评估的基础上，再确定合适的方案。

1. 电子政务安全管理面临的威胁

管理安全是电子政务整体信息安全的核心，它贯穿于电子政务技术安全内容的各个方面，是安全技术发挥作用的保证。一般在构建安全系统时，政府部门容易只关注技术安全和设备安全，而忽视管理安全，殊不知很多安全问题都和管理上的疏忽相关。在整个安全体系中，安全管理策略与安全技术密不可分，只有将两者有机结合并融为一体，才能有效保证电子政务安全。

(1) 安全管理制度缺失。当前，各级政府为了保证信息安全，只在技术上采取了相应的保障措施，却忽视了更为重要的管理体制建设，致使我国电子政务安全忽略了从管理体制上落实安全责任制，缺乏完备的信息安全管理、认证机制及保障制度。这使电子政务系统存在许多管理安全漏洞，很难做到安全管理的统一协调性，一旦发生安全事件，容易出现故障定位不准、追查事故源困难、责任问题牵扯不清的情况，甚至造成更为严重的破坏性后果。例如，内部人员出于个人利益，会对电子政务系统实施破坏行为，且难以引起管理层的注意，由于其对整个系统比较熟悉，可能造成更大的损失和破坏。

(2) 安全应急意识淡薄。我国电子政务建设起点低、时间短，至今仍未成熟。几十年来，政府工作人员已经习惯了纸上办公，适应信息化办公过程缓慢，对电子政务没有一个正确的认识，仍保留着陈旧的管理理念。另外，工作人员在电子政务信息的安全问题上还存在不少认知盲区和制约因素，并且安全应急意识淡薄，对网络信息安全威胁认识不足。虽然政府已经采取了较多措施来提高工作人员的安全意识，但就其效果而言并不理想。

(3) 专业人才缺乏。伴随信息技术的快速发展及电子政务的广泛普及，政府信息化对于政府人员提出了进一步的要求，不仅要求政府人员具备熟练处理行政事务的能力，还要求其对操作计算机和应用网络了如指掌。不过，从我国政府公务员的整体队伍来看，普遍存在知识老化、整体素质较低、知识面窄小等情况，尤其是具备较强管理能力和专业计算机知识的综合性专业人才更是少之又少。

2. 电子政务安全管理体系的改进策略

(1) 健全电子政务安全管理体制。首先，国家相关行政部门在进行电子政务的建设过程中，需要以网络安全为建设前提，保障各项信息技术不会对涉密政务信息造成泄露。其次，电子政务的信息安全管理体系和制度也存在一定的漏洞，需要对其进行大力整改，可以采用信息安全技术对政务工作进行监察，负责信息安全管理的人员需要明确自己的工作内容和管理方向，处理政务的工作过程和信息数据成果都要有所记录，以达到出现问题以后，可审计、可追溯，能够立刻责任到人。除此以外，政府部门还需要对各项安全保障措施进行更新升级，使电子政务信息服务平台的防御能力不断增强，保障其网络结构的安全性。对于网络系统各项软件和设备，相关工作人员要定期对其进行升级和改造，保障网络服务平台的安全平稳运行。

(2) 构建电子政务信息安全应急响应预案。电子政务信息安全管理的重要部分之一就是构建安全事件的应急响应预案，依据事前预案触发相应处理程序，只要发生安全事件，就能用最短的时间恢复正常的电子政务信息服务、网络服务，最大限度降低安全事故造成的破坏。由于电子政务信息安全事件存在突发性、涉及面广、范围大、非典型性等特征，构建应急响应预案就成为确保信息安全的必然选择。但网络信息技术存在不对称性，不可避免存在网络安全漏洞，所以电子政务信息安全事件的应急响应是防入侵管理的一个关键环节，是提高安全防御能力、降低风险的有效手段。因而,相关政府部门应定期对电子政务信息系统实施安全分析、评估安全风险,及时分析发生安全事件后的应急响应预案及其处置流程存在的问题,在找出原因之后提出明确改进要求。同时在全局范围内监控网络系统,及时掌握内部违规事件的发生以及外部入侵行为的出现,控制网络被侵害的风险性,做到对安全事件的早发现、早确认、早定位、早解决。

(3) 加大电子政务信息安全人才队伍建设。高素质从业队伍是打造风清气正和阳光政务生态工程的人才基础,是实现风险管控的前提和保障。各有关部门应指定工作人员,具体负责电子政务信息安全等工作,加大力度建好队伍,全面从严管好队伍,制订专业培训计划,定期组织开展业务培训,着力培养保障信息安全的技术、审核、监控和法律等方面人才。在培训的同时,各部门还要注重各项信息技术的引进,以逐渐提升电子政务信息安全内部工作人员的专业水平和管理能力,壮大电子政务信息安全保障专业队伍,提高电子政务系统安全性。另外,政府部门应多举措培养高科技人才,在相关高等院校增设电子政务专业和信息安全专业,奠定广泛扎实的专业从业人员基础。

本章小结

本章概括性地介绍了电子政务安全知识,包括对电子政务安全概述、电子政务安全风险管理、电子政务安全管理等方面的内容。电子政务系统是一个高度敏感的系统,要切实保证电子政务系统的安全,就要对各种安全风险进行划分与判别,并在现有的技术条件以及管理体系下迅速做出反应。

关键词

电子政务安全 防火墙 防病毒技术
电子政务安全风险 风险管理 安全管理体系

复习思考题

1. 概念题
电子政务安全、风险管理、故障树、VPN技术
2. 简答题
(1) 简述电子政务的安全特性。
(2) 简述电子政务风险管理的内涵。
(3) 简述电子政务风险管理的关键环节。
(4) 我国应如何构建电子政务安全管理体系?

第5章 电子政务保障体系

电子政务的不断发展,给社会带来了巨大的社会效益和经济效益,使政府成为一个更符合民意的政府:一个更透明、更高效、更廉洁的政府。电子政务信息系统承载着大量事关国家政治安全、经济安全、国防安全和社会稳定的数据和信息,因此研究电子政务信息安全保障机制十分必要。电子政务保障体系不但关系到电子政务的健康发展,而且已经成为国家保障体系的重要组成部分。然而,如何使电子政务得到有效保障,成为政府在发展电子政务方面亟待解决的问题,保障体系建设是电子政务建设不可缺少的重要组成部分,是电子政务顺利发展的关键。

5.1 电子政务保障的要素

电子政务保障要素指的是对电子政务起到保障作用的关键要素及其活动所构成的有机整体,主要由技术保障、产品保障、资金保障、人才保障和需求保障五大要素构成。

5.1.1 技术保障

技术保障是指支持电子政务建设的主要信息技术,包括计算机技术、计算机网络技术、计算机通信技术等。信息技术在政务领域的应用是电子政务的应有之意,为电子政务建设提供强有力的技术保障,可以说没有信息技术的支持就发展不了电子政务。

1. 计算机技术

1) 计算机硬件

硬件是指构成计算机的物理实体,是计算机运行的物质基础。计算机的硬件主要包括主机和外部设备,下面将从计算机的部件角度说明计算机硬件的组成。

(1) 主机。主机是计算机的核心,它承担数据运算、逻辑控制和信息存储等主要工作,主要由微处理器、主机板、内存、显示卡和其他扩展卡等组成。微处理器称为中央处理单元(CPU),是整个微型计算机的核心,它的性能直接影响到微机系统的整体性能,也成为各种不同档次微机的代名词;主机板简称为主板或母板,安装有CPU的外围支持元件和输入输出接口等器件及电路,负责为部件提供电气连接,并为这些部件提供插槽、接口和控制功能;内存是内部存储器的简称,一般可分为只读存储器(ROM)、可改写的只读存储器(EPROM)和随机存储器(RAM)等,通常所说的内存是指RAM,它是微机系统中一个主要部件;显示卡是微机中用来与显示器连接的输出接口卡,它的功能是把计算机内部的二进制信息转换成显示器上的字符和图形。

(2) 外部设备。外部设备简称为外设，是计算机系统的重要组成部分，由外部存储器、输入设备和输出设备等构成。其中，外部存储器有磁盘、光盘、U盘、磁带；输入设备有键盘、鼠标器、扫描仪、麦克风、摄像头；输出设备有显示器、打印机等。

2) 计算机软件

软件是指计算机上所运行程序和相关数据的总称。软件可以看作计算机系统运行的知识资源。通常根据软件的用途，可将其分为系统软件和应用软件两大类。

(1) 系统软件。系统软件是为方便用户使用计算机，提高工作效率，充分发挥计算机功能而编制的计算机通用程序，主要包括操作系统和语言处理程序。操作系统是一种直接控制和管理计算机系统硬件与软件资源的基本系统软件，它为用户和应用程序提供操作计算机的统一接口，并使用户和应用程序能充分有效地利用计算机的资源，提高计算机性能。语言处理程序是把人们编写的源程序翻译成机器能够识别和执行的二进制代码序列(即机器语言)的一种系统软件。翻译的方式分为编译和解释两种。编译方式是一次把源程序全部转换成机器语言的目标程序，以后只需要执行目标程序即可；解释方式则是逐条翻译并立即执行源程序的语句，并不生成目标文件，每次执行都需要对源程序进行逐条翻译。常用的语言处理程序有Visual、Basic。

(2) 应用软件。应用软件是指在计算机系统软件支持下开发的解决各种实际问题的软件，如工程设计程序、文字处理软件、自动控制程序、企业管理软件、数据检索程序、科学计算程序等。

2. 计算机网络技术

电子政务系统的网络框架是以互联网技术为基础，以政府内部的外联网为核心，实现政府内部工作流的电子化；通过外联网允许政府合作伙伴以及政府内部外出人员对内部应用的授权访问，实现相互间授权的信息交换；通过互联网为社会公众提供在线的政务服务和信息服务。

(1) 互联网技术。在互联网技术出现之前，世界上一些著名的计算机厂商，如Novell、Digital、Apple等已经在研究发展自己的网络技术，这种分散孤立型的研究结果导致了网络技术的互不兼容，使不同类型的网络无法通信。对用户来说，只选用一种网络，又往往不能满足自身多种要求。面对这个问题有以下两种解决方案：一是研究一种能满足任何用户所有要求的网络技术，但其高额成本可想而知；二是用户可以选择多种能满足不同要求的网络技术，然后寻找一种方法将所有类型的网络互联起来。显然，第二种方案在现实中是可行的，互联网技术正是采用了这种策略——TCP/IP[①]。TCP/IP提供了任意网络互联的机制和网络间数据传输的标准，允许多个甚至全球的用户把各种不同类型的网络成功地连接在一起。

(2) 内联网技术。内联网是指基于TCP/TP协议的企业内部网络。内联网通过防火墙等安全机制与互联网建立连接，提供互联网所有的应用服务，如WWW、E-mail等，只不过这种服务主要面向企业内部。和互联网一样，内联网具有很高的灵活性，企业可以根据自己的需求利用各种互联技术建立不同规模和功能的网络。两者的区别在于内联网使用了防火墙和安全代理，这些安全机制在互联网和内联网之间建立了一道安全屏障，防止外部人员非法获取企业内部信息，同时又允许企业员工访问互联网上的资源。可以说，如果去掉防火墙，内联网便成为互联

---

① TCP/IP传输协议，即传输控制/网络协议，也称为网络通信协议，是在网络使用中的基本的通信协议。TCP/IP传输协议对互联网中各部分进行通信的标准和方法做了规定。并且，TCP/IP传输协议是保证网络数据信息及时、完整传输的重要协议。

网的一部分，因为两者使用的是相同的TCP/IP协议。

(3) 外联网技术。内联网的发展导致了外联网的产生，并逐渐被人们所接受。简单来说，外联网就是一种采用互联网技术在企业及其合作伙伴之间建立的特殊的网络，主要为企业以外的合作伙伴提供信息服务，是内联网的延伸或扩展。外联网已成为企业把自己的内联网向其合作伙伴开放的重要方式。通过建立和开放外联网，企业可充分地利用互联网技术，使企业及其合作伙伴之间建立电子连接，安全地开展通信、合作和交易等业务。建立外联网的主要目的是通过互联网技术加强企业之间的合作，并以各种方式限制不同的用户的访问权限，实现安全管理，提供商业应用。

3. 计算机通信技术

计算机通信是一种以数据通信形式出现，在计算机与计算机之间或计算机与终端设备之间进行信息传递的方式。它是现代计算机技术与通信技术相融合的产物，在军队指挥自动化系统、武器控制系统、信息处理系统、决策分析系统、情报检索系统以及办公自动化系统等领域得到了广泛应用。按照传输连接方式的不同，计算机通信可分为直接式和间接式两种。直接式计算机通信是指将两部计算机直接相连进行通信，可以是点对点的，也可以是多点通播的。间接式计算机通信是指通信双方必须通过交换网络进行传输。现今计算机网络通信技术主要以光纤通信为主，实现信息的传递、交流与共享，从而可以有效改善计算机网络的通畅性与有效性，进而推动我国社会经济与计算机网络通信的发展。

此外，按计算机通信覆盖地域的广度，计算机通信技术有局域式、城域式和广域式三种。在一定范围的地域内，如学校、公司、机关单位，建立局部的计算机通信，就称为局域式计算机通信技术。局域式的计算机通信覆盖范围比较小，仅能够在几千米内进行通信。在一个城市的范围内，如广州、上海，建立计算机通信，就称为城域式计算机通信技术。城域式的计算机通信覆盖范围比局域式的稍大，通信范围能够达到几十千米。在一个比较广泛的地域范围内，比如华南地区、东北地区，建立计算机通信，均称为广域式计算机通信技术。广域式计算机通信覆盖范围非常广，最大范围甚至可达到全球，其覆盖直径高达上万千米。

5.1.2 产品保障

产品保障是指保障电子政务建设的主要产品和服务，这里主要介绍政府门户网站以及智慧政务App两种产品。电子政务的核心是利用信息技术实现政府职能，需要有一定的产品与服务，而政府部门利用信息技术手段实现宏观调控、市场监管、公共管理和社会服务就需要相应的信息产品。

1. 政府门户网站

随着信息社会的发展，政府门户网站作为电子政务的服务终端、政府提供公共服务的主要渠道、公民与政府重要的接触平台，正越来越体现电子政务的发展现状和建设成效。完善的门户网站将是未来政府的主要形态，而建设门户网站的过程事实上也是横向和纵向整合政府部门、改革政府职能、重组政府业务流程，实现虚拟电子政府的过程。政府门户网站通常指提供一整套常用网络服务的网站，其建设内容包括栏目设置、功能模块、安全性设计三大主要方面。

1) 栏目设置

栏目是网站的形象，政府网站的栏目是否科学合理，直接影响网站作用的发挥。因此，栏目的设置是政府网站建设的重要环节，它主要包括政府门户网站栏目设置和职能部门网站栏目设置。

(1) 政府门户网站栏目设置。依据政府门户网站的任务、特点和上网信息内容，典型的政府门户网站设置有以下栏目：地方一览表、政府政务、便民服务、企业助理、投资指南、在线交流、地区旅游等，以及国务院各部委、各省(市、区)政府及各职能部门网站的网络链接。

(2) 职能部门网站栏目设置。职能部门网站是各政府职能部门发布本部门、本行业政府信息、业务职能、办理流程等事务的总平台。部门网站栏目一般有必设栏目和特设栏目两部分。必设栏目是所有政府部门共有的特性，包括部门职能(介绍部门业务职能、权限范围)、领导成员(介绍部门领导、组织机构)、政策法规(介绍政策法规、管理条例)、网上行政审批(介绍行政审批流程、办事指南、政务业务处理流程和处理方式)、政务信息、服务信息和工作动态。特色栏目是针对本部门、本行业特色的栏目设置，一般包含本行业特色的政务职能信息发布。

2) 功能模块

政府门户网站的主要功能模块有内容采编发布系统、网上办理系统、便民服务系统、网站通用交流系统、网站导航系统和电子邮件系统。下面主要介绍内容采编发布系统和网上办理系统。

(1) 内容采编发布系统。网站系统是信息发布和信息获取的窗口，因而信息是维系网站生存的重要因素。如果政府门户网站没有充足的信息资源，其建设就将成为一项面子工程，而失去原有的意义，也将无法产生预期的效果。信息资源的采编工作是整个政府门户网站建设过程中一项繁重而艰巨的任务，而且由于网站涉及众多行政单位，只能在网站建设初期制定相关的政策和规定来统一规划和调配，尤其应重点加强在关键信息的采集和发布方面制定专门的政策，尽可能保证网站信息的来源，满足社会公众的需求。内容采编发布系统是集信息采编、信息编辑、信息审核、信息发布于一身的应用系统。该系统可以分为前台和后台两个系统，前台为公众使用，后台为政务机关公众信息维护人员使用。系统设计原则是方便客户采用统一、方便、快捷、健全的方式来管理需要发布到互联网上的各类信息。本着开放性、扩展性、健全性的目的，发布系统的设计应更多地考虑为以后的功能扩展和转移留下空间，因此政府应归纳总结网站系统所共同具有的诸多组成要素，从而统一逻辑，处理相同程序中的各类不同数据。系统的常见功能包括互联网信息自动采集、内容录入、编辑审核、栏目划分、专题制作、发布审核、文章发布、模板管理、人员角色定义、操作监控、工作统计等。

(2) 网上办理系统。政府网上办理系统实际上是电子政务系统的一个开端，主要涉及政务外网填写和政务内网处理数据的统一问题、电子政务的有效性与管理问题。

由于网上填报等事务发生在政务外网上，相关的政府工作人员在处理网上接到的电子政务申请时，有两种情况：一种情况是直接登录政务外网对事务进行处理，这样政务外网上要留有政务办公的应用，同时安全性不符合要求，一般不被采纳；另一种情况是在政务外网和政务内网进行数据同步，同步后政府工作人员在政务内网上进行处理，定期将处理结果同步在政务外网进行政务公开。因此，应注意政务外网填写和政务内网处理的数据统一问题。此外，随着科技的发展，网上银行、电子报税、电子报关都已经成为现实存在。

在一般情况下，网上办事系统针对服务对象分为公众办事和企业办事两种。通过一定的身份认证手段，就可以确定网上行为的责任人。因此，应注意电子政务的有效性与管理问题，为今后深层次的电子政务系统建设提供坚实的技术保障。

3) 安全性设计

(1) 用户权限分级。政府门户网站提供了一个安全、统一的政务信息、政务应用、政民互动访问入口，其涉及的用户类型包括公民、门户网站系统管理员、政府门户网站编辑员、政府门户网站业务员、政府门户网站监督员和其他工作人员。当公民访问政府门户网站的前台系统，政府门户网站将集中存储用户的基本信息和行为数据，使用户在注册、登录以后享受相应的会员服务。对后几类用户来说，由于他们都具有一定的管理职能，或者有可能涉及敏感信息，需要更高等级的认证手段并配合严格的权限管理，才能保障政府门户网站的正常安全运行。为了方便后台管理用户，系统将实现一站式登录的方式，以避免后台管理员重复登录的情况。

在编制应用系统程序时采取用户权限分级限制，设置相应的密码来实现分级管理。系统可以根据用户的账号，确定其进入应用系统的级别。为防止越权访问网络共享文件，一般采取提供用户名、口令、信息用户权限、目录最大权限和文件属性等多级完善的保密措施。除此之外，严禁安装应用软件的源程序和开发系统，防止对程序的非法修改。

(2) 软件安全实现。应用系统中采用模块授权和组织授权分离的模式来实现安全管理。模块授权代表了用户可以使用的功能，组织授权代表了用户可以操作的数据范围。数据范围是指某一个单位的数据组织授权给用户可以操作数据的范围，如某用户被授予了某分局的数据使用权，则表示通过系统可以访问该单位的数据。用户若想对某一单位的管理数据进行查询或其他操作，必须同时被授予相应的模块操作权和该单位的数据访问权，只要其中一个权限没有授予，就不能实现目标。这种权限管理的方式，从广度和深度两个方面提供了应用系统的安全保障。

(3) 互联网服务安全。为保障门户网站的信息安全，需要特别注意互联网服务安全问题，为此需要统一制定如下规则：根据Web服务器的资源等级，合理配合Web服务器的访问权限，关键信息仅仅对指定用户开放；严格控制启用TP协议的远程请求通信和远程执行命令，防止随意的远程请求验证消耗系统资源；限制CGI程序的权限，禁止使用超级用户运行CGI程序；防止用户使用PA环境变量改变访问路径；仔细检查Web服务器所用的组件、Script脚本程序和C程序，防止外部用户触发Web服务器内部命令的运行。

2. 智慧政务App

智慧政务App是顺应移动互联网发展大潮流与提高政务信息传播的产物，是政府部门为了开放政务，开展便民服务，了解并收集民意等目的而开发使用的移动应用程序。该客户端可以协助政府在日常工作中和紧急情况下更好地发挥社会管理的职责，是一个发挥服务型政府功能的全新平台，是"指尖政府"的重要标志之一，对政务服务起到一定的创新和推动的作用。为用户设立一个政民交流社区，拉近广大群众和政务管理部门之间的距离，是政府创造和谐政务环境的根本；用户使用App就能轻松在线了解各种政务动态，也使得政务管理过程更加公开透明。此外，实施网上审批监管、政府网站集约化建设管理和一站式移动政府服务，更能全面提升网上政府服务能力和水平。具体而言，智慧政务App的作用主要体现在以下几个方面。

(1) 提高政务工作效率。随着智慧政府概念的不断推进，许多政府部门正在着手构建一体化的在线政务服务平台，这些政务服务平台在一定程度上可以提高相关政务部门的工作效率，而利用移动互联网技术和大数据发展智慧政府也是社会的发展趋势。因此，发展智慧政府应用系统App不仅是大势所趋，还是政府部门管理者的期望。

(2) 方便公民办理政务事项。公民要办理政务事项往往需要花费一定的时间和精力，对他们的生活多少会产生一些不利影响，而智慧政务App的应用则能方便用户在线办理各种政务事项。如果用户有任何疑惑，也能在线咨询相关工作人员，而这些工作人员一般由政务部门人员组成，他们会根据用户的提问做出专业的解答，方便用户及时处理相关事务。

(3) 方便政府与公民的交流。开发智能政务App能让有关部门受到很多公民的监督。随着生活节奏的加快，有些公民甚少关心政务部门的工作，而智能政务App的应用则允许用户随时了解各种政务信息，同时减少了处理事务的时间成本，给公民的生活带来一定的便利。该客户端还方便了政府人员与公民之间的沟通，用户可在线发布任何问题，工作人员也可在线改进相关问题[①]。

5.1.3 资金保障

资金保障是建立电子政务的基础，与传统工业化项目不同的是，政务信息系统不是一劳永逸，而是需要不断地更新和维护。电子政务建设所需要的技术研发、信息基础设施搭建、产品开发、系统维护、设备更新等都需要一定的资金保障。信息技术的快速发展还不断引发技术设备的淘汰、更新，需要持续不断的资金投入，这也是电子政务被看作"资金黑洞"的主要原因。

1. 电子政务建设的成本分析

21世纪是知识信息时代，为了抢占信息化建设的制高点，取得竞争优势，世界各国政府纷纷在政府信息化和电子政务建设方面投入巨资，以确保电子政务建设顺利进行。而电子政务的发展有赖于一系列基础设施的建设，包括机构建设、人力资源建设、网络基础设施建设和相关法律法规建设等，以营造一个有利于电子政务发展的良好环境。总体来说，电子政务建设的成本主要包括信息基础设施建设成本、网络建设成本、信息资源库(数据库)建设成本、核心技术开发成本、技术人员成本、维护与更新成本以及培训与薪酬成本。其中建设信息基础设施的成本最高。

2. 电子政务建设资金及其管理

电子政务建设需要投入大量资金以支撑其顺利发展，国家各级政府、各部门要根据实际情况和工作需要做好电子政务建设资金管理工作，在不断加大电子政务建设资金投入力度的同时，严格遵守不同级别的资金审理及拨付程序，使电子政务专项资金创造最大价值。

国家或省(自治区)纵向业务系统建设需要的本级财政配套资金的审理及拨付程序一般如下：先由申报单位向电子政务主管部门报送《电子政务建设项目申报表》，并附有关文件、项目实施方案和配套资金使用明细；再由电子政务主管部门同财政部门组织专家或委托中介机构对项目实施方案和配套资金使用明细进行审核；审核合格后由财政部门根据年初预算安排的资金，下达经费支出指标。

---

① 中国电子政务网. 开发智慧政务App软件系统的必要性[R/OL]. (2019-10-15)[2021-08-24]. http://www.e-gov.org.cn/.

财政专项资金包含电子政务建设项目资金和部门用于电子政务建设的自筹资金，其审理及拨付程序一般如下：首先，在资金规定数额以上的电子政务建设项目须报送电子政务主管部门审核；其次，申报单位向电子政务主管部门报送《电子政务建设项目申报表》，如是技术开发项目，则提供项目可行性报告，如是设备或软件采购，则附采购明细；此外，电子政务主管部门对各单位提交的申报材料进行审核并提出意见，防止盲目建设和重复建设；最后，财政部门根据电子政务主管部门的审核意见下达部门业务专项资金经费支出指标。

除此之外，有条件的地方政府可以设立电子政务建设专项资金，根据本地区经济社会发展需求和财力，市级财政可以每年安排一定数额的电子政务建设专项资金用于基础性、综合性和跨部门电子政务项目，其审理及拨付程序一般如下：首先，申报单位在组织实施下一年度电子政务建设项目前期准备时，应在规定时间内向电子政务主管部门报送《电子政务建设项目申报表》，并附项目可行性研究报告；其次，电子政务主管部门会同财政部门组织专家或委托中介机构对项目进行评审，评审合格后列入电子政务建设年度计划，凡未列入年度计划的项目原则上不再安排专项资金，此外，取得项目任务书的单位要与电子政务主管部门和财政部门签订项目责任书；最后，电子政务主管部门会同财政部门根据项目建设的实际需求及时调整经费分配计划。

3. 电子政务项目融资方式

项目融资是指政府投资公司(项目公司)通过银行贷款或者发行股票或企业债券、股权信托、融资租赁等方式为政府投资的公益性项目筹集资金的融资行为，主要有BOT、BOO和PPP模式。

(1) BOT模式。BOT模式即"建设—经营—转让"(build-operate-transfer)，本质上是基础设施投资、建设和经营的一种方式，以政府和私人机构之间达成协议为前提，由政府向私人机构颁布特许，允许其在一定时期内筹集资金建设某一基础设施并管理和经营该设施及其相应的产品与服务。政府对该机构提供的公共产品或服务的数量和价格可以有所限制，但要保证私人资本具有获取利润的机会。整个过程中的风险由政府和私人机构分担。当特许期限结束时，私人机构将按约定移交该设备给政府部门，转由政府指定部门经营和管理。所以，BOT一词意译为"基础设施特许权"更为合适。BOT模式最大的优势是不需要政府部门直接进行资金投入，对欠发达地区来说，采用BOT模式是解决电子政务项目基础设施建设问题的有效途径之一。

隶属于青海省劳动与社会保障厅的青海劳动保障信息网项目就采用了BOT模式。该项目由清华同方股份有限公司承包，青海省劳动与社会保障厅负责投资建设、运营和维护信息系统，并拥有投资部分所形成的资产所有权，以及提供信息资源、政策指导和政策保障。清华同方股份有限公司的这部分投资将通过发售社会保障卡发卡广告及收取使用费等方式回收，回收部分的产权将相应移交给青海省劳动与社会保障厅。该项目投资规模为8000万元左右，建设周期为3年，项目完工后，青海省参加养老保险、医疗保险、失业保险的上百万人能在省劳动保障信息网上查询各自的档案资料，以及全省各地区的社保联网信息、优惠政策等。这对于加快建立和完善青海省劳动社会保障体系、优化和规范管理体系发挥了重要作用。

(2) BOO模式。BOO模式即"建设—拥有—运营"(building-owning-operation)，是BOT模式的衍生形式，是指由企业投资并承担工程的设计、建设、运行、维护、培训等工作，硬件设备及软件系统的产权归属企业，政府部门负责宏观协调、创建环境、提出需求，且政府部门每年只需向企业支付系统使用费即可拥有硬件设备和软件系统的使用权。

(3) PPP模式。PPP模式即政府和社会资本合作(public-private partnership)，是指政府采取竞争性方式择优选择具有投资、运营管理能力的社会资本，双方按照平等协商原则订立合同，明确责权关系，由社会资本提供公共服务，政府依据公共服务绩效评价结果向社会资本支付相应价格，保证社会资本获得合理收益。在电子政务领域推行PPP模式，有利于充分发挥市场机制作用，提升电子政务建设效率和建设水平，一定程度上弥补了政府部门在电子政务建设和运维方面的资金短缺问题。

5.1.4 人才保障

1. 电子政务专业人才概念及职责界定

综合现行研究成果，对电子政务专业人才的范围界定有三种形式：一是"大范围"的界定，即电子政务专业人才包括各级政府部门、各类企事业单位从事电子政务建设的管理人才和专业技术人才；二是"中范围"的界定，即电子政务专业人才包括政府部门从事电子政务领导和管理的人才，以及政府所属信息中心从事电子政务建设和管理的人才；三是"小范围"的界定，即电子政务专业人才只包括政府所属信息中心从事电子政务建设和管理的人才。目前，我国电子政务建设基本采取具体建设事务外包甚至包括运维事务外包的模式。因此，我们对政府系统电子政务专业人才采取"中范围"的界定模式。

我国电子政务建设一般采取"政府领导+信息中心负责具体管理与建设"的管理体制，因此，政府系统电子政务专业人才主要由两类身份的人员组成：一是具有公务员身份，在政府信息化主管部门(或推进机构)和政府机构内部负责部门信息化建设的主管领导及相关业务部门的工作人员；二是具有事业单位管理人员和专业技术人员身份，在各级政府或部门所属的信息中心从事电子政务建设、具体管理和日常维护的人员。第一类人才的基本职责是对电子政务的宏观管理，包括制定电子政务建设与发展的总体规划，进行电子政务建设与发展的决策与监督检查等。第二类人才的基本职责是对电子政务的微观管理与具体建设等，包括电子政务建设的规划实施与项目管理、部分电子政务技术与产品的开发维护等。

2. CIO制度

政府CIO(chief information officer，首席信息官)是指在政府部门中负责信息技术系统战略策划、规划、协调和实施的官员，他们通过谋划和指导信息技术资源的最佳利用来支持政府部门的目标。政府CIO在政府部门的最高领导层占有一席之地，在部门"一把手"的领导下，参与政府部门的战略决策。就我国而言，尽管早已启动电子政务建设工作，但至今仍未全面建立政府CIO制度。在现有政府机构中，实际起到CIO作用或部分起到CIO作用的职位和组织大致有以下几种。

(1) 信息化领导小组，类似于"团体CIO"。信息化领导小组如果人员结构合理，且具有拥有相关专家的常设机构及规范的决策机制，则能起到CIO的作用。

(2) 兼管信息化的单位副职领导。这类职位虽然在组织领导力上能够履行一定的CIO职责，但由于不是专门职务，往往不能投入全部精力，且所得到的授权也是有限的。同时由于兼管领导不一定具备相应层次的计算机专业知识，使得技术上很难满足要求。

(3) 信息中心主任，其相当于"准CIO"。事实上，虽然信息中心主任参与组织和实施本单位信息化建设的许多工作，但其职位只是机构中的中层干部，并不能在管理流程整合方面施加足够影响，更何况在我国现行体制中，"中心"往往是行政机关附属的事业单位，其地位更使其难以履行CIO的全部职责。

3. 电子政务人才队伍应具备的能力及素质要素

1) 能力要素

能力要素主要是指电子政务专业人才为顺利履行自身职责而应具备的各种能力的总和。根据多种职责要求，电子政务专业人才应具备的能力也是多类别的，从总体上看电子政务人才应着重掌握以下三种能力。

(1) 业务能力。这种能力主要是指调查研究能力、理解与执行能力、技术应用能力等，是电子政务专业人才队伍必备的基本能力。其中，调查研究能力是保证其深入了解业务及相关事宜的必备能力，理解与执行能力是保证上级意图得以顺利贯彻落实的重要能力，技术应用能力是保证政务电子化和电子政务先进性的基本能力。

(2) 管理能力。这种能力主要包括规划设计能力、战略思维能力、项目管理能力等。其中，规划设计能力和战略思维能力是从事电子政务宏观管理的必备能力，用以完成电子政务建设的规划制定、业务流程设计等职责；而项目管理能力是从事电子政务具体项目微观管理的必备能力，用以执行规划和落实政策。

(3) 学习创新能力。这种能力主要是指学习能力、创新能力、应变能力等。电子政务专业人才队伍普遍要求具备较强的学习能力，以不断充实新知识；要求具备较强的创新能力，以不断增强工作的主动性；要求具备较强的应变能力，以不断应对新情况。

与不同层级电子政务专业人才对知识要素的掌握程度存在差异的情况类似，不同层级的电子政务专业人才对上述能力要素的掌握程度也有所区别。例如，层级较高的人才及管理层对规划设计能力和战略思维能力的要求相对较高，对项目管理能力的要求相对较低；反之，层级较低的人才即专业技术人员对项目管理能力的要求相对较高，对规划设计能力和战略思维能力的要求相对较低。

2) 素质要素

根据电子政务专业人才队伍的职责要求，电子政务专业人才队伍应着重具备以下几种素质。

(1) 全局意识。这种素质主要是指电子政务专业人才队伍在电子政务建设和管理过程中，能够立足于整个行政改革和信息化发展的大背景来谋划本区域的电子政务建设，具备把本区域电子政务建设视为一个有机整体的意识状态。实践表明，全局意识是目前我国电子政务专业人才队伍中较为欠缺的素质之一。

(2) 创新精神。这种素质主要体现在两个层面：一是进行从无到有创新的开拓意识，如设计全新的电子政务业务流程或系统等；二是在原有基础上进行渐进式改进和创新的意识，如对已有电子政务系统进行升级和整合等。相比较而言，前一种创新精神适用于电子政务建设早期，而后一种创新精神贯穿于电子政务建设全过程，是电子政务专业人才队伍应着重加强的素质要素。

(3) 科学态度。这是电子政务专业人才队伍必备的基本素质。虽然公共行政领域情况错综复杂，并不能用技术语言完全解释清楚，但电子政务项目本身带有较强的技术性和专业性，这就要求电子政务专业人才队伍在电子政务建设过程中,应具备较强的科学态度和求真务实精神,力求使电子政务解决方案最优化和效用最大化。

与能力要素中对人才的要求相类似,从总体上看,不同层级的电子政务专业人才对上述素质要素的掌握程度也是有所区别的。一般而言,层级较高的人才及管理层对全局意识和创新精神的要求相对较高;而层级较低的人才,即专业技术人员对科学态度的要求相对较高。

5.1.5 需求保障

需求保障即用户对电子政务的内在需求。电子政务之所以兴起,不仅是因为技术发展提供了可能性,更是源于用户实实在在的需求。无论是G2G、G2B还是G2C,都有内在的需求,这是电子政务自身价值的体现。是否适应并满足用户需求是衡量电子政务价值高低及是否取得应有成效的关键指标。许多电子政务建设项目没能取得应有成效,往往是因为忽略了需求保障要素或不能满足相应需求。

1. 用户需求的基本特征

(1) 广泛普及性。电子政务可以看作政府利用高科技通信技术为用户提供优质高效服务、满足用户需求的一种方式。用户需求的服务涉及教育、医疗、就业、社会保障等日常生活以及参政议政的方方面面,因此与其相对应的电子政务用户需求也必然会涉及以上各个方面,具有一定的广泛普及性。

(2) 复杂多样性。电子政务用户需求的复杂多样性是由用户主体自身和所处社会环境两个方面决定的。对用户自身来说,兴趣爱好、所受的教育、掌握的知识、拥有的信息化设备等因素都会影响自身对电子政务的认知、态度和偏好,从而形成各不相同的电子政务用户需求;从所处的社会环境来说,经济、政治、文化、风俗等因素都会在不同程度上影响电子政务的用户需求发展方向,使电子政务的用户需求具有地域性、民族性和时代性。这两者使得电子政务的用户需求呈现复杂多样性。

(3) 动态发展性。电子政务的用户需求是随着社会进步和经济发展逐步产生的,也会随着时间的推移和社会经济的进一步发展而不断扩大,当低层次的需求得到满足后,用户会提出更高层次的需求,因此电子政务的发展过程也是不断满足用户需求的动态发展过程。

2. 我国电子政务用户需求的未来趋势

(1) 电子政务主要应用系统的市场需求持续增长。电子政务建设是我国政务部门提升履职能力和水平的重要手段,也是深化行政管理体制改革和建设人民满意的服务型政府的战略举措。党的"十八大"以来,国家高度重视网络安全和信息化工作,强调要以信息化推进国家治理体系和治理能力现代化,统筹发展电子政务,构建一体化在线服务平台。党的十九届四中全会提出"坚持和完善中国特色社会主义行政体制,构建职责明确、依法行政的政府治理体系""推进数字政府建设"。各地区各部门以建设人民满意的服务型政府为目标,持续推动政府数字化转型,努力实现政府决策科学化、社会治理精准化、公共服务高效化。当前,新一代电子政务信息技术的创新应用正贯穿于各个领域制度体系建设和治理现代化的全过程,贯穿于"坚持和完善中国特色社会主义制度、推进国家治理体系和治理能力现代化"的进程中。党的

"十九大"报告还强调了，要加强对权力运行的制约和监督，让人民监督权力，让权力在阳光下运行，把权力关进制度的笼子。未来，权力阳光系统工程仍将是我国电子政务建设的重点内容。"权力阳光"系列电子政务应用系统是以服务党和国家建设服务型政府、阳光政府、廉洁政府为目标，涉及行政审批、行政执法、电子监察、公共资源交易、信息公开、政务服务、政务协同办公、网站内容管理、信息公开、电子证照管理等业务应用领域，是构成我国电子政务的主要业务应用系统。与此同时，党委系统信息化建设是国家信息化建设的重要组成部分，但相对于国家经济发展速度和政府系统信息化建设水平，我国党委系统信息化发展处于滞后状态，加快党委系统信息化建设显得尤为迫切。为此，各政府部门要不断提高党委系统信息资源开发利用和共享程度，全面提升安全保障能力，加快形成标准规范体系并健全管理体制和工作机制，初步形成协调统一、功能完善、安全可靠的党委系统电子政务体系，为党委决策指挥和工作高效运转提供有力保障。

(2) 社会管理与公共服务系统的需求快速增长。随着电子政务的深化发展，作为政府重要职能的社会管理与公共服务领域，电子政务建设呈现明显加快的态势，各地相继实施智慧公安、平安城市等信息化工程，激发了电子政务的投资需求。智慧公安将是公安信息化应用未来的重点方向和领域，企业也将继续保持智慧公安应用领域的重点投入，加大市场开拓力度，建立细分领域的竞争优势。大情报综合系统、警务综合平台、智能车辆管控平台、电子警察系统及信息综合应用系统等是智慧公安的主要组成部分。通过上述系统的应用将促进公安系统更快走向智能化和智慧化。此外，未来城市安全综合信息系统、应急指挥、社区网格化系统等平安城市领域的社会管理信息平台将进入大规模建设周期，这些系统在提高政府部门指挥响应能力、保障公共安全、维护社会稳定方面发挥着重要作用，市场应用前景广阔。

(3) 行业应用保障系统成为软件技术研发的未来发展重点。行业应用保障系统融合云计算、移动互联、大数据等新一代信息技术，形成集开发、应用、整合、管理等功能于一体的先进底层平台，具有降低业务系统的开发难度、减少系统开发成本、保证业务系统技术先进等特性，从技术层面保障各系统之间的互联共享、避免系统间各自为政、出现"信息孤岛"，有效解决电子政务发展过程中的技术问题。从国家政策导向及云计算发展趋势上看，行业应用保障系统将在今后电子政务建设中发挥重要作用，具有广阔的市场前景，市场需求旺盛。

5.2 电子政务保障体系的特性

任何一个系统都有其固有的基本特性，充分认识、正确把握并善于运用这些基本特性和变化规律有利于找准系统弱点，及时调整工作重心，更好地发挥系统的整体功能。电子政务保障体系的固有特性分别是完整性、组织性、异步性、可变性。

5.2.1 完整性

电子政务保障体系的完整性是指主要保障要素要相对完整、互为补充、不可或缺。电子政务的保障要素由技术保障、产品保障、资金保障、人才保障和需求保障五大要素构成，每一大类要素由若干子要素构成。例如，产品保障要素是由政府网站和政府门户网站两大子要素构成,其中政府门户网站又由栏目设置、功能模块和安全性设计所构成,形成相对独立的体系分支,各分支中的子要素也要齐全,以保证电子政务保障体系的完整性。1994年,我国正式接入国际互联网,到1999年,"政府上网"工程在全国普遍实行;2001年,国办印发《全国政府系统政务信息化建设2001—2005年规划纲要》政府网站全面开始建设,到2020年,网站数量达到14 467个;2012年,国家层面颁发《国家电子政务"十二五"规划》和《"十二五"国家政务信息化工程建设规划》,构成了电子政务顶层设计"四梁八柱",电子政务随之进入了转型探索和突破期;2016年,国务院印发《关于加快推进"互联网+政务服务"工作的指导意见》,激发了我国电子政务的活力和创造力,提高了政务工作的效率和透明度。同年,习近平总书记在主持十八届中央政治局第三十六次集体学习时指出,"随着互联网特别是移动互联网发展,社会治理模式正在从单向管理转向双向互动,从线下转向线上线下融合,从单纯的政府监管向更加注重社会协同治理转变。我们要深刻认识互联网在国家管理和社会治理中的作用,以推行电子政务、建设新型智慧城市等为抓手,以数据集中和共享为途径,建设全国一体化的国家大数据中心,推进技术融合、业务融合、数据融合,实现跨层级、跨地域、跨系统、跨部门、跨业务的协同管理和服务";从2017年开始,我国电子政务随着政府现代化建设的纵深推进在不断扩展;2018年,习近平总书记在全国网络安全和信息化工作会议再次强调"加快推进电子政务,构建全流程一体化在线服务平台,更好解决企业和群众反映强烈的办事难、办事慢、办事繁的问题";当前"十四五"时期,我国电子政务的使命是为实现全面建设社会主义现代化蓝图提供强有力的支撑,依托大数据等新一代信息技术,为政府与公民、企业之间,提供高效、便捷、安全、个性化服务,可见党中央政府正高度重视电子政务的建设与发展。为此,在进行电子政务建设的过程中,我们应遵循"从无到有,从有到好"的操作要领,密切关注系统的完整性。若是其中某些要素或者子要素缺失,应尽快查漏补缺,实现从无到有的突破,继而逐步完善提高[①]。

5.2.2 组织性

1. 电子政务组织性的基本要素

电子政务建设不是简单的政务电子化和政务流程改造,其所带来的变化往往是革命性的,不可避免地会对原有的权力结构、利益结构、行为方式等产生影响,因此强有力的领导与组织仍不可或缺。电子政务保障体系的组织性就是指电子政务管理机构的组织构成和管理方式,通过一定的组织方式和管理方式建立电子政务组织结构,规定电子政务相关职务或职位,明确权限职责及其相互关系,以有效实现电子政务所承载的目标和任务。电子政务组织性的基本构成要素主要包括以下几个方面。

(1) 管理机构。管理机构是组织的实体,也是履行组织职能、达成组织目标的载体,任何组织为承担相应的职能都必须设立组织机构。电子政务组织机构的设立是分层次、分领域的,一般由战略决策机构、实施协调机构及社会参与机构组成,必须考虑到电子政务运行的实际需要,达到科学合理、精干高效。

---

① 翟云. "十四五"时期中国电子政务的基本理论问题:技术变革、价值嬗变及发展逻辑[J]. 电子政务,2021(01):67-80.

(2) 制度规范。电子政务组织要想运作得井然有序，必须依靠相关的制度规范加以约束组织及其内部成员。这些制度规范既可以是外部赋予的，也可以是组织自身制定的。制度规范就电子政务组织的目标任务、管理权限划分、运作程序、成员权利义务及道德标准等方面做出规定。

(3) 权责体系。权责体系是电子政务组织内部权力分配、领导隶属关系、指挥系统、运行程序、沟通渠道及各个机构在组织中内在联系的具体表现。权责体系的科学配置，既要做到各层次、各部门、各职位的合理分工，又要做到明确各部门、各职位与整体组织之间的权责关系。

(4) 物质要素。组织的物质要素是指组织经费、办公场所、办公设备、物资、用品等进行组织活动时所必需的物质条件，是组织进行活动的基本前提。物质要素的来源因其自身性质不同而有所差异，电子政务组织的物质要素来源于税收和其他各类政务缴费。

2. 我国电子政务组织机构

(1) 国家层面。工业和信息化部内设信息化推进司，信息化推进司又下设电子政务处，负责指导推进信息化工作，协调信息化建设中的重大问题，协助推进重大信息化工程；指导电子政务和电子商务发展，协调推动跨行业、跨部门的互联互通；推动重要信息资源的开发利用、共享；促进电信、广播电视和计算机网络融合；承办国家信息化领导小组的具体工作。

国务院办公厅内设电子政务办公室，负责国务院领导同志办公室和机关的政务信息化规划、建设、技术与安全保障，以及中南海北区有关会议、活动的多媒体技术服务；组织开展中央政府门户网站的建设、运行管理和内容保障工作；负责国务院办公厅连接各省、自治区、直辖市人民政府和国务院各部门计算机网络的建设和管理工作。

国家发展和改革委员会内设高技术产业司，高技术产业司又下设信息化处，负责统筹信息化的国民经济与社会发展规划衔接平衡，同有关部门研究拟订国民经济和社会信息化发展战略和规划，指导企业信息化，并参与推动信息化与工业化的融合，持续推进重点领域的信息化建设。

(2) 地方层面。在省级层面，随着2008年国务院机构改革的进行，许多省市也进行了政府机构改革。在省级层面，有些地方专门成立了电子政务处室，如天津市、广东省和湖北省经济和信息化委员会设立了电子政务处，北京市和山东省经济和信息化委员会设立了电子政务与信息资源处，湖南省经济和信息化委员会设立了电子政务和信息安全处，江西省工业和信息化委员会设立了电子政务管理处。有的省份成立了电子政务办公室，如黑龙江省电子政务建设领导小组办公室。

在市级层面，有些地方专门成立了电子政务处室，如济南市经济和信息化委员会设立了电子政务与信息资源处。多数城市则将电子政务管理职能集中于工业和信息化主管部门的信息化推进处或信息化推进科，有的在发展和改革部门下属的信息中心，有的在市政府办公厅或市政府办公室。

5.2.3 异步性

电子政务保障体系的异步性是指主要保障要素及其子要素的成长发育水平和完善程度在时间上会有差异。构成电子政务保障体系各要素的不平衡发展将是一个常态，同样各分支体系中子要素的不平衡发展也将是一个常态。针对这一特性的操作要领是"瞄准薄弱环节，补齐短板"，以起到事半功倍的效果。参考经济学中的木桶原理得知，一只木桶能装多少水取决于最短的那一块木板，而不是最长的木板或者是中等长度的木板。

"瞄准薄弱环节，补齐短板"需要建设者在电子政务发展过程中不断总结经验教训，在摸索中前行。首先，把建立协调机制作为电子政务的有效突破口，电子政务不可能自发成功，在缺乏行政体制中政府流程再造政令依据的条件下，只能通过加强组织、领导、协调来有限地突破条块分割对电子政务形成的制约，建立由政务主管部门牵头的协调领导机制，并结合我国自身实践经验，完善跨部门、跨地区的组织保障与协调工作机制；其次，通过应用与需求导向，改变电子政务薄弱环节，勇于利用新技术新趋势来促进政府管理创新，如移动互联网技术、地理信息技术、虚拟现实技术、可穿戴计算技术、生物识别技术、区块链和深度学习技术等，让政府与服务对象之间真正达到"互联"状态[①]，这种做法能够有效扩大政府部门人员对电子政务建设决策的参与。在一定的资源条件下，由政府业务部门提出应用需求，以政府业务流为主要线索发展电子政务，并提出对规划项目的取舍意见；对于跨部门业务，应由相关的所有业务部门共同参与研究，并与技术部门共同决定方案，确立电子政务发展的优先级。

5.2.4 可变性

电子政务保障体系的可变性是指主要保障要素的重要性、影响力会随着电子政务目标和任务的阶段性变化而变化，部分保障要素还可能依据电子政务生态环境而发生转化。随着互联网、大数据、人工智能等信息技术的发展，群众的生活方式、获取公共服务的需求方式都发生了重大的变化，党的"十八大"以来，以习近平同志为核心的党中央高度重视电子政务的发展，先后发表了多项通知和建议来切实推动电子政务的发展。例如，2017年5月，国办印发《政务信息系统整合共享实施方案》，提出了加快推进政务信息系统整合共享、促进国务院部门和地方政府信息系统互联互通的重点任务和实施路径；2017年12月，中央网络安全和信息化委员会办公室、国家发展和改革委员会、工业和信息化部等部门联合印发了《关于开展国家电子政务综合试点的通知》；2018年6月，国办印发《进一步深化"互联网+"政务服务推进政务服务"一网、一门、一次"改革实施方案》，提出深化"放管服"改革、进一步推进"互联网+"政务服务的目标；2018年7月，国务院印发《关于加快推进全国一体化在线政务服务平台建设的指导意见》，要求加快建设全国一体化在线政务服务平台，整合资源，优化流程，强化协同，着力解决企业和群众关心的热点难点问题，推动政务服务从政府供给导向向群众需求导向转变，为便利企业和群众办事、激发市场活力和社会创造力、建设人民满意的服务型政府提供有力支撑；2019年，中央网络安全和信息化委员会办公室、国家发展和改革委员会等部门联合印发《关于开展国家电子政务综合试点的通知》，提出建立统筹推进机制、提高基础设施集约化水平、促进政务信息资源共享、推动"互联网+政务服务"、推进电子文件在重点领域应用五大方面共十三项具体任务进行探索。由此可知，在电子政务建设初期，领导重视、资金落实及政府部门自身基础设施的建设与完善成为重点；在电子政务建设中期，技术选择、产品

---

① 王益民. 全球电子政务发展现状、特点趋势及对中国的启示：《2016年联合国电子政务调查报告》解读[J]. 电子政务，2016(09)：62-69.

研发、组织建设等则会成为主要内容；在电子政务建设后期，如何贴近需求并完善法律、标准和制度将成为重中之重。一方面，这种变化也会体现在构成各重点保障要素的子要素之中，以产品保障要素为例，电子政务建设前期的产品保障要素强调监管，后期的产品保障要素强调服务，而相应的产品开发重点就会有所不同；另一方面，有些要素的功能性质会随环境的变化发生转移，甚至会兼具保障功能。就像拐杖既可以起到支持直立的作用，也可以当作武器发挥保障作用一样，资金、人才、需求等性质有时也会发生一定的转化。针对这一特性的操作要领是"应因变化，随时调整"。在不同的发展阶段，根据变化及时调整方向及力度，在发展中寻求平衡。

5.3 电子政务保障体系构建

5.3.1 电子政务保障体系建设的着力点

1. 认真做好保障体系要素分析

电子政务保障体系是一个系统工程，任何通过单一手段来保障电子政务发展都是片面的。对于电子政务建设而言，构成保障体系的任何一个要素及其子要素出现问题，都可能导致整个电子政务工程建设达不到预期目标。因此，做好体系内部各要素分析工作是建设电子政务保障体系的前提和关键。首先，必须清楚电子政务保障体系内部各要素构成及其联动关系，从而找出最有可能影响建设效果的关键因素。其次，对于电子政务保障体系存在的问题要进行客观分析、合理解决。当确定"钱已经花了不少"时，可能问题已经不在资金支撑上；当确定"IT主管权力已足够大"时，问题可能已转移到人才支撑身上；当软硬件技术与设备条件足够充分时，标准、制度可能已成为要特别关注的对象。总之，进行电子政务保障体系建设时必须在做好要素分析基础上找出短板所在，通过不断调整，以达到电子政务建设预期目标。

2. 注重电子政务生态环境变化和需求变化

越来越多的经济社会发展现象与信息技术的发展应用密切相关，从信息学和信息化相关理论角度来看待电子政务的生态环境变化和电子政务的需求变化是十分必要的。美国学者埃弗雷特·罗杰斯于20世纪60年代提出创新扩散理论，他认为创新扩散总是一开始比较慢，但当采用者达到一定数量后扩散过程突然加快，这个过程将一直延续，直到系统中大部分都已采纳创新；到达饱和点后扩散速度又逐渐放慢，采纳创新者的数量随时间而呈现"S"形的变化轨迹。按照这一理论，目前我国主要的信息技术产品(如移动电话、计算机、互联网、数字电视等)的扩散在整体上已经进入加速扩张时期。用户成熟度大幅提高，对信息产品及电子政务的理解、需求与前期用户相比都有了相当大的变化，这些都将对电子政务建设产生重要影响。及时捕捉电子政务生态环境变化，认真分析用户基础及需求变化对于完善电子政务保障体系十分重要。

3. 关注国家战略指向

按照联合国标杆电子政府评价模型(即BEG模型)，电子政务建设大体上分为起步期、增强期、交互期、事务处理期、连通期5个阶段。目前，我国电子政务总体水平处于从第二阶段向第三阶段转变的过程中，部分地区与行业开始进入第四阶段。在每一阶段中，电子政务建设的重点和任务各不相同，国家相应的战略指向也不相同。2000年以前，我国电子政务建设的重点在于政府部门的办公自动化，此后以系列"金字工程"为重点强化了宏观调控与综合监管。2016年以来，电子政务建设的重点逐步转向公共服务，提出并大力推进"互联网+政务服务"，实现部门间数据共享，让居民和企业少跑腿、好办事、不添堵。随着信息技术的深度应用，云计算作为战略性新兴产业的重要组成部分，是信息技术服务模式的重大创新，对贯彻《中国制造2025》和"互联网+"行动计划具有重要意义。因此，各地区应根据自身所处发展阶段和不同时期国家战略指向的变化，不断调整电子政务保障体系的建设重点，以此确定并加速完成相应的电子政务建设任务。

5.3.2 完善我国电子政务保障体系建设的具体措施

1. 重视自主可控的关键技术研发

电子政务建立在现代信息技术基础之上，而我国信息化发展仍然存在技术产业生态系统不完善、自主创新能力不强、核心技术受制于人等短板。因此，在电子政务建设过程中必须时刻坚持国家整体安全观，发挥我国制度优势与市场潜力，处理好自主与开放、政府与市场的关系，加快关键技术研发，提高我国新型科技产业的整体能力和国际竞争力。在符合法规规定、保障信息安全的前提下，解放思想、大胆尝试、勇于探索，在电子政务领域不断创新、取得突破；建立并完善新技术在电子政务应用的前置安全检查许可制度，加大新装备、新技术在电子政务建设中的应用，设立一批国家级电子政务科技创新实验室，推动技术创新与公共治理变革深入融合，筑牢我国电子政务发展和数字政府建设的"地基"。

2. 不断提升产品与服务水平

围绕深化"放管服"改革、政务大数据应用、"互联网+政务服务"等重大任务推进，我国电子政务建设应不断提高对产品与服务的关注度。首先，为提升政务服务的智慧化水平，提高用户生活的幸福感和满意度，各级政府机构应全面完善政府门户网站建设、提高政府门户网站管理服务水平，加快"两微一端"线上布局，推动互联网政务信息公开向移动、即时、透明的方向发展，在增强网络平台支撑能力的基础上，加快形成统一的国家政务网络框架，推动互联网政务服务各平台的互联互通及服务内容细化，进一步增进特色服务。其次，各级政府要重点关注智慧城市、平安城市、行业大数据产品、民生信息化等领域，积极营造完备的政策环境，以多层次、全方位的政策措施推动电子政务重点领域发展。

3. 建立多元化投融资机制

各级、各部门要根据当地实际情况和工作需要，建立以财政资金为主导的多元化投融资体制，发挥财政资金的导向作用，鼓励社会资本投入，使电子政务资金投入多元化。各级、各部门要明确投资重点、范围和投资主体，区分和界定好哪些是政府应该投资的，哪些是要市场化运作的，凡是市场化运作的，一定要保证公平、公正和公开。更要进一步理顺地方电子政务建设融资渠道，充分调动社会各界的积极性，多渠道、多方式筹集资金，使电子政府建设形成一种良性循环。对符合统一规划要求的电子政务项目，在立项审批和投资预算等方面予以严格管理，切实提高资金使用效益。

4. 加快建立CIO制度

随着我国政府信息化建设的深入发展，电子政务建设过程中经常会面临资源整合、协调发展、统一规划等问题，为解决电子政务发展的瓶颈问题，应加快建立完善的CIO制度，这对于促进我国电子政务建设的健康发展具有十分重要的现实意义。与此同时，我国建立CIO制度，应坚持如下几个原则：一是要从我国政府信息化建设发展的实际水平和需要出发，能够切实解决实践中遇到的问题并具有一定的适应性和可持续性；二是要充分考虑我国的行政传统，从现行行政管理体制和公共部门人力资源开发的实际出发，在制度改革的层面上进行系统考虑和整体谋划；三是要尊重CIO制度建设的一般规律，吸收借鉴国际上和其他领域首席信息官制度建设的经验教训。

5. 加强专业人才队伍建设

我国电子政务专业人才队伍建设的目标是为我国电子政务发展提供总量适度、结构合理、能力与素质兼备的领导、管理层和建设人才。从我国电子政务建设的实际出发，根据我国政府系统电子政务专业人才队伍的现有规模，主要任务不在于扩大人才规模，而是在适度扩大规模的基础上提高人才质量以及提升队伍整体素质、优化队伍结构。因此，当前和今后一段时期，我国电子政务专业人才队伍建设的重点是在素质能力要求的基础上，明确电子政务专业人才的职责定位，不断优化电子政务人才队伍的管理体制，在选拔、任用、考核、培训、薪酬、交流等方面健全人才队伍管理体系。

6. 打造中国特色电子政务标准

我国研究电子政务的目标是要制定有中国特色的电子政务标准。这个目标必须以中国掌握核心技术并符合国际主流的高性能计算平台为基础。为此，要不断加强电子政务标准的研究，搞好技术创新工作，提高我国信息技术水平，以开放的方式积极调动各部门力量，充分发挥各方面技术优势，有效利用现有资源和标准化成果。同时，还要平衡信息技术的快速发展与标准稳定性之间的矛盾，不断跟踪和研究国外有关电子政务标准化发展动向，积极采用国际和国外先进标准，建立健全我国特色的电子政务标准规范体系。我国电子政务标准规范体系框架应根据新常态下的内容进行更新，厘清标准规范体系内各不同层级和类别的横向协同，提高标准体系的整体性。

本章小结

电子政务保障体系是一个不断变化的有机整体，各构成要素发展会存在严重的不平衡，需要及时调整力度和方向才能确保整体效能不断提升。本章在阐述了我国电子政务保障体系的基本特征基础上，分别着重介绍了电子政务保障的五大要素和四大特征的具体内涵，并提出建设我国电子政务保障体系的着力点和具体措施，帮助读者全面理解和把握电子政务保障体系。

关键词

电子政务技术保障　电子政务产品保障　电子政务组织管理
电子政务标准化　CIO制度人才队伍建设

复习思考题

1. 概念题
电子政务技术保障、电子政务产品保障、电子政务组织管理、电子政务标准化
2. 简答题
(1) 简述电子政务用户需求的基本特征。
(2) 简述电子政务组织性的基本要素。
(3) 简述建设我国电子政务保障体系的着力点。
(4) 简述完善我国电子政务保障体系建设的具体措施。

第6章 电子政务法律法规

电子政务是当代政府信息化变革的新生产物，代表着现代政府发展的方向，而电子政务的法律法规建设是促进和保障我国电子政务快速且健康发展的重要媒介，如果缺乏完善的法律体系，那么电子政务建设的长久发展将无从谈起。因此，强化当代电子政务立法内容以及完善法律体系建设，将是快速发展电子政务的必然要求。当前，电子政务的发展在带来公共管理变革的同时，也促使各国法律法规不断调整以适应电子政务的变革，能否提供适宜的法律环境决定了电子政府能否成功。现代法治国家在推进电子政务建设的过程中普遍重视规划和立法工作，尤其是美国、日本以及澳大利亚等电子政务发展较为成熟的国家。我国电子政务从20世纪90年代开始至今，在规划和建设方面也取得了阶段性进步。

6.1 电子政务法律法规概述

自20世纪90年代，随着互联网的发展和电子政务的兴起，为引导和规范电子政务的发展，解决在实际政务运作中出现的问题和困难，世界各国纷纷根据本国国情和电子政务实际情况制定出一系列相关法律法规。可以说，电子政务法律法规是伴随电子政务的发展而产生的，对电子政务健康发展起着前瞻性的引导和规范作用。

电子政务法是专门调整现代信息技术在公共行政领域应用的范围、条件、方式、地位和效力等事项的法律规范的总称，是行政法体系中的一个相对独立的分支。狭义的电子政务法是指国家颁布实行的命名为《电子政府法》的单行法。现已制定《电子政府法》单行法的主要国家有美国、韩国等。广义的电子政务法是指为实现电子政府的全部业务内容，促进行政业务等电子化的各种法律规范，包括法律、行政法规、部门规章、地方性法规、民族自治法规、经济特区的规范性文件及地方行政规章等。

6.1.1 电子政务立法的基本原则

1. 坚持技术中立原则

技术中立是指鉴于现代信息技术的发展日新月异，国家的立法和执法应当保持适度政策空间，并允许现代信息技术以不同的方式运用在不同发展水平的国家、地区、民族；除非出现破坏人类基本价值的情形，将视具体情况而定。例如，我国《中华人民共和国电子签名法》采取技术中立原则，只规定了作为安全可靠的电子签名所应达到的标准，对于采用何种技术手段来实现，法律不做规定，因为信息技术发展日新月异，如果法律局限于某项技术，随着技术的发展，该法律就可能失效。因此，电子政务立法建设应遵循技术中立原则，在制定政策和法律时，注意政策和法律符合技术的特殊要求。

2. 政府积极推进原则

政府在国家信息化发展中起着宏观规划和指导的作用,应从战略的角度推进立法规划,对国家的信息化建设予以支持,动员企业和其他机构成为信息化建设的主导力量,建立全民参与信息化发展的机制。

3. 全球一体化原则

互联网不受空间的限制,具有国际化属性,而电子政务的发展是建立在互联网基础上的,其发展必须与国际接轨。从各国的电子政务立法趋势可以看出,电子政务发达国家越来越重视立法在国际范围内的统一性和标准化。我国在推动电子政务立法的过程中也应注意与国际接轨,应当积极借鉴和吸收世界各国和国际组织在电子政务方面的立法经验,既要尊重国际标准和惯例,又要体现我国特色和国情。

4. 中央与地方相结合原则

中央立法与地方立法相互联系、相互影响,两者之间存在着密不可分的关系。一方面,中央立法是地方立法的依据和准绳,为地方立法提供指导。我国明确规定了各级立法机关的立法权限,地方人大常委会和地方政府只能就本行政辖区的行政管理事项进行立法。因此,对于政府部门和公众权利义务设定、政府部门网上业务和电子文件法律效力等问题,不可能通过地方立法解决。对政府来说,在立法时应"抓大放小",制定出总体指导性法律法规,各地区再依据国家的总体规划纲要,并结合本地区电子政务的发展情况,在不违反上级法规的情况下,制定出适合本地区的电子政务法律法规[1]。另一方面,地方立法为中央立法提供有益的借鉴和参考。地方政府应结合本地区电子政务发展情况,制定适合本地区的电子政务法规和规章,之后经由国家立法部门考察各地实施地方性法规或规章的情况,适时地总结吸取经验进行统一立法,指导全国电子政务发展。

6.1.2 建设电子政务法律法规体系的意义

电子政务有着开放性、交互性、高效性等优点,可以更好地促进公众与政府的交流,有利于在一定程度上推进政府管理现代化和政治民主化的进程。但是,电子政务在运行过程中同样面临着公民参与度低、信息技术更新快等方面的困扰,从而使原有的社会秩序受到了冲击,给国家的法制建设带来了前所未有的挑战。由此看来,建设电子政务法律法规体系具有十分重要的意义。

1. 有利于规范电子政务发展,建立电子政务建设标准

电子政务是否能够良性发展在很大程度上取决于电子政务法律法规的建立。法治化要求社会行为的发生和调整要有良好的制度规范作为前提,只有这样,人们的社会行为才不至于消耗社会资源,损害个体利益。随着信息技术的不断发展,电子政务在实践中日趋成熟并发挥着促使政府办公和人民生活更加便利的服务功能。纵观世界范围内电子政务发达的国家,其共同的经验就是将信息技术应用于政务领域的同时,构建完备的立法系统来规范电子政务活动。此外,信息化建设必须有技术标准的支撑,尤其要发挥标准化的导向作用,以确保技术上的协调一致和整体效能的实现。明确技术标准是信息建设的基础工作,涉及电子政务建设的全过程,

---
[1] 王立华. 电子政务概论[M]. 西安:西安交通大学出版社, 2011.

建立电子政务法律法规能够将各个业务环节有机联系起来,并为彼此间的协同工作提供技术准则。在电子政务实践不断推进的今天,电子政务法律法规不仅能够对实践经验进行总结,还能反过来指导实践,提升电子政务建设标准。

2. 有利于促进政府职能转变,推进服务型政府构建

电子政务的发展促成了政府在职能范围、行为方式、行为程序等方面发生有别于传统政务模式的变化。电子政务法律法规体系的建设有利于促成政府职能转变的实现,为电子政务的健康、快速、持续发展提供有力的保障,电子政务法律法规体系是政府依法行政的重要依据和建设重点。同时,电子政务法律法规体系的构建有利于政府更好地执政为民、服务于民,实现服务型政府的目标。如今电子政务进入数字化、智能化阶段,政务信息化、政务云建设迎来高峰期,政务治理和互联网产业深度融合,这些都对法制的政府服务提出更高的要求。信息化技术的运用实现了行政效率的提高和行政资源的节约,而健全的法律体系解决了技术的中立性问题,是实现服务型政府的重要前提和有力保障,有利于进一步推进服务型政府构建。

3. 有利于保护信息安全,促进社会和谐发展

在电子政务环境下,政府与公众信息的沟通和交流会变得更为开放与便捷,但网络安全问题一直是困扰电子政务发展的重要障碍。电子政务中的信息涉及政治、经济、文化、社会、生态等方方面面,因此电子政务运行环境的安全管理、网络安全技术的应用、电子政务系统在使用中的归责等问题都至关重要。作为国家安全的重要组成部分,信息安全关系到国家利益。如何构建一个可靠的信息安全保障体系,保证国家机密的安全、保护个人信息不受侵犯、抑制有害信息的传播已成为全球关注的焦点。面对上述问题,电子政务发达国家坚持"两条腿"走路:一是依靠计算机和网络技术的发展来保障信息交流的安全性;二是依靠完备的法律法规体系来规范和引导电子政务环境下各社会主体的行为,发挥法律威慑和惩罚作用,严厉打击网络犯罪行为,加强对信息安全的保护,促进社会和谐发展。

6.2 国外电子政务法律法规建设情况

法律对电子政务的发展起着重要的规范和保障作用,一些国家为了促进电子政务的发展,先后出台一系列有关电子政务的法律法规。虽然各个国家电子政务建设情况各不相同,但各国政府在注重完善电子政务发展基础环境的同时,还注重电子政务基础性法律与专门性法律的配套建设,以及与其他领域法律的相互补充。

6.2.1 美国

美国是世界上最早提出电子政务概念的国家。1992年,美国开始建立电子政府(E-government),随后又率先提出国家信息基础设施计划(national information infrastructures,NII),由此掀开了电子政务建设的国际化浪潮。美国政府对电子政务方面的立法工作一向重视,其电子政务立法处于世界前沿。针对电子政务发展的不同需要,美国制定了基础法律、以信息公开与隐私保护为主的信息网络安全法、以电子商务为主的法律和以计算机安全为主的信息网络安全法,这些法律和

文件从整体上构成了美国电子政务的法律基础和框架。完善的法律体系是推进电子政务发展及电子政府平稳运行的基础保障。美国电子政务政策法规举例如表6-1所示。

表6-1 美国电子政务政策法规举例

电子政务政策法规类型	电子政务法规政策举例
基础性政策法规	《电子政务法》《电子政府法实施指南》《联邦信息安全法》《国家信息基础设施行动议程》
促进信息化发展与维护计算机与网络安全方面	《计算机保护法》《网上电子安全法案》《反电子盗窃法》《计算机欺诈及滥用法案》《网络空间国家安全战略》《计算机安全法》《计算机安全增强法》《联邦信息安全管理法案》
加快政府信息公开与保护私人权益方面	《公共信息准则》《消费者与投资者获取信息法》《信息自由法》《个人隐私保护法》《儿童在线隐私保护法》《电子隐私条例法案》
加强知识产权保护与IT创新方面	《联邦商业间谍法》《技术转化商业法》《反电子盗窃法》《数字著作权法》《反域名抢注消费者保护法》《数字千年版权法》
推动电子政务适应政府管理机制创新方面	《政府绩效结果法案》《电子信息自由修正案》《电子签名法》《互联网税务自由法案》《政府纸质文书消除法》《反垃圾邮件法案》《信息技术管理改革法案》
商务类法规政策	《全球电子商务政策框架》《统一电子交易法》《全球及全国商务电子签名法案》《统一计算机信息交易法》《网上贸易免税协议》《国际互联网免税法》《禁止垃圾邮件法》

1. 基础法律

为了进一步推动联邦政府机构更广泛地使用互联网为公众提供信息和服务，2002年12月17日，时任美国总统布什签署了美国2002年《电子政务法》(*E-Government Act of 2002*)。该法是美国电子政务立法中最重要的法规，也是整个体系的核心，几乎涉及信息技术管理和规划的每一个方面，从设立电子政务办公室和电子政务基金到个人隐私保护、技术人才储备、危机管理、电子档案及查询索引等方面对美国电子政务进行了较为系统全面的规制。

2. 信息公开与隐私保护法

在信息革命浪潮汹涌澎湃的今天，信息之于人类已如水和空气般至关重要，成为人们生存和发展不可或缺的基本资源。政府信息包括社会政治、经济、科技、文化等方方面面的内容，是极富价值的社会资源。政府信息公开，不仅可以保障公民的权利，维护公众的利益，实现信息资源的共享和利用，还有利于强化民主政治、规范行政行为。

1966年，美国国会颁布了《信息自由法》，以便公众能更有效地存取联邦机构未出版的记录。此后，美国国会在1974年、1976年、1986年和1996年对《信息自由法》进行了4次修订。其中1996年进行了重大修订，对电子信息的检索、公开等问题进行了规范，把电子信息置于与纸质信息同等的地位。该法以电子化为核心，要求政府以电子化格式和方法处理并传播政府信息。该法的实施极大地推动了政府机关网上信息的公开，为美国电子政府的信息公开服务提供了有力的法制保障。

1967年，美国制定《阳光下的政府法》，又称《阳光普照法案》，是有关新闻、信息的成文法，确定新闻是自由的，不受权力机关干预和限制，禁止对新闻自由的滥用。作为政府信息公开制度的一个组成部分，《阳光下的政府法》主要是针对政策制定过程的公开制度。该法规定：合议制行政机关的一切会议除符合该法规定的免除公开的条件以外，都必须公开，公众可以出席、旁听和观看会议的进程，但不能参加会议进行发言。免除公开的理由仅限于会议涉及国防机密或外交政策、会议事项属于贸易秘密或者机关内部的行政工作变动等。此外，对合议制行政机关举行会议所必须履行的程序也做了明确规定。

作为《信息自由法》的重要补充，《隐私法》于1974年实施，它规定任何人都可以查看联邦政府保存的有关他们本人的材料。《隐私法》从反面界定了哪些领域属于保密的范围，使信息公开制度更加具体、更具操作性，它既防止了公民滥用权利，又防止了行政机关以自由裁量权为由拒绝公开信息。1995年发行的《美国个人隐私与国家信息基础设施白皮书》，重点对信息资源开发和利用过程中所涉及的个人隐私权进行了补充，为美国构建全球性个人隐私安全保护提供良好的基础环境。

1998年，国会通过了美国《儿童在线隐私保护法》(COPPA)，保护儿童个人信息免受商业网站侵犯。1999年10月20日，美国联邦贸易委员会(FTC)发布了实施该法的细则，该细则于2000年4月21日生效，适用于在线收集个人信息的活动，要求那些面向12岁以下儿童或向儿童收集信息的网站和在线服务者，须向父母发出有关信息收集的通知，并在向儿童收集个人信息之前得到父母的同意；要求网站保证父母有可能修改和更正这些信息。除了保护儿童隐私外，该法还保证儿童在言论、信息搜索和发表的权利不受到负面影响。该法的实施机关是美国联邦贸易委员会，可对违法行为提起执行诉讼，施加罚款。

2002年，《电子政务法》要求美国联邦政府通过利用基于互联网的信息技术，增强公民存取政府信息的能力。根据该法案规定，在美国行政管理与预算局(OMB)内设立电子政务办公室(office of electronic government)，主要负责组织政府服务规范和报告、为各种电子政务行动计划提供建议和指导、制定政府信息技术资金投资与规划、加强政府信息存取和隐私保护、制定政府内部政策、支持信息技术标准、指导开发基于分类体系的联邦电子信息系统等。《电子政务法》还将成立于1996年的首席信息委员会(chief information council)法定化，规定其职责包括为制定联邦信息资源管理政策提供议案和为信息管理企业提供行动方案。总之，《电子政务法》在努力提高公众存取政府信息能力的同时，也督促建立强有力的政府信息资源管理体制。

3. 电子商务法

在电子商务发展初期，美国就已经开始着手建构电子商务法律体系的工作。为了消除电子商务活动的障碍，美国统一州法委员会及美国法律学会在《统一商法典》的基础上，增加了有关调整电子商务的法律规则的内容，相继颁布了《统一电子交易法》《全球与全国商务电子签名法案》。

美国于1997年7月公布了《统一电子交易法》，肯定了电子签名和电子数据的法律地位，在任何交易中都可以使用这种电子方式，为之后电子商务的发展打下了坚实的基础。该法案充分吸收了先前电子商务立法的优点，也吸取了其他联邦和州的电子商务相关立法的精华，科学地制定规则得到了其他州政府的认可与肯定。

1999年10月，美国国会通过了《全球及全国商务电子签名法案》，为跨区域电子商务行为打下了坚实的法律基础，这一立法也为协调、统一各个州政府立法中的矛盾，建立统一的法律环境做出了极大的贡献。该法从政府层面直接规定了跨区域电子商务行为规范，对于有些州的立法没有涉及跨区域的商务行为也做出了规定，填补了美国在电子商务立法中的漏洞，完善了其中的不足。此外，美国还为规范电子商务的发展颁布了《全球电子商务框架》(1997年)、《数字千年版权法》(1998年)、《国际互联网免税法》(1998年)、《反域名抢注法》(1999年)、《禁止垃圾邮件法》(2003年)等。

4. 信息网络安全法

美国曾于1987年通过了《计算机安全法》，该法要求国家标准局负责制定保障联邦政府计算机系统安全的标准和指南，要求联邦政府对其雇员进行计算机安全方面的培训等。2001年11月，美国将《计算机安全法》修订为《计算机安全增强法》，其中规定为了保障联邦政府计算机网络内的安全信息及个人信息，由国家标准技术研究所为联邦政府当局提供指导及相关信息，并由其普及和推行联邦政府机关密码技术、电子认证技术的标准化。

确保信息安全是《电子政务法》的一个重要目标，法案对联邦政府信息技术管理和规划的每一个方面都做了非常详细的规定，甚至连电子档案的查询和索引都明确了权利和义务范围。法案要求各联邦机构都要建立信息安全保护措施，防止未经授权者存取或修改信息系统中的信息。此外，每个机构在年度预算申请书和报告中都要汇报有关信息安全活动的情况，并由监察机构检查、评估信息系统的安全。同时，2002年，美国颁布了《联邦信息安全管理法案》(federal information security management act)，这是美国信息安全领域的一个重要法规，意在强化联邦政府信息安全工作。它要求政府机构和部门要设置信息管理和信息系统的基本安全目标来提高安全性，并强制实行了联邦信息处理标准和步骤，通过采取安全控制措施来确保联邦机构的信息系统安全运行。该法最初和《电子政务法》分别进行审议，后又被纳入2002年《电子政务法》的规定之中。

《爱国者法》是美国为了对付恐怖活动而于2002年10月制定的，其中涉及允许对网络实施监控的规定。具体包括允许政府未经法院许可而对其认为与恐怖活动有关的个人信息等实施调查，允许对电话、网络等通信进行监视，放宽了联邦调查局对电子邮件或上网记录实施监控方面的限制等。

美国《网络安全法》于2015年12月18日获得正式通过，成为美国当前规制网络安全信息共享的一部较为完备的法律，首次明确了网络安全信息共享的范围包括"网络威胁指标"(cyber threat indicator，CTI)和"防御性措施"(defensive measure，DM)两大类，重点关注网络安全信息共享的参与主体、共享方式、实施和审查监督程序、组织机构、责任豁免及隐私保护规定等，并通过修订2002年《国土安全法》的相关内容，规范国家网络安全增强、联邦网络安全人事评估及其他网络事项。

6.2.2 日本

日本电子政务立法方案始于1993年10月制定的《行政信息推进共同事项行动计划》。根据该计划，日本要建立政府信息化的基本框架，建设发展局域网络和智能型办公室，以适应处理电子化公文的需要，促进各部门和政府机关充分运用电子手段方便快捷地发布行政信息。2000年7月，日本内阁设置信息通信技术战略总部及IT战略会议，全盘领导、贯彻全国的IT基本战略，指导地方政府的信息化工作以及法制建设工作。2000年11月，日本出台了《形成高度信息通信网络社会基本法》(即《IT基本法》)，此后开始全面推进日本电子政务的发展及法制建设。

1. 基础法律

日本于2000年11月出台了《形成高度信息通信网络社会基本法》(即《IT基本法》)，自《IT基本法》出台后，日本在内阁设置高度信息通信网络和IT战略总部，制定"E-Japan战略"，并根据《IT基本法》的基本规定，全面推进日本电子政务的发展及其法制建设。

《IT基本法》是日本电子政务发展法律环境的基础，不仅从总则、基本方针、有关规定、相关重点计划和附则等方面对电子政务进行战略上的引领和指导，还为日本电子政务相关法的制定和实施提供了法律上的保障。以《IT基本法》为核心，日本制定了一系列适用电子政务发展的相关法律，包括信息公开与保护、电子合同、电子商务、网络安全与犯罪等方面的法律(见表6-2)。

表6-2 IT基本法涉及内容

基础法律	主要法律	主要法律名称
IT基本法	民法	《民法施行法》(2000年修改)
		关于电子签名及认证业务的相关法律(2000年)
	商法	《商业登记法》(2000年修改)
		《证券交易法以及金融期货交易法》(2000年修改)
	经济法	《不正当竞争防止法》(2001年修改)
		《著作权法》(2000年修改)
		关于促进通信、传播融合技术的开发的法律(2001年)
		《电波法》(2001年修改)
		《电信事业法》(修改)
	刑法	《不正当接入禁止法》(1999年)
	诉讼法	《通信监视法》(2000年)
		《民事诉讼法修改案》(2003年)
	行政法	《行政信息公开法》(1999年)
		《个人信息保护法》(2003年)
	合同法	《电子消费者合同法》(2001年)

2. 信息公开与隐私保护法

(1)《行政信息公开法》。政府信息公开制度是指在保守国家秘密、商业秘密和个人隐私的前提下，公民、法人及其他团体获取行政机关文件等信息的法律规范。日本的政府信息公开制度主要是日本国会于1999年5月7日通过、5月14日颁布的《行政信息公开法》。该法第一条即指出："本法的目的在于以国民主权理念为基础，通过规定请求公开行政文件的权利等事项，使行政机关拥有的信息进一步公开化，使政府就其从事的各种活动对国民承担说明责任，同时有助于推进国民有效理解之下的公正的民主行政。"

《行政信息公开法》分为总则、行政文件的公开、行政复议等4章44条，对行政信息公开的主体、范围、申请、争议处理等做了具体规定。其中主体包括日本内阁机关以及内阁管辖机关、国家行政机关会计检察院等；信息公开的范围包括方便公众查询、阅读和复制的政府行政文件，并规定了公民对此申请的条件和程序。此外，为了解决行政信息公开过程中发生的争议，《行政信息公开法》规定在总理府内设立信息公开审查委员会，一方面受理关于行政文件公开方面的行政复议案件，另一方面为行政机关首长提供关于行政文件公开方面的咨询，这是日本信息公开法的一大特色。

(2)《个人信息保护法》。日本《个人信息保护法》于2003年5月30日通过，2005年4月1日正式实施，这是日本关于个人信息保护的第一个综合性法律。该法案由一组通用指导方针组成，代表日本政府的立法权力，是目前日本政府管理个人信息的主要依据。以《个人信息保护法》为指导方针，日本政府各部委依据自身工作内容的特点，制定了各自的规章制度，用来指导管理各自负责的商业机构。自此法案正式实施起两年内，出现了多达35套依照该法案发布的指导方针，覆盖22个商业领域。

作为信息保护类法律，《个人信息保护法》对信息数据的收集与处理、传输与共享等方面做了详尽的规定。《个人信息保护法》规定，商业部门处理个人数据不得以欺骗或其他不正当手段获取个人信息。在处理个人数据时，经营者应当尽可能多地指出个人信息的利用目的，不得改变个人信息利用的起始目的范围。当经营者处理、获得某人数据时，必须告知此人或公开宣布利用目的。未经当事人同意时，部门机构不允许将个人数据传输给第三方机构，而且必须采取必要的措施来防止个人信息的泄露、丢失或者损坏，以及其他个人数据的安全管控。对于不遵守该法案或部委颁布的有关准则的机构或个人将会受到行政处罚，当相关机构违反该法案或准则时，部长可以进行纠正建议，如果相关机构仍未整改，且无正当理由，部长会发布进一步整改命令，不执行整改命令，相关责任人会面临最高30万日元的罚款，并面临6个月的监禁[①]。

3. 电子商务法

2000年，日本国会审议通过了《电子签名及认证业务法》及其与之相配套的《电子签名法》《电子签名法有关指定调查机关省令》，以及《政府公钥基础结构》等相关法律，并于2001年4月1日起开始生效。《电子签名及认证业务法》涉及电子签名的立法原则、宗旨、电子签名的种类与效力、认证机关的职能及其认定条件、外国机关颁发电子证明书的认证效力、指定调查机构标准以及对电子签名犯罪的惩罚等，旨在规范日本电子商务活动并提供法律依据，为跨境电子商务交易的发展创造条件。电子签名是指数据电文中以电子形式所含、所附用于识别签名人身份并表明签名人认可其中内容的数据。具有法律推定效力的电子签名有两种：一是特定认证机关所为的电子签名；二是具有推定效力的电子签名。除此之外，为了便于证明和保存原始的信息记录，除了特定认证机关外还引入了电子公证制度，借助公证人的认证使合同内容、成立时间明确。光凭确认电子签名或电子签名利用者的电子证明书是远远不够的，一旦电子信息内容消失或被涂改，它将无法解决事后确认或证明信息内容的问题，因此，需要有值得信赖的公证机关参与。

---

① 孙继周.日本数据隐私法律：概况、内容及启示[J].现代情报，2016，36(06)：140-143.

2001年12月25日起日本开始施行《电子消费者合同法》，这是一部确认不公平合同无效的法律制度，该法鉴于消费者与经营者之间在所掌握信息的质与量以及交涉能力方面的差距，通过允许消费者在对经营者的一定行为产生误解或者发生困惑的情况下，取消合同的要约或者承诺的意思表示，认定免除经营者损害赔偿责任的条款并将那些对消费者利益构成不当侵害的全部或者一部分条款认定为无效，以此来满足对消费者利益的保护。

4. 信息网络安全法

根据经济产业省2002年4月的《网络刑法研究会报告书》的记载，日本自1987年修改刑法后，对涉及计算机的犯罪做出了补充规定，新设了损坏电子计算机业务妨碍罪、使用电子计算机诈骗罪、电磁记录毁弃罪等，且于1999年制定了《不正当接入禁止法》。为了应对电子空间刑事犯罪国际化问题，2001年，日本还加入了《网络犯罪条约》，并根据该条约履行缔约国间引渡的义务。

另外，日本自1987年就由邮电省制定了《信息通信网络安全——信赖性基准》《信息通信网络安全——信赖性对策登记规程》来加强网络安全的管理。现在，日本的经济产业省负责信息安全的具体管理，设置了系统监察基准、计算机不正当接入对策基准、计算机病毒对策基准、信息安全监察基准、电子政府信息安全管理基准模式、电子政府信息安全监察基准模式等管理规定，防范电子空间刑事犯罪。

6.2.3 澳大利亚

作为电子政务发展的保障和支撑，澳大利亚政府对电子政务法的建设从未忽视。澳大利亚的电子政务相关立法开始较早，以建立安全可靠的网络空间为目标，努力做好安全保障工作，主要涉及信息自由与公开、隐私保护、网络安全等方面，先后颁布了《信息自由法》《隐私法》《电信传输法》《反垃圾邮件法》等，使信息安全工作有法可依、有章可循。

1. 基础法律

澳大利亚是代议制民主政体，联邦宪法赋予澳大利亚人民对政府的最终控制权，人民通过选举议会成员来行使这一权利。代议制民主的有效运作取决于人民对政府决策的充分检审、讨论和参与。自澳大利亚进入代议制民主政府制度以来，被选举者和选民之间始终存在一种紧张关系，即前者应向后者提供多少政府信息。在行政领域，保密理念得到牢固的确立。在美国1966年出台了信息自由法律之后，澳大利亚也开始考虑信息自由的立法问题。1970年前后，澳大利亚政府公职人员开始参与公共论坛，就诸如环境问题决策的透明和公开(环境影响说明)进行讨论，从而使澳大利亚于1972年引入了环境影响说明的行政程序。在媒体的推动下，特别是澳大利亚卷入越南战争的丑闻加剧了民众对于保密掩盖并滋生非法行为的怀疑，强化了民众要求披露政府信息的呼声。自20世纪60年代末以来，法院日益趋向于向案件当事人披露案件情况，司法的变革也加速了行政法的发展。1975年《行政上诉法庭法》和1977年《行政决议(司法审查)法》赋予了当事人获得有关最初行政决议理由的信息的权利。1972年，大选后澳大利亚政府专门成立了跨机构委员会负责信息自由立法的调查报告。在1974年、1976年报告的基础上，跨机构委员会于1978年提出了信息自由法案。经过参众两院的多次妥协，最终于1981年通过了《信息自由法》。《信息自由法》以知情权为前提，与以往澳大利亚宪法中的"应由政府来决定公众可以了解什么"相比较，是一个显著的变革。该法的主要目的是利用民主进程的机会来推进政治民主"质的发展"。《信息自由法》成为澳大利亚发展电子政务最初的保障。

1982年，澳大利亚颁布了《信息自由法》，该法赋予每个公民和社团获取政府信息的权利，而政府部门必须对此项强制性权利做出回应，公民在行使此项权利时不必证明与所要求的信息存在利益联系，也不必向相关部门说明理由或原因，所有政府机关必须执行该部法令。《信息自由法》的颁布给澳大利亚社会带来了深刻的变革，在很大程度上突破了之前对政府信息公开的限制，通过法律的形式维护了公众的知情权，保障了公众充分参与民主政治的权利并使得民主质量得到提升，政府的行为被置于社会的监督之下，促使政府部门依法行政，避免在行使行政权力的过程中出现非法或不良行为，提高了对政府的监督水平，在依法公开信息、维护公众知情权和国家安全方面发挥了重要作用。2010年5月，澳大利亚联邦议会通过了《信息自由改革法修正案》，使政府在信息披露和出版方面更加积极主动，为促进政府数据开放、建立透明政府奠定了法律基础。与此同时，联邦议会通过《信息专员法案》，推动信息专员办公室的成立，使信息专员在各州各部门发挥作用[1]。此后，澳大利亚政府发布了《开放政府协议框架》《开放公共部门信息原则》《公共服务大数据战略》等文件来促进信息的开放。

2. 信息公开与隐私保护法

20世纪80年代中期，澳大利亚开始显现隐私问题。对隐私的强烈关注促使1988年《隐私法》在联邦议会的通过，该法令要求联邦政府机关在遵守信息隐私原则的前提下处理个人信息。该法将隐私定义到信息、身体、通信、空间4个方面，涉及联邦机构和部门掌握的个人信息以及私人和政府、个人或组织掌握的纳税档案和信息。《隐私法》涉及个人信息处理过程中的所有阶段，针对个人信息的收集、使用、披露，以及信息的性质和安全性的判定提出了具体的标准。2012年颁布的《隐私修正(提高国民隐私保护)法》对《隐私法》中的部分细则进行了修改和完善，为个人的私人信贷信息提供了更为有力的保障。该法律包括用澳大利亚隐私原则替换信息隐私原则和国民隐私原则，增加对个人身份标识的定义，并重申了个人信息的定义，同时还增加了澳大利亚隐私保护控诉，规定可以对违反澳大利亚隐私原则且对个人隐私形成妨害的法案和实践守则进行控诉。

澳大利亚信息公开与数据保护主要法律法规见表6-3。

表6-3 澳大利亚信息公开与数据保护主要法律法规

发布时间	法律法规名称
1982年	《信息自由法》
1983年	《档案法》
1988年	《隐私法》
1999年	《电信传输法》
2003年	《反垃圾邮件法》
2010年	《信息自由改革法修正案》
2010年	《信息专员法案》
2012年	《隐私修正(提高国民隐私保护)法》

---

[1] 陈萌. 澳大利亚政府数据开放的政策法规保障及对我国的启示[J]. 图书与情报，2017(01)：18-26.

3. 电子商务法

1999年12月，澳大利亚议会颁布了《电子交易法》。该法不仅是以全国性的范围调整电子商务基本法律的文件，并为各州及其他属地的电子商务立法提供了基础和框架。澳大利亚《电子交易法》的内容受1996年联合国《电子商务示范法》的影响较大，立法目的是消除阻碍电子商务发展的法律障碍，保障交易的安全性和可预见性。

《电子交易法》以"功能等价"和"技术中立"为两项基本原则。"功能等价"作为一项基本原则，即确认电子通信只要达到与相应书面形式等价的功能，就具有与书面形式同等的效力。例如该法的第8条规定，"就联邦法律而言，某个交易不应因其采用了电子通信的形式而无效"，肯定了电子通信作为交易形式原则上的有效性。"技术中立"原则是指该法并不指定某种具体技术生成的电子通信为有效，凡是达到一定功能等价要求的电子通信均为有效。例如第10条规定，"凡是符合法律规定的等价特征的都是有效的电子签名"，这样便在各种电子通信技术中保持了中立，有利于新技术的发展和采用。

4. 信息网络安全法

澳大利亚政府及各部门制定了一系列与数据安全有关的法律、标准和指南，1999年发布《电信传输法》；2003年在全世界率先制定了《反垃圾邮件法》，规定从2004年4月开始，任何从澳大利亚境内发送垃圾电子邮件的公司或者个人一旦被查获就有可能受到严厉的惩罚；2009年11月发布《网络安全战略》，其中详细描述了澳大利亚政府将如何保护经济组织、关键基础设施、政府机构、企业和家庭用户免受网络威胁，明确提出信息安全政策的目的是维护安全、可信的电子运营环境，从而促进澳大利亚的国家安全从数字经济中最大限度地获取收益；2012年7月颁布的《信息安全管理指导方针：整合性信息的管理》，为海量数据整合中所涉及的安全风险提供了最佳管理实践指导，为政府数据开放过程中的安全风险防范提供帮助。

6.3 我国电子政务法律法规建设情况

与某些国家电子政务建设相比，我国电子政务建设起步较晚，但发展速度很快，势头迅猛。由于我国电子政务法律法规基础薄弱，且受到电子政务技术水平和社会环境等因素制约，电子政务法律法规制定与实施等方面成效并不显著。进入新时期后，我国正在逐步提升电子政务法律法规建设水平，进一步克服在关键立法和政策实施中存在的诸多难题，为电子政务建设的良性发展和深入推行提供法律保障。

6.3.1 信息公开与隐私保护法

早在1999年，中国社会科学院已成立专门机构，就政府信息公开的立法问题进行研究和探讨。2002年5月，中国法学会网络与信息法学研究会接受国务院委托着手起草政府信息公开的相关立法。2003年5月，国务院有关会议要求各部委加快推进信息公开步伐。广州、上海、湖北、吉林、江苏等省市以及国土资源部(2018年，改名为"自然资源部")、国家食品药品监督管理局等中央部委也先后制定并颁布政府信息公开方面的法规、条例、办法等。2006年1月1日，中央政府网站正式推出，使公民参与公共政策的议程设置成为可能，而政府也能够通过网站来了解国情民意。2007年4月5日，国务院发布《中华人民共和国政府信息公开条例》(以下简称《政府信息公开条例》)，这是我国第一个公开政府信息的立法。政府应向公民披露信息，公民有权获得其所需要的相关政府信息，这已成为全球信息化大趋势。《政府信息公开条例》施行后，对政务信息公开做强制性要求，通过条例促进政府信息资源开发，解决部门间互联互通、资源共享的瓶颈问题。随着行政体制改革的深入，《政府信息公开条例》有助于打破信息资源垄断，逐步提高政务信息资源的共享水平，提高政府的社会管理能力及为公民服务能力。2019年4月3日，国务院发布令第711号，对《政府信息公开条例》进行修订，修订后的《中华人民共和国政府信息公开条例》自2019年5月15日起施行。新条例修订的原则有三点：一是坚持公开为常态，不公开为例外，明确政府信息公开的范围，不断扩大主动公开；二是完善申请公开程序，切实保障申请人及相关各方的合法权益，同时对少数申请人不当行使申请权，影响政府信息公开工作正常开展的行为做出必要规范；三是强化便民服务要求，通过加强信息化手段的运用提高政府信息公开实效，切实发挥政府信息对人民群众生产、生活和经济社会活动的服务作用。

我国在20世纪70年代末80年代初，才开始将隐私权和与之相关的一系列权利逐步规定在我国宪法和其他法律分支里。随着网络时代的来临，我国也制定了一些与网络隐私权保护相关的立法，比如《计算机信息网络国际联网安全保护管理办法》第7条规定："用户的通信自由、通信秘密受法律保护。任何单位和个人不得违反法律规定，利用国际联网侵犯用户的通信自由和通信秘密。"《计算机信息网络国际联网管理暂行规定实施办法》第18条规定，用户"不得擅自进行未经许可的计算机系统，篡改他人信息，冒用他人名义发出信息，侵犯他人隐私"。这些规定表明，网络隐私权的法律保护在我国已经开始呈现部门化、独立化和特别化的趋势，制定旨在保护个人网络隐私权的单行法律法规将要走上议事日程。

2020年10月21日，《中华人民共和国个人信息保护法(草案)》公布并公开征求社会公众意见。草案明确规定，个人信息是以电子或者其他方式记录的与已识别或者可识别的自然人有关的各种信息；个人信息的处理包括个人信息的收集、存储、使用、加工、传输、提供、公开等活动。同时，借鉴有关国家和地区的做法，该草案还赋予了必要的域外适用效力，以充分保护我国境内个人的权益。该草案确立了个人信息处理应遵循的原则，强调处理个人信息应当采用合法、正当的方式，具有明确、合理的目的，限于实现处理目的的最小范围，公开处理规则，保证信息准确，采取安全保护措施等，并将上述原则贯穿于个人信息处理的全过程、各环节。

6.3.2 电子商务法

1999年3月，我国颁布了新的《中华人民共和国合同法》(以下简称《合同法》)，其中对电子商务合同也制定了相应的法律法规。《合同法》首次引入数据电文的概念，并将其作为合法合同形式的一种。在这次的《合同法》实施前，相关法律对合同订立时需要以书面形式签订的要求十分明确。然而，2020年5月28日第十三届全国人民代表大会第三次会议表决通过了《中华人民共和国民法典》(以下简称《民法典》)，并针对电子合同的形式、成立规则、交付时间做出新规定，其中《民法典》第469条规定，以电子数据交换、电子邮件等方式能够有形地表现所载内容，并可以随时调取查用的数据电文，视为书面形式；第491条规定，当事人采用信件、数据电文等形式订立合同要求签订确认书的，签订确认书时合同成立。《民法典》中关于电子合同做出的新规定为我国解决电子商务合同纠纷提供了法律依据。

2004年8月，第十届全国人民代表大会常务委员会第十一次会议表决通过《中华人民共和国电子签名法》(以下简称《电子签名法》)，首次赋予可靠的电子签名与手写签名或盖章具有同等的法律效力，并明确了电子认证服务的市场准入制度。该法的立法目的是规范电子签名行为，确立电子签名的法律效力，维护各方合法权益，最终目的是促进电子商务和电子政务的发展，增强交易的安全性。《电子签名法》的诞生赋予了数据电文、电子签名以法律效力，使其成为法定交易方式，为电子签名能够顺利且广泛地适用开辟了一条快速通道，交易各方可以自由商议是否通过电子签名以及数据电文来交易。《电子签名法》共5章36条，是我国第一部真正意义的电子商务法，同时也是我国《行政许可法》实施以来以法律形式对直接关系公众利益的电子认证服务业设置行政许可，并授权原信息产业部作为实施机关对电子认证服务提供者实施监督管理的第一部法律。《电子签名法》是我国电子商务发展的里程碑，它的颁布和实施极大地改善了我国电子商务的法制环境，促进安全可信的电子交易环境建立，从而大力推动了我国电子商务发展。

2012年，中国电子商务交易额达7.85万亿元，同比增长30.8%；网络零售额超过1.3万亿元，占社会消费品零售总额的6.3%；电子商务服务企业直接从业人员超过200万人，间接带动就业人数超过1500万人。与电子商务迅猛发展的实践相比，中国彼时尚未对电子商务进行专门立法，实践中规范、指导电子商务发展主要依靠部门规章。电子商务现有法律法规亟待梳理、补充、修改和完善。2013年12月7日，全国人大常委会在人民大会堂召开了《中华人民共和国电子商务法》(以下简称《电子商务法》)第一次起草组的会议，正式启动了《电子商务法》的立法进程。2018年8月31日，中华人民共和国主席习近平签署中华人民共和国主席令(第7号)，《电子商务法》由中华人民共和国第十三届全国人民代表大会常务委员会第五次会议表决通过，于2019年1月1日起正式施行。电子商务法是调整我国境内通过互联网等信息网络销售商品或提供服务等经营活动的专门法，它的出台和施行标志着我国正逐步健全与互联网经济相适应的法律。《电子商务法》确立了电子商务活动的一系列基本规则，对规范电商运营、保护消费者和经营者合法权益具有重要意义。这些规则包括保障电子商务经营者、消费者、知识产权人等主体的权益，以及维护电子商务市场秩序，促进电子商务产业、设施等标准的建立与发展，为电子商务发展提供了法律依据。电子商务法实事求是地回应了电子商务发展中需要解决的现实问题，为我国电子商务发展提供了有力法治保障。但《电子商务法》的出台仅仅是我国电子商务立法工作的第一步，电子商务随着技术的发展、商业模式的创新，还会不断出现新情况、新问题。这就要求我们不断根据新情况、新问题完善电子商务相关法律法规，为电子商务持续健康发展营造更好的法治环境、提供更有力的法治保障。

6.3.3 网络信息安全法

我国计算机立法工作始于20世纪80年代。1981年，公安部开始成立计算机安全监察机构，并着手制定有关计算机安全方面的法律法规和规章制度；1988年9月5日，第七届全国人民代表大会常务委员会第三次会议通过《中华人民共和国保守国家秘密法》。随着网络交流日益增多，网络安全面临更大的压力和挑战。目前，我国把保护网络信息安全放在前所未有的战略高度进行审视，呼吁全社会广泛关注国家网络信息安全问题和法制建设，提高全民网络信息安全意识，加快完善我国网络信息安全立法和法律保护机制，维护企业和用户的合法权益，促进信息产业的健康发展。

1. 《中华人民共和国刑法》中关于网络安全与犯罪的规定

1997年3月，新修订的《中华人民共和国刑法》以两个条文的篇幅对危害计算机网络与信息安全的行为做出了处罚规定，增加了计算机犯罪的新内容，并将计算机犯罪分为两大类5种类型：一大类是直接以计算机信息系统为犯罪对象的犯罪，包括非法侵入计算机信息系统罪、破坏计算机信息系统功能罪、破坏计算机信息系统数据及应用程序罪；另一大类是以计算机为犯罪工具实施其他犯罪，如利用计算机实施金融诈骗、盗窃、贪污、挪用公款，窃取国家机密、经济情报或商业秘密等。2020年12月26日，第十三届全国人大常务委员会第二十四次会议审议通过了《中华人民共和国刑法修正案(十一)》，其中该法案第285条明确了对"非法侵入计算机信息系统罪""非法获取计算机信息系统数据、非法控制计算机信息系统罪""提供侵入、非法控制计算机信息系统程序、工具罪"的处罚规定，以及第286条明确了"破坏计算机信息系统罪"的处罚规定。

2. 《计算机软件保护条例》及其他

1991年5月24日，国务院第八十三次常务会议通过了《计算机软件保护条例》，旨在保护计算机软件设计者的权益，调整计算机软件在开发、传播和使用中发生的利益关系，鼓励计算机软件的开发与流通，促进计算机应用事业的发展。这是我国颁布的第一个有关计算机的法律。

1994年2月18日，国务院令发布了《中华人民共和国计算机信息系统安全保护条例》，该法规是我国第一部计算机安全法规，为保护计算机信息系统的安全、促进计算机的应用和发展、保证经济建设的顺利进行提供了法律保障。

1996年2月1日，国务院令发布了《中华人民共和国计算机信息网络国际联网管理暂行规定》，提出了对国际联网实行统筹规划、统一标准、分级管理、促进发展的基本原则。

1997年12月8日，国务院信息化工作领导小组根据《中华人民共和国计算机信息网络国际联网管理暂行规定》，制定了《中华人民共和国计算机信息网络国际联网管理暂行规定实施办法》，详细规定了国际互联网管理的具体办法。此外，经过2013年1月16日国务院第231次常务会议通过《国务院关于修订〈计算机软件保护条例〉的决定》，旨在调整计算机软件在开发、传播和使用中发生的利益关系，鼓励计算机软件的开发与应用，促进软件产业和国民经济信息化的发展。至此，1991年国务院发布的《计算机软件保护条例》同时废止。

3. 《中华人民共和国网络安全法》

为了保障网络安全，维护网络空间主权和国家安全、社会公共利益，保护公民、法人和其他组织的合法权益，促进经济社会信息化健康发展，全国人民代表大会常务委员会于2016年11月发布了《中华人民共和国网络安全法》(以下简称《网络安全法》)。《网络安全法》是我国

第一部全面规范网络空间安全管理问题的基础性法律，是我国网络空间法治建设的重要里程碑，是依法治网、化解网络风险的法律重器，是让互联网在法治轨道上健康运行的重要保障。该法将近年来一些成熟有效的措施制度化，并为未来网络安全方面的制度创新做了原则性规定，为网络安全工作提供切实法律保障。

相比以往的法规条例，《网络安全法》进一步明确了政府各部门的职责权限，完善了网络安全监管体制，强化了网络运行安全保护，尤其是对关键信息基础设施的保护，不仅符合我国依法治国的需要，也为维护人民的信息财产安全提供了法律保障。与此同时，《网络安全法》的出台是我国第一次通过国家法律的形式向世界宣示网络空间治理目标，明确表达了我国对网络空间治理的强烈诉求，不仅提高了我国网络治理公共政策的透明度，与我国的网络大国地位相称，还提升了我国对网络空间的国际话语权和规则制定权，促成网络空间国际规则的出台。

4.《中华人民共和国密码法》

密码工作与网络安全的防护密切相关，甚至直接关系到国家安全。我国进入新时代后，密码工作面临着许多新的机遇和挑战，担负着更加繁重的保障和管理任务，因此制定一部密码领域综合性、基础性法律，十分必要。为了规范密码应用和管理，促进密码事业发展，保障网络与信息安全，维护国家安全和社会公共利益，保护公民、法人和其他组织的合法权益，2019年10月26日第十三届全国人民代表大会常务委员会第十四次会议通过了《中华人民共和国密码法》(以下简称《密码法》)，该法律自2020年1月1日起施行，进一步提升了我国网络安全法治化保障水平。

《密码法》的内容主要涉及核心密码、普通密码与商用密码的分类管理与法律责任的明确规定，并有效衔接了《网络安全法》《保守国家秘密法》等与网络安全相关的法律。《密码法》深入贯彻总体国家安全观，将现行有效的基本制度、特殊管理政策及保障措施法治化，充分体现了职能转变和"放管服"改革要求，在鼓励密码产业发展、突出标准引领、维护国家利益等方面发挥了重大作用。

6.4 我国电子政务法律法规体系完善

电子政务平台的科学建设和良性发展，有赖于相关法律法规体系的保障和推动。目前，我国电子政务法律法规体系建设已初具规模，具备了法律法规体系建设完善的必要条件。与发达国家相比，我国电子政务法律法规体系建设仍存在许多值得改进的地方。因此，电子政务法律法规体系的完善既是电子政务平台建设的题中之义，又是电子政务科学健康发展的重要推手。

6.4.1 我国电子政务法律法规建设存在的难点和重点

1. 法律法规建设的难点

(1) 认知领域。通过立法，可能会在限制这项技术的同时，让渡出更大的国家利益，产生更多的立法悖论。在网络、IT、电子商务、电子政务以及信息化领域中，僵硬固化的认知观念很难在短时间内得到扭转和消除，导致电子政务法律法规的滞后现象严重。法规政策固然重要,但对大众认知观念的良性引导,是法律法规的颁布和实施的先导。

(2) 实践领域。我国互联网行业飞速发展的同时,滋生出名目繁多的网络犯罪行为,诸如非法网络融资与借贷、网络色情与赌博、盗用套用版权和域名、网络诈骗等一系列违法行为。在实践中,由于客观条件的限制和法律法规滞后性等种种原因,很难做到及时有效地对网络乱象进行打击和遏制。法律法规的滞后和有限的执行力,无法对网络乱象进行有效的监管。这种问题不仅对法律的严肃性、权威性提出了挑战,也使执法部门的公信力受到了质疑。

(3) 法律法规的修正问题。如今中国特色社会主义已步入新时代,社会经济发展日新月异,信息技术的发展更是一日千里。稳定性是法律法规的内在要求和实施前提,而信息技术的飞速发展要求其相关配套法律法规必须及时修正调整。我国目前基本遵循"变革式立法"向"自治式立法"过渡的立法模式,能够消除一部分立法滞后的消极影响,但对于信息技术的发展仍然存在严重的滞后问题。另外,中央立法的统一性决定了其高标准和低速度的特点,而地方立法必须以中央立法为依托,势必会与中央立法之间产生一定的冲突,从而间接掣肘信息技术发展,导致出现信息技术发展模式固化等问题。

2. 法律法规建设的重点

(1) 电子政务基本法的制定。21世纪以来,我国中央和地方政府部门出台了一系列电子政务相关的法规条例,但缺乏国家层面纲领性的中央立法。电子政务中央立法的颁布实施对电子政务平台的科学运行和有序发展起着举足轻重的作用,电子政务基本法的制定是我国电子政务实现跨越式发展,真正发挥其价值的绝对支撑和有效保障。电子政务基本法的制定不仅可以完善电子政务平台信息安全保障体系,同时可以带动地方相关法律法规的制定与实施,与中央立法相配套,统一地方电子政务平台的标准,提升地方政府的服务水平,降低政府行政系统的建设和运维成本。

(2) 推动电子政务立法全面平衡发展。2016年,中共中央办公厅、国务院办公厅印发《国家信息化发展战略纲要》,明确指出到2020年,电子政务要成为支撑国家治理体系和治理能力现代化坚实有力的保障,信息化要成为驱动现代化建设的先导力量;到2025年,电子政务应用和惠民水平大幅提高。就目前来看,我国电子政务立法进程较为缓慢,且存在立法不平衡的现象。近年来,我国政府在政务公开、互联网与信息技术、电子签名、信息安全等方面的立法已经较为完备且运行状况良好。相比之下,在信息的隐私保护和共享方面还处于初级阶段,未能在法律法规的数量和标准上得到体现。只有高度重视电子政务相关立法,并使其处于持续高效能高标准的发展进程中,才能调解法律转化为实践过程中的矛盾,实现电子政务法律法规的普遍认可和跨越式发展。要想使信息技术更好地为行政管理系统服务,必须打破当前相关立法发展不平衡、不全面的局面,厘清电子政务立法的法律层级问题,以中央立法带动地方立法,以纲领性法律为依托,配备完善的法规条例,形成科学有效的电子政务运行系统,进而推动政府行政体制机制创新,为我国治理体系和治理能力现代化提供内在支撑。

(3) 政务信息公开的立法问题。传统的政务信息公开通常采用四大媒体(报纸、杂志、广播、电视)、公共服务热线、新闻发布会等形式。由于其传播手段简单、信息利用率差、信息更新不及时等缺点,通常会导致信息传播滞后期长、信息资源浪费,难以将即时性的信息传播给大众。然而电子政务信息公开会有力改善这一局面,但现阶段电子政务也未能充分发挥其效用,根本原因是政务公开的相关立法不完善。政务公开对于转变政府职能、改善政治环境意义重大，而相关立法的提出能从根本上规范政务公开标准，也能为政务公开提供法律依据和保障。

(4) 电子政务的技术支持问题。网络信息技术的发展进步是电子政务建设的原生动力和基础条件，电子政务的建设与发展离不开信息技术的支持。电子政务相关技术必须统一标准，接受电子政务相关法律的约束，才能确保电子政务平台建设安全，符合新时代网络技术高速发展对于电子政务绝对牵引的新特性，解决电子政务发展的后顾之忧。电子政务平台建设势必要依托相应法律法规的完备建设，而当前我国立法滞后性不利于技术标准的统一建设。

(5) 电子政务法律法规与我国现行法律体系的适应性问题。电子政务法律法规是对我国现行法律体系的补充和完善，但原有法律体系对于新生法律的容纳必然存在适应性问题，也就是两者相匹配的时间问题。电子政务以政务为核心、以电子为手段，推动政务更加高效精简，更高程度地达到为民服务的宗旨。以政务公开为例，电子政务作为新型政务管理系统，在政府部门信息协同、提高服务质量方面会对传统行政系统带来很大改观，而其运行过程中必然伴随信息公开、信息透明等特点。随着信息公开，公众对于政务公开的高度需求与政府信息开放的有限性存在一定矛盾，与此相对的电子政务的法律法规和现行法律体系也有矛盾之处。电子政务法律法规要在现行法律体系的基础上来建设，要符合现行法律法规的运行规律，对于传统法律在电子政务中不合时宜的方面也要合理取舍，最大化地追求电子政务的价值目标。

6.4.2　我国电子政务法律法规建设存在的问题

1. 立法层次普遍不高，缺乏中央统一立法

党的"十八大"以来，我国出台电子政务相关的政务政策法规有50部左右，且大多为地方立法、局部立法。电子政务作为解决信息碎片化、应用条块化、服务割裂化的主要手段，能够推动国家治理能力现代化，完善公共服务体系一体化，大幅度提高信息惠民水平。现阶段我国电子政务发展已取得了长足进步，但仍缺乏纲领性、全局性的中央立法，存在立法滞后性的现象，从而导致立法规范、立法评价、立法监督等问题。填补电子政务的相关立法是推进国家治理体系和治理能力现代化的重要支撑和有效保障。

2. 电子政务行为合法性尚未确立

2005年，《中华人民共和国电子签名法》的出台对我国电子商务的繁荣发展提供了法律保障，但对于电子政务的推动作用十分有限。电子政务平台上行为主体的行政合法性，关乎政府电子政务平台的公信力和影响力，是电子政务系统高效运行的基础，而目前我国在电子政务行为规范方面的立法有很大空缺，势必会阻碍网络行政行为的运行，降低电子政务平台信息的效力。只有将传统行政行为的法律效力赋予网络行政行为，明确其行政行为的合法性，才能提高电子政务主体行为的规范性与客体的服从性。

3. 立法模式存在的问题

电子政务立法有统一立法与单行法相结合的模式，也有分散的模式。中国属于后者，有关电子政务的法律法规分散在计算机法、信息法、互联网法等单行法中。分散立法的缺陷是其法律环境适用复杂，中国特定的社会环境尤其使分散立法的缺陷更加突出，因为在中国大多是部门立法，法律地位低，缺少统一的原则和标准，冲突现象严重，导致电子政务的特征不明显，实施效果差。

4. 电子政务平台安全系数的法律问题

电子政务平台在建设过程中存在政务安全问题。政务信息关乎国家利益和社会稳定，部分信息保密级别较高，对电子政务平台建设的安全系数要求更高，所以电子政务平台建设过程中安全问题必须做到有法可依，只有用法律的准绳对安全问题进行规范，才能确保电子政务系统的稳定运行。电子政务平台的法律标准不仅要从内部规范国家机构行政人员的行为，对破坏和违背电子政务信息安全标准的行政行为依法惩处，还要从外部对企图并实施对电子政务平台信息进行盗窃和入侵等行为进行法律制裁。

6.4.3 我国电子政务法律法规的解决方案

1. 政务基本法的建设

党的"十八大"以来，我国政府出台了一系列电子政务相关法律法规，各地区政府也颁布了众多电子政务相关的条例法规，但电子政务基本法尚未出台，导致电子政务政策法规体系缺乏根本法，会对电子政务相关政策法规产生不利的纵向影响，也会使地方相关条例法规标准不一，造成负面的横向影响。基本法的确立是对电子政务法律法规建设的方向指引和边缘界定，各级相关政策法规既由其产生，又对其进行补充和完善。现今我国信息化水平逐步提升，与发达国家的差距越来越小，对电子政务基本法的需求也愈加迫切。电子政务基本法的颁布，有利于更大化地实现电子政务价值目标，促进各行政区域电子政务标准的统一，推动电子政务运行与我国现行法律体系相适应。电子政务基本法的出台是对我国现行法律体系的补充和完善，也是政府电子政务系统运行的根本。

2. 以基本法为基础，构建我国的电子政务法律体系

2019年12月30日，国务院办公厅印发了《国家政务信息化项目建设管理办法》。该办法提出构建我国电子政务平台标准化体系，进一步推进我国电子政务法律体系建设。我国人口众多，幅员辽阔，因此除了电子政务平台标准化体系建设之外，地方政府还必须设立信息化管理部门，在保证与中央立法衔接的前提下，因地制宜地修订本区域的相关电子政务条例法规。除中央与地方的领导与被领导关系外，各地方政府之间要确保在信息交叉区域的法律协调性与操作性。电子政务法律体系应包含管理系统法律、技术支持相关法律以及电子政务保障法律。电子政务平台的技术支撑也必须在有法可依的基础上开展建设，政府信息数据的收集、整理、加工、公开等环节，需要在相关法律的保障下，以技术手段限制信息数据公开的范围、层次及程序。在确保电子政务系统运行绝对安全的前提下，最大限度地发挥电子政务为民服务的便捷性。当前我国中央和地方关于电子政务保障的相关立法已初具规模，但依旧存在法外之地，如信息数据保障立法层级不高，缺乏统一标准和规定；各区域电子政务平台建设水平与效用水平参差不齐，缺乏统一规定。立法滞后性必然会牵制电子政务的发展，因此电子政务法律体系的构建既是对电子政务平台的运行保障，又是电子政务高水平发展的推手。

3. 注重电子政务立法渐进性和平衡性

2019年是5G商用元年，随着我国信息化进程的高速发展，电子政务平台建设环境也渐入佳境。电子政务的发展对于节约公共资源和提升政府行政效率意义非凡，相关立法的滞后性问题也逐渐增多，但无论是中央还是地方立法都不能急于求成，不能用电子政务立法牵引电子政务的发展方向和规模。电子政务立法应是一个循序渐进的过程，注重电子政务立法的渐进性及客观规律，根据电子政务的发展要求而不断完善，把电子政务立法的重心放在保障而非限制上。与此同时，经济发展不均衡是导致电子政务发展水平不均衡的主要原因。在我国中西部经济欠发达地区，信息化程度低，信息基础建设不完备，致使其仍以传统行政为主，电子政务使用率较低。因此，地方电子政务立法应注重区域发展的不平衡性，既要保证中央立法的落实，又要因地制宜地制定符合地域特色的法律法规。

4. 注重电子政务的安全立法

电子政务作为一种新型的政务管理系统，是对传统行政体制的创新，因而对于确保电子政务安全的难度要高于传统行政。电子政务安全涉及国家利益，所以有关电子政务安全的立法必须跟进电子政务平台建设的脚步。例如，电子政务平台建设的资金安全，关乎电子政务平台从建设到使用的整个过程，构建资金安全立法可以有效规避电子政务平台运行过程中的风险、保障电子政务的技术支持，减少类似于传统行政过程中的贪污腐败的问题，使电子政务的效能得到充分发挥。电子政务安全立法必须建立标准化体系，对政务信息公开的边界问题做出判定。电子政务的安全立法是电子政务运行的环境要求，其法律体系的构建，均以此为边界。信息安全是电子政务的关键问题，涉及政府利益和国家安全，在电子政务系统运行过程中要从技术和立法两方面严格管控，确保信息安全，维护电子政务系统的健康运行。另外，电子政务安全立法必须建立标准化体系，对政务信息公开的边界问题做出判定，从而解决电子政务运行系统的安全隐患，有效保证电子政务系统的平稳运行。

本章小结

电子政务法律法规体系建设是一个国家或地区促进电子政务发展的必然要求。我们发现，电子政务政策规划和法律法规越是完善的国家，其电子政务发展水平越高，如美国、日本、澳大利亚等国家都在电子政务政策法规领域取得了突出的成就，构建了适合本国的电子政务发展的软环境。当前，我国电子政务立法多集中在信息公开与隐私保护、电子商务及网络信息安全等领域，电子政务法律法规体系建设还存在众多重点和难点，完善电子政务法律法规体系将成为我国未来电子政务建设的大方向。

关键词

电子政务法律法规　网络信息安全　信息公开　隐私保护

复习思考题

1. 概念题

网络信息安全、透明政府、政务公开

2. 简答题

(1) 简述电子政务立法的基本原则。

(2) 简述建设电子政务法律法规体系的意义。

(3) 与发达国家相比，我国电子政务政策法规存在哪些不足，应如何改进？

(4) 简述如何完善我国电子政务法律法规体系。

第7章 电子政务与服务型政府

在当今信息社会，政府部门开始自发地意识到，只有通过改善政府创新理念、增强政府服务创新意识、用电子化手段来实现政府服务，才能使政府的服务与管理满足社会要求。同时，治理理论与新公共服务理论的兴起对电子政务的发展起着促进与完善作用，电子政务政府管理的不断创新，将很大程度上提升政府的工作效率和效益，也为反腐败工作奠定了基础。

7.1 新公共服务理论与服务型政府理论

7.1.1 新公共服务理论概述

1. 提出背景

自20世纪70年代以来，西方国家针对政府管理过程中出现的财政危机、信任危机以及效率危机，开展了一场旨在推行政府管理民营化、效率至上和顾客取向的政府改革运动，这场运动的名称很多，如"管理主义""企业型政府""重塑政府"等，但是运用得最广泛的理论是"新公共管理"。这种以经济学为基础，以政府和市场关系协调为核心的新公共管理运动，不但成为西方国家改革的理论指导，而且也波及发展中国家，成为近年来规模空前的公共管理改革的主导方向。

新公共服务理论是在20世纪90年代公共部门改革的实践基础上，新公共管理理论运动遇到挑战的过程中逐步酝酿发展起来的。在这一时期，世界范围内的民主政治也发生了巨大的变化，逐步迈入了发展的第三波，民主及民主化的思想和行动得到进一步的普及和发展，公民权利的概念重新获得了极大的重视。在政治民主化过程中，政治的焦点又一次转向了如何实现公民民主权利的问题上来，各国政府纷纷采取各种措施保障公民的权利，促进民主政治的进一步发展。一方面，新公共管理造成了政府责任的丧失，当公共职能交给私营部门重新塑造时，维护公平、公民机会和公民宪法权利而承担的公共责任在某种程度上可以说是遭到了损害，那么效率的提高能否为公平价值提供补偿，或者对政体价值的追求是否被忽视；另一方面，把服务对象看作顾客而不是公民，导致长期公民权利的丧失。这些现实的问题困扰着公共部门，新公共管理的理论或者治理理论不能对此做出完满的回答。因此，在以效率为主要追求目标的新公共管理理论运动之后，人们开始反思并追切需要一种新的适应现实的理论来指导新的实践，也正是在对新公共管理理论的反思和批判基础上，登哈特夫妇(R. B. Denhardt)等人整合了新公共管理理论的替代观点，形成了新公共服务理论和模式。

2. 理论内涵

新公共服务理论是关于公共行政在以公民为中心的治理系统中所扮演角色的一套理念，其本质上是对新公共管理理论的一种扬弃，试图承认新公共管理理论对于当代公共管理实践所具有的重要价值，但也摒弃新公共管理理论中不合时宜的内容，从而提出和建立一种更加关注民主价值和公共利益、更加适合于现代公民社会发展以及公共管理实践需要的新理论。公共行政官员在其管理公共组织和执行公共政策时应该集中于承担为公民服务和向公民放权的职责，他们工作的重点既不应该是为政府航船"掌舵"，也不应该是为其"划桨"，而是应该建立一些明显具有完善整合力和回应力的公共机构。新公共服务理论之所以备受学界的重视和推崇，是因为突出人本理念，其比传统公共管理理论更能够适应时代的发展潮流，其根源就在于时代发展到了新阶段，迫切需要与之配套、契合的社会治理理论，新公共服务的人本理念成为必然追求。

3. 理论内容

作为一种全新的公共行政理论，新公共服务的理论来源主要有公民权、社区与公民社会的模型和组织人本主义。第一，公民权。公民权涉及的是个人影响该政治系统的能力，它意味着对政治生活的积极参与。第二，社区与公民社会的模型。社区成员之间存在着广泛的共同利益，这是一个需要被保护和关注的社会系统。第三，组织人本主义。组织人本主义是新公共服务吸收其优于传统组织的精华，在组织管理中，通过设置特定的组织目标来实现对人的行为模式的管理。新公共服务打破传统的政府中心论，将公民视为公共行政的中心，重视公民意识的培养和公民权的实现，强调公民在参与社会治理中的重要作用，吸收了传统公共行政的合理内容，把效率和生产力置于民主、社区、公共利益等更广泛的框架体系中，对传统的公共行政理论和目前占主导地位的管理主义公共行政模式都具有某种替代作用，有助于建立一种以公共协商对话和公共利益为基础的公共服务行政。新公共服务是一种充分重视民主、公民权和为公共利益服务的理论框架，主要包括以下几个方面内容。

(1) 服务于公民，而不是服务于"顾客"。新公共服务理论认为政府与公民的关系不同于企业与顾客的关系，因此政府服务的对象是全体公民，而顾客的需求有先后之分，利益有长期和短期之分，但对于公民，政府必须关注其需求和利益，并且要以公平和公正的原则为他们提供服务，因此没有先后之分。政府要关注的是全体公民的公共利益，而公共利益产生于共同价值观念的对话中，故政府必须要努力在其与公民的关系中建立信任与合作关系，注重公民的呼声。

(2) 追求公共利益观念。公共利益不是公民单个个人利益的叠加或集合，而是管理者和公民共同的利益和共同的责任，它是目标而不是副产品。公共行政官员不仅要致力于建立集体的、共享的公共利益观念，还要创造共享利益和共同责任，因而政府应该致力于为公众营造一个无拘无束、真诚的对话环境，使公民能够清楚地表达共同的利益及价值观念，促使公共利益居于主导地位，并鼓励公民为了公共利益采取一致行动。

(3) 重视公民民主，激发公民社会参与的自豪感和责任感。新公共服务理论认为，公民参与被视为政策执行恰当且必要的组成部分,因为"满足公共需要的政策和项目可以通过集体努力和合作过程得到最有效且最负责的实施"。

(4) 政府的职能是服务,而不是掌舵。新公共服务理论强调政府的职能是服务,而非"掌舵"。在新公共管理理论中基本原则之一便是"政府是起催化作用的,要掌舵而不是划桨",也就是说,新公共管理理论倡导的政府职能侧重于政府决策层面而非执行层面。而新公共服务理论认为,当前许多行政官员都更加关注"掌舵",即"他们更加关注成为一个倾向于日益私有化的新政府的企业家",但政府的工作重点应该是服务,不能试图掌控社会新的发展方向。

(5) 政府的责任是多方面的,而不应单纯地关注市场。公务人员不应该仅仅关注市场,还应该关注宪法、社区价值观、政治规范、职业标准以及公民利益等方面。

(6) 重视人而不只是重视生产率。公共组织及其所参与的网络要在尊重所有人的基础上,通过合作和分享领导权来运作。如果要求公务人员具有责任心、奉献精神和公民意识,那么公共管理机构的管理者首先要善待这些公务人员,给予其一定的承认和支持,并帮助其实现自身的价值,这样才能有效提升行政服务能力。

(7) 公民权和公共服务比企业家精神更重要。企业家作为企业所有者,注重的是最大限度地提高生产率和增加企业利润,而公共行政官员绝对不能采取这样的行为和思维方式,他们不是公共机构的所有者,其所有者是公民。此外,公共行政官员有责任通过担当公共资源的管理员、公共组织的监督者、公民权利和民主对话的促进者、社区参与的催化剂以及基层领导等角色来为公民服务,同时还应将其在解决和治理公共问题的角色定位为负责任的参与者。

7.1.2 服务型政府概述

1. 服务型政府内涵

"政府"是政治学研究的核心范畴,不同国家、不同时代、不同民族的学者按照自己的理解来界定和使用政府概念。公元前4世纪,柏拉图在《理想国》中提出了政府的概念,强调政府就是国家的统治机器。《布莱克维尔政治学百科全书》中这样描述:"就其作为秩序化统治的一种条件而言,政府是国家的权威性表现形式,其正式功能包括制定法律、执行和贯彻法律以及解释和应用法律。"[①]《辞海》将其定义为"政府,即国家行政机关"[②]。

"服务型政府"概念的提出是中国学者的贡献,但与之相仿的理念在西方国家新公共管理运动实践中也多有体现。20世纪70年代以来,英国、美国、新西兰等国家进行的以市场力量改造政府绩效运动,为中国服务型政府的建设带来了重要的启示。党的十六届三中全会《中共中央关于完善社会主义市场经济体制若干问题的决定》强调:增强政府服务职能,首要的是深化行政审批制度改革,政府职能从"全能型"转向"服务型",政府决策建设突出规范化,增强透明度和公众参与度。2004年2月,温家宝总理《在省部级主要领导干部树立和落实科学发

[①] 米勒,波格丹诺.布莱克维尔政治学百科全书[M].邓正来,译.北京:中国政法大学出版社,1992.
[②] 夏征农.辞海缩印版[M].6版.上海:上海辞书出版社,2010.

展观高级研究班上的讲话》首次提出了"服务型政府"的概念。服务型政府的提出是政府机构改革的一个方向，并以提升公共服务质量为目标，以政府职能转变为关键，是一个综合性的概念，其主要内涵包括以下几个方面。

(1) 执政理念。服务型政府要求各级政府和官员必须树立"民本位、社会本位、权利本位"的思想，即人民是国家的主人，政府的权力来自人民的让渡；政府为人民服务是天职，人民的利益至上；政府必须全心全意为人民服务，实现社会公共利益的最大化。服务型政府以服务为宗旨，这意味着政府与公众的关系将转化为服务供给者与消费者的关系，政府行使权力的目的不再是为了管制，而是为给公众提供更好的服务。按照现代公共管理的理念，政府不是凌驾于社会之上的官僚机构，从某种意义上讲，更像是负有责任的"企业家"，公民则是其"顾客"，这里的"企业家"并非生意人，而是不断提高公共资源配置效率的人。服务型政府将以市场，即公众需求为导向，只有"顾客"驱动的政府，才能提供满足公民合理、合法需求的公共服务。

(2) 职能范围。服务型政府要求政府职能是有限的，政府要还权于社会、还权于市场，政府主要是做市场和个人不能做、不愿做或做不好的事情，即主要提供维护性的公共服务和社会性的公共服务。维护性的公共服务主要包括维护市场经济秩序、保护财产权利和公民权利、保卫国家安全和社会安全，是服务型政府的基石；社会性的公共服务主要是指完善的社会福利体系和健全的社会保障制度，包括教育、医疗、卫生、环境保护、公共事业和社会保障等，是服务型政府的主要体现。

(3) 运行机制。首先，服务型政府要求政府的施政目标必须首先征得服务对象，即民众的同意。其次，必须经过一定的民主法定程序，即要公民参与到决策的过程中，由民众和政府通过双向的交流互动达成一致来决定。从这一点说，政府只能在法律和人民授权的范围内行事和提供服务，政府必须依法行政，必须是法治政府，而不是任意性的、长官意志型的政府。

(4) 管理方式。在管制型政府状态下，政府不仅机构臃肿、职责不清、审批环节繁杂、效率低下，其管理手段还比较单一。而服务型政府要求政府必须优化工作流程，使用现代先进的管理手段和方法，本着方便、快捷、高效、亲切的原则为民服务，让民众在接受服务的同时，还能有享受服务的主人意识。

(5) 行为后果。管制型政府的权力本位和官本位思想使政府的行为有很大的随意性，政府的责任心也不强，甚至个别侵害公民权益的行为不能得到法律追究和对政府责任的追究。而服务型政府因其自身的民主特性，必须为自己的行为和所提供的服务负责。在服务型政府下，对于政府的失职行为，人民有权对政府提出质询、追究甚至罢免。

由服务型政府的内涵可以看出，服务型政府与有限政府、责任政府、法治政府、有效政府是紧密相连、内在统一的，后者是前者的必然要求，前者是后者的综合体现。

2. 服务型政府管理模式

服务型政府的出现给政府注入一种全新的管理理念，是促进政府持续不断自我变革和完善的坚实基础，也是推动政府运用现代技术变革管理模式的动力源泉。

(1) 参与管理模式。传统政府管理模式采用的是官僚体制，具有层级化、规则化且稳定可靠等优点,其弊端在于对外界环境变化的适应能力较差,且压抑组织成员的全面发展。在服务型政府理念下,参与管理模式的组织层次大大缩减,呈现公共组织的结构扁平化的特点,它通过政府部门和公务员的积极参与,以及服务对象的直接参与来做出决策和执行决策,真正有效的政府服务需要政府公务员和服务对象的主动参与,而不是被动接受。同时,电子政务的实施拓宽了公众参政渠道,公众可以通过网络进行利益表达来影响政府综合利益,政府倾听民意,作为决策的参考,即通过"数字约束"实现"阳光行政",减少权力滥用的可能,既有利于勤政廉政建设,又实现了公众的知情权和参与权。

(2) 弹性管理模式。弹性化政府是指政府及其机构有能力根据环境的变化制定相应政策,而不是用固定方式回应新的挑战。弹性化政府主张在政府内部采用可选择性的组织结构,以弹性边界组织取代刚性边界组织,以非永久性机构取代永久性机构。弹性管理模式革除了传统官僚体制带来的政府僵化的弊端,使政府组织具有较强的弹性,也使政府公务员能最大限度地发挥其潜能和创造力。弹性化政府管理模式正超越传统政府管理与服务的时空范围和边界限制,逐步实现跨时空、跨功能、跨部门地进行政务活动。

(3) 委托管理模式。网络技术的应用弱化了政府的信息特权,扩大了市场和非政府组织的力量,致使行政权力的分散和下移逐步成为一种适应新形势的发展趋势,从而推动一部分政府职能分解、授权和委托给社会组织。政府管理的部分权力与职责将从纵向和横向两个维度进行转移,一方面上级通过权力的适度下放调动下级工作的主动性、积极性和创新性,使下级政府能够更加灵活地应对信息社会多样性、动态性的发展变化;另一方面政府可以将一些常规性的管理和服务项目转交给社会组织和团体,形成政府与这些机构的新型合作关系和运行机制,共同履行社会管理的职责。

(4) 人本管理模式。在传统官僚体制中,政府公务员是职位的附属物,不存在感情并要严格遵守程序,但当社会的复杂性不断提高,变化成为社会的常态时,机械的官僚体制便无力应对。人本管理首先破除的是"人的机械观",人不再是不可替代的零件,人力资源所具有的高增值性和效益递增性是其他生产要素所无法比拟的。因而,政府应对内部的人力资源进行持续有效的开发,并向政府工作人员下放权力,增强其独立自主性。同时,政府的管理和服务对象也是人,科技的发展使电子政府能够把握顾客的多样性,并以低成本提供个性化、人情化的服务。

7.1.3 新公共服务理论对中国服务型政府构建的启示

新公共服务的七项核心内容基本上涵盖了服务型政府的主要特征,相关新公共服务的理论在一定程度上引起了我国公共管理领域的研究和实践者的关注。新公共服务理论对中国政府改革的影响并没有治理理论、新公共管理理论等深远,但新公共服务理论所倡导的公民权利、公共利益、民主性、回应性等理念对于改革政府行政理念、促进公民参与、搭建政府和公民之间良好协作桥梁等方面都具有重要作用。

1. 界定政府的责任和义务

在新公共服务理论中,并不要求由政府直接供给公共产品和服务,而是政府引导社会、企业、第三部门等来共同参与公共服务和产品的供给,需要政府做的只是服务,而不是过多介入社会事务的治理，因此政府应明确自己的责任和义务，充分简政放权，这也是在服务型政府理念中所倡导的。同时，政府的责任主要是引导和确立社会价值观，使公民树立宪法意识、公民意识和政治意识等；政府的义务主要是提出社会资源整合和供给的方式、途径等，动员广大社会的参与，由多元渠道来供给产品和服务。另外，政府应清晰地认识到自己的职能定位，界定政府各部门的职责责任，使得政府各部门提供的服务能够符合社会的需求；对于需要提供公共产品和服务的领域，政府必须要承担起供给责任；对于私人产品领域和第三部门等领域，政府的责任在于监管和纠正市场失灵，使其朝着健康有序、不损害公共利益且增进公共福利的方向发展。

2. 转变政府职能，推行服务行政

新公共服务理论认为，传统的政府职能不能单一定位在"掌舵"和"划桨"上，而是要重视"船的主人"——公民，以公民权利和公共利益为核心，倡导建立一个具有完整性和回应性的公共机构。新公共服务的管理理念要求政府更加重视价值观的引导，重视社会公众的回应性和适应性，树立人本主义的服务理念，并尊重社会公民和其工作人员。首先，政府要尊重社会公民，尊重每一位前来寻求服务的公民；其次，树立人本主义的服务理念要求政府重视其工作人员的价值观，树立一致的目标、价值观和理想等，保证公共行政的公共性、公益性；最后，政府行政目的在于如何通过程序政策等满足社会公民的需求，所以，应要求政府把社会公众的诉求放在首位。此外，政府要扩宽服务范围，整合社会资源，联合社会力量，共同供给公众需求，但不管是由政府来提供公共服务，还是由非营利性组织或私营部门来提供公共服务，都不要将公民仅仅看成生产力。公民是服务的接受者，作为纳税人应该有权利选择和参与公共服务的决策，政府在整个环节中的主要目的就是协商和协调公民及社会团体的利益，构建共同的价值观，做出决策并不是政府的主要目的，真正决策和执行的权力都是掌握在公民手中的。

3. 发展非营利组织

随着时代的发展，传统的大政府、小社会的政府管理方式已经无法适合社会的需要，这种模式下的政府运作大部分依靠政府自身的力量，不仅很难满足越来越复杂的多元化公民需求，而且会制约和阻碍公民利益和公共福利的实现。在新公共服务理论中，政府存在的意义和目的不是为了直接供给公共产品和服务，而是要把政府从无所不包、无所不做转变为集中精力做好决策工作、提供有限服务，而这些服务的提供都离不开非营利组织的帮助和参与，非营利组织的发展壮大在促进公共服务供给效率、推进社会主义民主政治建设、加强社会和谐和公民责任意识以及整合社会资源等方面都有着重要的作用。新时期，政府不再是公共产品的主要供给主体，政府的作用和目的应是完善发展非营利组织，并使其与政府一道为社会供给公共服务和产品。

4. 建立民主协商和沟通的平台

新公共服务理论认为，符合公共需要、体现公共利益的政策和计划，通过政府和社会公民共同努力和协作的过程，能够最有效、最负责任地得到贯彻执行。因而，政府的重要任务就是搭建一个政府和公民能够自由、民主、平等协商和沟通的平台，公民通过这个平台可以自主地表达意愿和需求，并且提出解决之道。一个负责任的政府要提供一个平台供公民对话，激发公民的责任感和满足感，并且让公民参与到政府行政中来，通过政府和公民协商，寻求问题的解决之道，实现政府对社会的服务作用。政府在现阶段的一个重要举措就是建立一个公平自由的民意表达机制，让每一个有表达欲望的公民都能充分表达自己的利益诉求，之后，政府对这些利益诉求进行收集分析，归纳出符合公共利益的需求，并采取政策、措施实现这些利益需求。但是，建立公平自由的民意表达机制、搭建一个公民参政的利益需求平台仅仅是政府改革的短期目标，政府应更加关注长远目标，即促进公民社会的形成、培养公民的政治兴趣，使其积极投身于促进社会公平的道路。

7.2 电子政务的政府基础

在明确服务型政府的相关概念及内容特征之后，接下来的关键问题就是推动服务型政府下电子政务构建的实践基础问题。我们发现，各国文化观念、社会历史、政治制度、经济发展和技术资源等条件的不同，决定了各国政府为电子政务准备的起始条件不同。我国电子政务的建立目标是为大力推进网络应用水平，使政务信息化建设和应用整体水平再上一个新的台阶。然而，相对于构建电子政务所必需的"硬环境"——基础设施建设，更应强调建立健康有序的政府"软环境"，即政府权力结构、政府领导环境、政务管理运作模式、行政组织文化及民主参与合作等基础条件。

7.2.1 政府基础的本质属性

电子政务与传统政府的区别在于对信息及技术手段的有效应用，以及由此衍生而来的政府管理模式和运行方式的根本转变。一方面，电子政务的产生是政府运用信息技术处理事务的必然结果，反映了信息技术的目的性特征和潜在能力；另一方面，电子政务的政府运作模式是以现实政府为基础的，是改造了的现实政府在网络空间的映射，现实政府是电子政府构建的根基和主体。从理论上讲，信息技术具有改造人类生产生活方式的能力，其核心特征与现代政府的治理理念和变革需求是一致的，这也是为什么电子政务可以被各国视为理想的政府政务形态的根本原因。

1. 政府基础的目的性

一方面，技术变迁是经济和社会发展的根本力量，也是政治发展的关键因素，我们有必要将之当作探究政府管理变迁的起点。18世纪的工业革命造就了工业文明，创造了一个集权官僚制度的组织社会，塑造了价值认同和控制人们行为的六大原则，即标准化、专门化、同步化、集中化、极大化和集权化[①]，这些原则深刻地影响了政府管理，推动官僚系统迅速发展成为现代性的重要标志和政府治理的主流模式，如果说人类社会由工业文明向信息文明的演变是社会发展的重要目的，那么电子政务的政府基础就是公共管理发展的一个目的。另一方面，电子

---

① 阿尔文·托夫勒. 第三次浪潮[M]. 北京：中信出版社，2006.

政府构建的政府基础所面向的都是政府治理的问题，是作为推动政府治理向着适应信息技术应用和信息网络社会需求的方向变迁的重要途径和方法手段，这使它具有重要的目的性价值和意义。

信息技术是电子政府构建的第一推动力，电子政府与经济和社会之间产生着直接而紧密的关系，信息技术对于经济社会基础的作用，必将对作为上层建筑核心的政府管理体制和运行机制产生持续且深刻的影响，也对政府如何应对信息技术实施改革和创新以适应经济社会发展提供更好的管理和服务提出了挑战。20世纪末期，兴起的信息技术革命重构了世界的物质基础，信息成为生产力和竞争力的直接来源，网络化逻辑渗透到社会生活的各个角落，组织边界呈现开放性和流动性的特点，技术成为高度整合的系统。信息技术不仅重塑了经济、社会和文化基础，使公共管理赖以生存和发展的行政生态环境发生了革命性转变，也使公共管理所面临的问题、机遇和约束条件等与其之前相比有了质的区别。由此看来，电子政务的政府基础既是信息技术在政府管理中渗透的结果，更是信息技术对于信息环境下政府管理的新要求。

2. 政府基础的现实性

电子政务的运作模式既是与电子政府的完整形态相一致的现实政府的基本模式，也是电子政府适应信息改革形成的与特有的行政生态环境相结合的具体行为模式。作为一种解决现实问题的策略方法，电子政务的运作模式体现了信息时代行政网络环境下政府基础的现实性。电子政务构建的政府基础是与政府治理变迁和电子政府发展相对应的不稳定形态，表现在实践中就是政府管理的改革与创新。美国学者简·芳汀(Jane E. Fountain)指出："将政府之间的计算机连接起来，我们可以轻易建立技术上的基础设施，但这并不等于我们同时也建立了制度上的基础设施。我们需要这样的制度设施，它能够向政府机构提供以下方面的支持，即机构之间协调的行动、组织文化、动力和办事程序以及一系列的组织、社会及政治规制系统。这些因素实际上引导着政府机构的运作，并影响着政府机构的构造。"[①] 因此，电子政务构建所需的政府基础与现实政府条件之间存在着明显的差距，这种差距需要政府积极推动政府管理改革创新来弥合。虽然信息技术具有革命性特征和潜在创新能力，信息技术也的确正在改变政府管理的图景，但信息技术应用能够自发地促成政府管理形态变迁的这一观点在本质上是一种误导。故而，主动的改革与创新是必不可少的，这就意味着权力和利益的重新分配，金字塔结构的顶层、既得利益者与改革创新者之间的较力不可避免，政府基础建构必将经历一个长期、艰难的过程。此外，由于组织制度与网络化环境相互渗透和相互影响，不同的理念取向和融合路径的碰撞产生不同结果，也会带来不同的组织模式和应用成果。由此看来，政府的不同努力将会导致不同的后果，尽管电子政务构建的政府基础包含了诸多理想化描述，但它更多表现出的是政府基础构建过程中对于终极目标的趋近性和具体行政环境下的适应性，这也从另一个侧面显示出政府基础建构的重要现实意义。

3. 政府基础的多元性

在全球化的时代，各国面临着许多诸如信息技术的进步、社会问题的复杂化以及国家间相

[①] 简·芳汀. 构建虚拟政府：信息技术与制度创新[M]. 邵国松, 译. 北京：中国人民大学出版社，2004：6.

互联系加强等共同的问题,这导致各国所运用的公共行政方法呈现某种趋同倾向。在过去20多年里,几乎所有国家的政府都在加强信息技术应用、推行电子政务、构建电子政府,也一直在推进以增进政务公开、整合政府机构和提供"以公民为中心"的一站式服务等为主要内容的政府改革,这一切都是与政府基础建设密切相关的内容。可以说,一方面,政府基础的改革取向对于任何一个国家都是必要的,它的主要内容在整个公共管理的世界里都是适宜的。另一方面,不同国家的电子政务发展程度、政府组织形式,以及当地的经济社会基础和文化传统多有不同,导致其构建电子政府的基础准备也有所差别,绩效水平因此也有很大差距。但无论如何,政治推动、行政支持、制度促进和社会运作都是十分奏效的,它们的合力往往能够推动一个国家的电子政务建设及其相应的政府改革,帮助其摆脱组织条框的束缚和制度环境的限制而实现跨越式发展,从而促进经济和社会的可持续发展。

各国的政府基础建构,特别是对于发展中国家和转轨国家而言,尽管存在许多"公共悖论"式的行政难题,但其趋同性还是十分明显的,这种趋同中的共性可作为政府基础的基本模式和普遍原则。但政府基础的最终归属又是多元化的,从比较公共行政的角度来看,西方国家与东方国家,发达国家与发展中国家,市场经济国家与转轨国家,甚至英美公共行政与欧洲大陆公共行政,并不曾存在且将来也很可能不会出现相同的政府管理模式,在形成和维护地方行政文化的张力作用下,各国的政府基础仍将继续保持多元化特色。这种形式和本质上的多元正是政府基础的具体内容与表现形式,是基本原则指向下各国政府立足于特有行政环境推进政府改革的现实策略。

7.2.2 政府基础的基本要素

电子政务的政府基础可以看作电子政府的公共行政子系统,它涵盖了与电子政府构建的基本理念和实践可行性相适应的现实政府观念、结构、制度和文化等多个方面要素,构成了一个较为完整的结构框架。电子政务的政府基础本质属性提醒我们,各国政府在构建过程中所面对的那些"公共悖论"式行政难题正是其应为政府基础准备的基本前提,这些难题的解决是建构电子政务政府基础的基本要素。这些基本要素包括以下几项。

1. 网络化的组织结构和分散化的权力结构

电子政府的实现形式是基于网络的信息服务和处理系统,具有网络化结构特征的同时,也通过政府组织向网络拓展和转移,而使政府组织结构由科层式渐变为网络化,每一个部分都是独立的,各部分之间呈现网络关系,既相对分散又密切关联。所谓相对分散,指的是网络化组织结构中的各部分节点化分布,不必遵循自上而下或自下而上的等级限制就可实现节点之间无差别、无层次的直接交流;所谓密切关联,指的是有业务联系的工作活动按照一定的处理过程环节排列整合在一个流程中,各环节依时间顺序或重要性顺序排列、紧密联结、循序而动,使分权化、分散化的组织单元逐步形成统一的工作平台。政府网络化的组织结构和分散化的权力结构与知识化、数字化、网络化、全球化的行政生态环境相适应,富有柔韧性、灵活性和适应性,便于组织内纵向、横向甚至组织间障碍的消除,便于组织间进行更多的沟通与合作。组织不再以等级为基础,而是以信息流动为基础,组织间横向的联系、沟通与协作进一步增强。同时由于知识和信息逐渐发展成为组织权威的基础,而分散的知识和信息也决定了政府组织在权力结构上必须实行分权和下放,让下属和下级拥有更大的管理自主权。随着信息沟通能力的增长和合作关系的建立,政府与企业、第三部门和社会团体之间的合作治理网络逐步兴起,政府组织和外界组织的界限也呈现相关性和依赖性,政府部分权力向社会让渡也成为必然的趋势,这也进一步促进分散化权力结构的形成。

2. 参与协作的组织管理方式

信息技术应用促成的网络化组织结构和分散化权力结构为电子政务的管理提供了组织基础,使不同的管理主体在管理上和决策上协作参与,在资源上共建共享,减少了信息不对称状况;使不同的管理主体在重大战略决策上采取集体行动,各方之间借助网络保持长期、及时和紧密的联系,互相听取彼此的建议,建立起稳定的合作伙伴关系,有利于消除对抗性的争论,快速寻找解决分歧的办法。这种协作参与的组织管理和科学化、民主化的组织决策方式将管理和决策主体以及公民和社会组织广泛地带入到公共事务管理中,特别是参与那些直接关系到其生活质量的公共政策的制定和执行之中,消除彼此之间的不信任,促进共同目标的实现。

3. 以公民为中心的政务流程设计

公民导向是现代公共管理理论的重要理念。公民导向的政务流程再造是指以公民为中心,重新设计并组织政府组织内部或组织之间的工作流程。变革传统的政务流程,实施政府流程再造,主要分为面向公民的业务流程再造和面向政府内部的管理流程再造。其中,业务流程是政府部门之间业务传递的动态过程,而管理流程是政府部门之间管理工作的传递过程。实施公民导向的政务流程再造是电子政务构建的重要内容,也是其健康有序发展的前提条件,基本要求是公共服务的设计和安排要倾听公民的呼声和要求,以公民需求而非政府职能来重塑流程环节,把流程环节由烦琐变为简化,实现跨政府、跨部门的资源共享和工作协同,彻底改变政府本位的行政行为取向和行政思考方式。此外,利用政务流程再造,政府可以实现全程可追踪式的信息管理,也可以实现广泛监督下的行政问责。

4. 知识型的公务人员

人是组织的核心要素,人力资源同样是政府的重要资源之一,也是信息与技术的有效载体和黏合剂。在电子政务条件下,政府工作环境逐渐由传统的政府形态转变为电子化的政府形态,行政行为将越来越依赖于信息系统的支持,这对公务人员的素质和能力提出了新的要求。首先,政府领导人必须具有创新精神和创新意识,具备通过掌握信息知识和技术在信息社会中积极利用和开发信息的修养与能力;同时还要转变领导方式,实现由制度权威向知识权威的转化;其次,政府工作人员必须在观念上认同电子政府,了解电子政府的工作特点,并具备熟练应用信息技术、设备的技能和综合业务处理的能力。随着组织结构的扁平化、中间层级权力的虚化,政府管理中的事务性工作将主要借助于以计算机为主体的现代办公系统来完成,这将大大增加政府管理的主动性和创造性;而政府公务人员将更注重实施自主性的管理,更加主动地参与行政的决策与执行。此外,在利用信息技术再造工作流程后,"集成化""一体化""无缝隙"的工作流程模式还要求管理人员必须具有综合业务处理能力。

5. 崇尚服务精神的行政价值导向

电子政务提供的服务具有可选择性、普遍性、公正性和跨时空性等特点，其对于公共服务空间的拓展和公共服务方式的改变，促使提供更为优质的公共服务成为电子政务的最高行为准则，并将服务精神构成其核心价值。历史和现实都表明，行政理念往往由一个国家的历史传统所决定，这使得制度具有一种惯性，其蕴含的价值和行为方式潜移默化地渗透到组织之中，也就是说，政府可以通过对主流媒体和内部文化的控制，来引导和树立不同的行政价值观。就目前来看，无论是在西方发达国家，还是在发展中国家，尽管在实施上还存在着不少的问题，但主流媒体对于服务精神的提倡已经成为公共行政的重要标志。

7.2.3 政府基础的构建途径

电子政府可以看作20世纪80年代以来西方管理主义取向的新公共管理运动和发展中国家向市场经济转型或者探索第三条道路过程中的政府改革运动发展以来的一个新阶段，逐步构成了信息社会环境下政府现代化的新途径。由于电子政府构建的内在要求与现实政府的基础环境不相适应而产生的理想与现实相对滞后的明显差距，以及实施者与政府组织自身之间关于技术执行的不同理解，人们一直在寻求理想的构建途径。简要来看，政府基础的构建将主要涉及结构性变革、工具层的变革以及价值层面的变革三个方面。但由于各国政府基础的起始条件差异，对于政府基础的建构事实上并不存在单一的模式和唯一的标准。在这里主要探讨政府基础构建的基本途径。

1. 政府组织结构的制度化建设

信息技术本质上是一种授权的技术。许多实践证明，电子政务系统可以实现组织信息结构的散射性和交错性，加强跨层级、跨专业、跨部门的信息流动，增强组织底层独立处理事务的能力，从而促进权力的分散化。但也有些研究表明："官僚体制的行政管理按其倾向总是一种排斥公众的行政管理。"[①]也就是说，传统行政管理的核心并不鼓励民主化的管理方式。在一些情况下，政府可能将倾向于利用信息技术限制关键信息的披露与公开，进一步集中控制权，对公众实行更加严格的监管，以此作为全球化背景下保持其政治控制的一种手段。同时，由于信息技术对政府决策的影响越到组织的上级则越为减弱，政府组织中的核心权力也不会因为信息技术应用而发生改变。换句话说，信息技术对组织权力结构非集中化或分散化的趋势，仍需政府通过制度化的手段加以引导和固化，即改变中央与地方、上级与下级的权责关系，在执行和运作上赋予地方或者下层更多的自主权，使地方自身优势最大化；重塑政府与社区和公民组织之间的关系，加强社区成员和社区组织的自我管理，建构有效连通；增加对组织成员的授权，增强下属的工作积极性、主动性和适应性，提高参与决策的效能和行政执行的活力。

2. 政府职能结构的优化改造

电子政务需要技术、经济、制度等多方面因素的相互作用和协调配合，从而要求政府对相

---

① 马克斯·韦伯. 经济与社会(下)[M]. 林荣远, 译. 北京：商务印书馆, 1998.

关职能领域进行相应的扩展。同时，对政府运行模式变革的深层次要求促使政府重新建构与企业、公民的关系，分离出部分职能。这主要表现在以下几个方面：发挥中央政府的领导作用，为电子政务构建创造有利的政策环境，由中央政府制定信息化和电子政务建设规划，为电子政府发展提供国家层面的宏观指导和政治推动；塑造政府与企业、社会组织的新型合作伙伴关系，实现新形式的公共服务市场化，积极推进电子政务项目外包，采取将政府部门电子政务软硬件系统的日常运行维护等工作部分或全部地委托给专门公司的形式，在政府、企业和社会组织之间进行合理分工，以充分发挥各自的优势；重视和强调社区作用的发挥，支持建设电子社区，联合政府部门、社区服务提供商、银行金融机构、社会保险机构等，形成以社区自治机构为主，以网络平台为主要载体，以政务服务、商务服务等为内容的面向社区居民提供本地化服务的综合服务体系，使政府在分离一部分政府公共服务职能的同时，保证这些公共服务职能在新形势下得以有效实现。

3. 建立一体化的政务管理运作模式

实践证明，利用信息技术模拟政府原有的业务流程，将工业社会政府迁移到数字平台上造就一个数字化的工业政府，并不能适应经济和社会不断变化的现实情况。电子政务的最终目标是构造一个信息时代的政府管理模式，但这种对于陈旧的工业时代政府形态改造是通过各个电子政务工程项目累积实施来完成的，每一个电子政务应用项目的推进，都需要政务流程重组与再造来提供支持。建立一体化的政务管理运作模式，实际上是对传统政府部门的业务流程进行重新思考和重新设计，且应体现信息技术所具有的革命性特质和当代政府治理理念的变化，即建设一个以公民为导向的基本理念、以政府服务的目标和自然流程为基准设计的运作模式，其流程链条由垂直变为并行，以实现跨功能、跨权限的信息资源共享，尽可能地为政府和公众提供单独接触的机会，以增强对公民的直接回应性，确保重要信息的一体化流动。此外，建立电子政务的一体化运作模式主要存在于政府管理的执行层面，较少触及核心的政治权力，它对操作人员和管理人员所造成的影响远远大于对决策人员的影响，从这个角度来看，在政治化的机构重组遭遇组织内部的强大阻力而在短期内难以取得突破性进展的情况下，运作模式的再造无疑具有更重要的现实意义。

4. 构建创新型行政组织文化

行政文化包含人们行政行为的态度、信仰、感情和价值观，以及人们所遵循的行政方式和行政习惯等。行政文化是在社会文化的基础上、在具体的行政活动中形成的，不同的社会文化背景和行政活动培育出的行政文化亦不相同。信息技术需要一种新型的行政组织文化，如果陈旧的思维还支配着新技术的使用，那么新技术便不能充分发挥效能，已经取得的成就也会被抹煞。虽然信息技术有能力从根本上重塑工作的性质，但由于行政文化对政府管理的影响既是潜在的、复杂的，也是广泛的、深远的，管理者为此也必须打破官僚主义的限制构建创新型行政组织文化，从而进一步筑牢创新型政府基础。现今电子政务的政府基础面向的是信息时代的政府管理活动，它所对应的必然是一种新的文化形态，其核心特征是崇尚科学技术和知识在组织发展中的重要作用，需要政府积极地去鼓励和培育创新型行政组织文化。

5. 发展更为广泛的民主参与和合作

行政民主是电子政务蕴含的施政理念，发展电子民主、扩大公民参与一直是电子政务实施的重要目标。信息的全球化扩散和政务信息公开化促进了开放式政府的形成，新兴的网上参与更是拓宽了公民参与的途径和渠道。不过，当前的电子民主主要停留在形式上或者操作表层，许多政府网站上的网上监督、网上参与栏目并不具备实际应用的效能。所以，进一步拓展网络化的民主参与渠道，提升电子民主的效能，仍是各国政府创新的重要目标。首先，建立快捷、即时的政务信息公开体系是一个重要的现实任务，充分利用网络平台，构建电话、电视、广播、公告栏、新闻发布会与政府网站相结合的信息发布体系，将有利于提高政务行政的透明度。其次，政府仍需进一步拓宽公众监督的途径，大力发展网上举报、网上投诉、网上信访、网上评议服务，并建立完善的受理和反馈工作机制，对公众的意见和要求做出及时回应，使公众能够通过网络迅速、直接地进行监督活动；在提供基本的技术手段和参与途径之后，要将信息网络应用与民主制度建设有机结合起来，建立相对应的行政问责制度、民意征集制度、民主监督制度。历史发展证明，当政治参与突破政治体系所能容纳的一定限度时，政治体系的有效性就会受到削弱，继而动摇政治体系的合法性，所以对电子民主进行必要的引导和控制显得尤为重要。政府必须加强对电子化民主参与的法律与责任的认定，避免无限制的网络自由对民主政治的伤害。最后，在信息社会中，信息不仅是一种经济资源，更是一种权力资源，获取信息能力的两极分化会造成公众参与政治的不平等，而政府需要致力于弥合数字鸿沟、实施信息技术教育计划、普及信息技术培训，并建立电子终身教育系统，以提高国民的整体信息素养。

7.3 电子政务与服务型政府建设

构建服务型政府是我国政府转型、经济可持续发展的必然要求，也是实现伟大中国梦的必然途径。服务型政府是为人民服务的政府；是主动服务于民，以公众意志而组建起来的政府；是让公众真正参与到社会治理中去，与民众良性互动的政府。不能单纯地把"建设服务型政府"当作一个口号，而是应该将其落实到政府日常的行为当中去。因此，在互联网技术快速发展的环境下，电子政务是对传统政务的一次深刻革命，其颠覆了传统的政府管理模式，并对构建服务型政府起着催化作用。

7.3.1 电子政务促进服务型政府形象优化

政府形象主要涵盖政府的价值取向、精神需要、发展规定、道德理念、文化认同、审美观念等。政府形象优化不仅能够对政府工作人员的行为施以影响，还有益于在民众心中塑造鲜明正面的形象。传统政府管理理念是基于传统行政及社会分工基础上的科学管理理论，官僚层级节制的纵向权力分配结构是其管理的基础，发展到我国延伸为"官本位""权力本位"的管理理念。电子政务打破了传统金字塔式的层级结构，以顾客需求为导向，重新设计政府流程，便于公众参与各种活动，可以说是电子政务技术的发展要求政府形象及服务理念的创新。

全球化趋势给政府带来的巨大的挑战，把政府推到改革的风口浪尖，而服务型政府作为一种新兴的行政理念已成为世界性趋势，公众不仅是权力的归宿主体，还将逐渐扮演权力行使主体的角色。因此，那些不能向公众提供细致周到服务的政府，必将招致公众的不满，从而使自身形象受损。服务型政府有助于政府原有服务职能便捷化，这主要体现为公民接受服务时间的灵活性和政策解释的全面性，其中自然包括一些与公众服务有关的项目，如车辆注册、税收征管、企业登记、福利发放等。在以往的行政运行机制下，政府不能照顾到公众方方面面的要求，但运用信息技术之后，政府通过电子政务中的便民服务措施就可轻松完成这些服务项目，既不需要特别设置人员，也没有时间和地域的限制，真正做到了随时随地关怀公众，服务型政府的形象便通过电子政务得到进一步优化。

7.3.2 电子政务促进服务型政府职能转变

政府职能包括政治职能、经济职能和社会管理职能，电子政务的发展有力地推动了政府管理手段的转变，使其由原来的"统治、管制"向"治理、善治"转变，更多的公民可以通过网络向政府表达自己的意愿，拓宽了公民利益表达和利益诉求的渠道。同时，电子政务的发展还能准确定位政府的经济调节职能，加强政府的宏观经济调控能力，推动政府对社会的管理职能从原来的"社会管制"到"社会管理"再到"社会治理"的转变，建立一个高效的网络民意表达机制，以便及时掌握民生需求。

1. 电子政务与政府职能的内在关联：交叉域和契合度

政府职能通常被认为是国家行政机关在一定时期内，依据国家和社会的发展需要，依法对国家和社会公共事务进行管理时应承担的职责和所具有的功能，简言之就是指政府的行为方向和基本任务[①]。电子政务的内涵是各级政务部门以网络为平台综合运用信息技术，在对传统政务进行持续不断的革新和改善的基础上，实现组织结构和工作流程的重组优化，将其管理和服务职能进行集成，并超越时间、空间的界限，打破部门分隔的制约，全方位地向社会提供优质、规范、透明、符合国际标准的管理和服务，以实现公务、政务、商务、事务的一体化管理和运行。围绕政务部门内部、部门之间和部门与公众之间这三条主线，政府的电子政务包括部门内部的办公自动化、部门之间的资源共享和协同办公、部门面向公众提供信息服务和网上办事与互动交流等组成部分。由此可以得出以下两个结论。

首先，电子政务和政府职能两者的交叉域体现为以下几个方面：其一，政府职能是电子政务的依据和内容。电子政务的主体是国家各级政府和部门，客体是与公共权力行使相关的公共事务，所实现的内容是现实政府的公务、政务、商务和事务，实施的范围也是在既有的政府职能框架之内。其二，电子政务是履行政府职能的新形式。就实现手段而言，传统政府职能是通过书面文件、打字机、电报、电话和办公自动化系统履行的，电子政务促使政府职能通过共享的信息系统和网络得以实现，这一实现形式具有规范性、公正性、透明性等特点，体现了信息

---

① 李文良，等.中国政府职能转变问题报告[M].北京：中国发展出版社，2003.

时代政府职能运行的基本特征。其三，政府职能与电子政务都以社会职能为主要职能，主要取决于基本的政治制度和经济社会发展水平。因此，对于公共事务的管理和服务是电子政务应重点考量的内容，满足政府职能的公共性和服务性也是电子政务不断追求的目标。

其次，电子政务和政府职能两者呈现不断变化的互动关系，表现为以下几点：其一，电子政务随政府职能的改变而改变。政府职能转变是行政管理改革的永恒主题，其在不同的历史发展阶段或同一历史发展阶段的不同时期的内容、范围、行使方式和重点都是不同的。电子政务作为网络与政务的结合，是政府职能电子化、网络化的具体实现方式，政府职能一旦改变，电子政务的内容、形式和流程必将随之改变。其二，电子政务建设与政府职能转变皆为促进公共行政改革。政府职能转变涉及众多内容，在整个政府管理变革中处于核心的地位，起着决定性的作用；电子政务建设是为适应行政网络环境需要对现有的政务进行革新完善，还要对组织结构和业务流程进行重组优化。因此，电子政务建设与政府职能转变之间的良性融合成为运用信息技术改革政府的关键过程，在公共行政改革体系中发挥着重要作用。其三，电子政务建设与政府职能转变并不总能同步发展，时常存在着矛盾冲突，虽然这些矛盾冲突会造成两者之间发展得不协调甚至是相互牵制，但两者最终会从对立趋向统一，这种趋向也正是源于它们之间互相依存的关系[①]。

2. 电子政务对政府职能转变的影响

研究电子政务建设对政府职能转变产生的影响，有利于政府更好地重视电子政务的发展和建设，根据职能转变的需求积极创造出适宜的电子政务环境和基础条件，更好地为人民服务；有利于政府提高自身的管理水平，提高服务质量；还有利于政府内部传统思想的转变，更好地发挥其职能作用，具体分为以下几点。

(1) 推动政府机构的改革，促进形式化内容转变。机构改革是政府职能转变的重要内容之一，现阶段政府机构改革的主要任务是根据社会主义市场经济条件下的政府职能定位，进一步调整各级政府机构设置、减少层级、压缩部门、精简人员，将政府管理和政府组织形态由传统的金字塔式垂直结构转变为水平的网格结构，促使组织扁平化发展。同时，通过构建网络化的电子政务信息平台，打通信息传递的中间环节，实现机构间的信息互通、资源共享。政府也可以通过网络提供数量庞大的信息资源和种类丰富的服务项目，使公众足不出户就能与政府打交道，不仅提供电子化的方式平等、自由选择偏好的服务种类和服务方式，还可以进行二十四小时实时交流。电子政务建设正极大地提高政府工作效率、方便社会和公民，使得政府职能的内容形式由单一化向多元化发展。

(2) 促进政府服务模式的有效转变。按照社会主义市场经济发展和社会主义民主政治的本质要求，我国政府要从"管、审、批"的干预型政府转变成致力于"扶、帮、助"的服务型政府。因此，实施电子政务创新，可以促使"管理型"政府向"服务型"政府的快速转变，是市场经济体制下我国政府职能转变的重要内容。这一"以公众为中心"的服务理念，要求我国政府从公众的角度出发来改变政府的执政理念。电子政务的实施将有效促使我国政府执政理念发生如下转变：由过去的以政府为中心转变为以公民为中心；由追求自我利益的政府转为追求社

[①] 张锐昕，杨国栋. 电子政务与政府职能转变的逻辑关联[J]. 甘肃社会科学，2012(02)：220-223.

会利益的政府；由"替民做主"的政府观念转为"由民做主"的政府观念；由关注政府工作效率转向关注公众利益以及公众对政府服务的满意程度，从而实现政府管理职能和政务服务模式的根本转变。

(3) 促进政务人员传统思想转变。政府职能改革的整个过程归根结底是由人来完成的，无论是政府组织形态、服务模式的改变，还是业务流程的重组、部门的重新设置都要靠人去推动和执行，因此政务人员的观念变化对于政府职能转变至关重要，其中推动政务人员观念转变最为有效的办法就是实施电子政务。在电子政务的实施过程中，政务人员能够正确认识与传统政府管理的差异，从而树立推行电子政务是适应信息化时代政府管理活动需要的正确观念，敢于打破政府职能传统的条条框框。

(4) 提高服务型政府自身效率。电子政务的实施将"以公众为中心"的服务模式具体化，把转变执政理念、提高服务意识贯穿到每一个为民众服务的环节，从而达到提高公众服务质量、塑造良好政府形象的目的。电子政务建立的网上服务系统，使服务窗口由办公室、柜台、转向计算机屏幕，实现人机对话，这种方式不仅极大简化了原本的手续与步骤、提高了行政效率，还降低了政府行政成本。

逐步降低政府行政成本，是建设服务型政府的基本前提。政府运作的高成本与政府服务的低效率是相依相伴的，加快发展电子政务、提升行政效率、减少行政成本、改善行政质量，不仅是提高政府行政水平的有效方法，也是构建服务型政府的必然目的。相比较而言，政府成本结构与企业成本结构在内在要素的比重关系上有所不同，在政府生产成本构成中，人力成本和管理成本比重最高；而企业生产成本构成中，比重最高的应当是产品成本和物力成本。电子政务的开展将把人力成本和管理成本降低到最合理的有效值，但现实中的政府成本构成既有必要成本、有效成本，也有超量成本、无效成本。例如，实现管理目标需要必要的信息协调和会议协调，而无限的文件和会议就会形成超量成本。因此，应大力开展电子政务建设以降低政府运作成本，即减少政务信息传递所需人员、缩短政务信息传递周期、节省超量的经费支出等，从而有效提高服务型政府自身的行政能力和效率。

网上服务系统的建立还可以让公众通过网络渠道表达意见，与政府领导对话，政府也能直接倾听群众意见、采纳合理化建议，有利于培养政府机关的民主工作作风。因此，电子政务的实施疏通了政府各部门之间、政府与公众之间的联系渠道，有助于拉进干群关系，提高公民满意度及行政效率。

7.4 电子政务反腐败治理

7.4.1 反腐败治理对服务型政府的重要性

1. 反腐败治理有助于政府公信力的提升

在大多数情形下，反腐败力度对政府信任的影响是积极的，即加大反腐力度能有效提升政府的公众形象及提高政府信任水平。社会公民的信任与理解是政府开展活动的先决条件,是政府与公众建立各种关系的基础,也是政府提升公信力的必要条件。加强政府反腐败治理,真正做到权为民所用、情为民所系、利为民所谋,政府才能不断地发展与壮大。公众的支持与信赖是政府权力的来源,强化反腐败治理有利于促进政府更好地履行职责、塑造政府形象,从而提升公众对政府的信任与理解,进入良性循环。

2. 反腐败治理有助于政府执政水平的提升

有学者指出:"几乎无一例外,成功的信息技术项目都是有强有力的信守承诺的领导,他们具有建立政府内部的支持体系、保证必要的经费以及成功管理项目的远见和能力。"政治领袖、高层领导对电子政务建设以及电子反腐工作的认识和重视程度决定了电子政务反腐败工作的局面。加强服务型政府反腐败治理,有效监督其工作执行,有助于政府各项政策的贯彻落实,可以使政府在短时间内较好地完成公共事业管理。此外,腐败治理可以加强人才队伍建设,吸纳高水平、高素质的人才进入公务员队伍,以加速提高政府工作人员的整体素质,从而进一步提升政府执政水平和办事效率,完善政府的服务水平,最终赢得民众的尊重与支持。

3. 反腐败治理有助于政府凝聚力的提升

由于个体的行为固然会受到外界环境、制度法规的影响,但更多时候还是要靠内在因素进行自我约束,要使广大政务人员保持坚定的政治定力,须以理想信念为根本,不断推进廉洁教育;定期组织理论学习、安排廉洁从政专题学习,促进廉洁纪律的教育提醒常态化,从集中性教育向经常性教育延伸,逐步实现从以领导干部为重点对象向以全体公职人员为教育对象的转变,以常态化教育活动固本培元,增强公职人员"不想腐"的自觉。同时,加强服务型政府反腐败治理有助于培养具有团结精神和集体荣誉感的公务员队伍,不仅能促进公务员提升集体荣誉感与团队意识,还能增强其组织自豪感,使其在自身工作岗位上尽职尽责,从而自觉自愿地维护好政府部门清正廉洁的良好形象。政府所倡导的价值观与理念是政府人员的思想源泉、行为准则和精神食粮,廉洁的政府形象锻造着政府工作人员无私奉献、团结奋斗的精神,有助于激发其更好地为人们服务、为政府服务,进一步提升政府的凝聚力。

7.4.2 电子政务与反腐败工作的关系

1. 电子政务是数字时代反腐败工作的必然选择

腐败问题是一个世界性问题,它与当地的政治、经济、文化、民族等因素有紧密关联。有学者认为"腐败=垄断+自由裁量权-责任",从这个方程式我们可以看出,电子政务能够通过改变垄断、自由裁量权与责任等变量直接导致腐败机会与结果的变化。

(1) 网上政府信息的获取和利用与反腐败工作紧密结合。政府信息公开是反腐败工作的基础,能够增加腐败风险,限制政府官员的自由裁量权,提高政府工作责任感和透明度。与传统政务的信息传播路径相比,电子政务信息的开发利用不仅可以使公众免费获取公共信息,还促进了不同类型不同部门政府信息内容的整合与深度开发,改善了审计与财务管理状况,为公众、企业以及政府机构等不同用户按照各自需求进行数据跟踪和处理提供了无可比拟的便利。

(2) 电子政务流程再造与反腐败工作紧密结合。电子政务将信息技术应用与政务工作有效衔接,通过精简优化业务流程来构建网络化的公共服务体系。它不仅促使政府组织结构由金字塔型向扁平化方向转变,业务流程从部门分隔式向跨部门协同式方向发展,极大地限制了政府部门利益的膨胀,在一定程度上避免了团体腐败问题,而且以刚性化的操作规制取代了传统行政管理人情化的灵活处理,以"一站式"在线服务取代了以往行政人员与公民面对面的服务方式,能够有效削弱官员的自由裁量权,一定程度上预防"暗箱操作"和"权力寻租"现象。

(3) 电子政务开发应用与反腐败工作发展紧密结合。国外研究发现,网络的扩张使得20世纪90年代以来腐败程度明显降低。随着信息技术的发展,尽管部分腐败行为借助高科技变得更加复杂隐蔽,但行政审批和收费系统、政府采购系统、电子监察系统、建设工程招投标系统、会计集中核算系统等电子政务项目在腐败易发环节的应用,既实现了业务流程的规范化、可控化,也实现了政府网上事务办理与反腐败的协同和联动。一旦公务人员有越位、错位等可疑现象,即可根据已有的数据、文档等电子痕迹跟踪调查。同时,网络的匿名性和舆论优势也扩大了反腐败的监控队伍,吸引更多公众关注并举报腐败行为。

(4) 电子政务用户关系管理与反腐败工作紧密结合。秉承"以用户为中心"理念的电子政务建设项目不仅以简洁的用户界面、易懂的政府信息、丰富及时的网络功能吸引用户进入并使用政府网站,还培育了公众的权利意识和维权意识,增进了公众对政府工作的了解。另外,政府制度规则等信息的公开以及各类腐败案件的曝光也进一步增强了公众参与和监督政府行为的动力,形成了强大的社会反腐败监督体系;同时,公众的参与和信任促使政府工作更加透明和负责任,不断提高对公众需求的回应,进而实现抑制腐败的目的。可见,电子政务在改变传统反腐败工作方法与监督方式的同时,也在反腐败渠道选择上赋予了公众更大的自主权。

2. 反腐败工作是推进电子政务建设的助力器

现如今,腐败问题已然成为世界各国发展道路上的绊脚石,反腐败工作的深入推进不仅可以挽回大量的国民经济损失,提高政府工作效率,改善政府形象,还会对电子政务建设产生积极的推动作用。一方面,反腐败工作的开展减少和消除了电子政务项目建设中的腐败行为。无论是信息基础设施等硬件建设还是网站开发维护等,都需要耗费大量的人力、财力和物力资源,这就为这一领域的权钱交易留下了空间;同时,政府既是电子政务项目的投资者,又是建设者、管理者和使用者,集多角色于一体的投资管理体制不可避免地存在着缺乏自我约束和有效监督,存在着行为不规范、责权不明晰及漏洞较多等弊病。因此,反腐败工作的深入可降低甚至杜绝项目实施过程中的腐败行为,进而提高电子政务建设效益。另一方面,反腐败工作的开展促使政府部门加快行政改革步伐,不断树立以人为本的行政工作理念,增进政府与公众的联系,加大政府信息公开力度,并对原有不合理的制度规则、程序流程等进行梳理,扩大政府部门之间的协同，为提高电子政务建设水平奠定了基础。同时，反腐败工作的开展有力地冲击了原有的官僚文化和封闭式的行政组织氛围，强化了官员的责任意识与开放意识，从心理认知上减少了对新技术应用的抵触，为构建电子政务文化创造了良好的氛围。

7.4.3 电子政务环境下反腐败工作的特点

电子政务在政府行政管理与公共服务过程中的全面应用，不仅开启了建立连接型政府和包容型政府的新时代，变革了政府治理理念和行政方式，还形成了以现代信息技术为基础的新反腐工作体系，改变了传统反腐败工作的运行结构，使电子政务环境下反腐败工作呈现新的特点。

1. 交互性

电子邮件、网上咨询、在线问答以及网络论坛等政民互动栏目既提供了大量行政腐败信息和线索，也将政府决策制定与执行信息以及举报调查信息等及时反馈给公众，促进了公众与政府在反腐败过程中的信息交流与工作沟通。

2. 隐蔽性

一方面，电子反腐借助于网上政府信息公开与在线服务功能，通过数据保存、挖掘与整合后台电子痕迹管理，以及对政府采购、会计核算等过程中的异常"节点"进行全程跟踪调查等方式对其政务活动进行监督；另一方面，网络举报的匿名性较好地隐蔽了举报人信息，消除了举报人遭受打击报复的顾忌。

3. 快捷性

网上与腐败有关信息的快速传播，易形成强大的社会舆论压力，使得政府监察部门不得不及时介入。同时，网上政府信息共享平台为监察人员提供了过程调查的可能性，并为其自动获取、分析处理调查数据提供了便利，进而提高了办案效率。

4. 开放性

网络信息传播的弥散性使得与腐败有关的信息极易引起政府、公众等各方的关注，能够加快形成系统的网上网下互为补充的开放式反腐主体。同时，政府网站跨时空的信息交互，促成了反腐败机构跨国或跨地区的工作协同，有利于建立开放式的反腐工作组织体系与持续跟踪机制[①]。

7.4.4 电子政务在反腐败中的效用

1. 前期预防

电子政务能够把现实世界中运行的行政审批、行政许可、行政强制措施等环节，映射到虚拟数字空间中，形成新型执政模式，若这个模式设计合理、规划全面，就能真正做到政务流程优化、职责权限科学部署、组织结构合适，促使相关行政人员只能在授权的环节上，按照既定

---

① 夏义堃.电子政务与反腐败关系的多维度思考[J].电子政务，2013(01)：67-74.

的法律法规和政务处理规则操作,无权擅自改变规则或越权操作,表现出一种"刚性化"的技术规制。这种技术规制,使各个行政环节上的相关行政人员的行为方式、工作效率、工作业绩等,均公开在政务网络上,有效实现行政管理过程的可视化、执行的规范化和结果的透明化,也大大减少人与人之间面对面的接触机会,能够有效规避传统行政方式中存在的各种人为因素干扰,缩减了相关行政人员的"寻租"空间,严格限制公共权力行使,有效控制自由裁量权的滥用,以最大限度减少腐败滋生的源头。

2. 中期侦查

电子政务以行政业务流程为主线,并将流程各节点、任务、规则等信息程序化,再利用现代信息技术进行流程的规范和整合。这种行政方式在程序上是不可逆的,在结果上是透明且公开的,不仅有效减少了行政执法中的随意性,其庞大的信息资源库对公职人员的犯罪侦查更是起到了重要作用。在侦破案件的过程中,从最初的案件线索研判筛查、立案后的突破切入和深入侦查,成熟有效的电子政务运行为案件侦破取得的成功做出了积极的贡献,并对其法律效应和社会效应进行了有机统一。

3. 后期追责

电子政务是参照行政审批、行政许可等行政业务流程规划设计的,根据流程中各个行政行为的内容、目的、规则等设置流程的环节或节点,并依据法律法规和职责分工设置不同岗位、不同级别的相关行政人员权限,这就将一项完整的行政业务分解落实到各个具体的行政环节和节点中,使相关行政人员权责明确,更能提高认定相关部门和具体人员的职责履行状况,并便于追究其责任。在职务犯罪案件的查处中,"利用职务便利"是一个相当重要的构罪要件,因此查清涉案人员的工作职责是保证案件质量、维护涉案人员的合法权益,避免冤假错案的关键因素之一。而在电子政务运行较为成熟的系统中,如果相关行政人员在政务处理过程中存在"越位""错位""缺位"等问题时,监管部门和纪检监察部门就能依据遗留下来的"电子痕迹"对其进行有效跟踪,并提供违法违规证据,最终追究相关人员的相应行政或刑事责任。

本章小结

电子政务与服务型政府建设是息息相关、紧密联系的,政务服务创新既是信息技术应用的结果,又是电子政务发展的必然要求。随着信息技术的应用,政府原有的管理方式必须进行相应的变化,唯有通过重新构建政府基础才能适应新的形势变化。另外,腐败现象必然阻碍着构建服务型政府的进程,因此电子政务腐败治理是促进公民满意度以及构建和谐美好社会环境的必然要求。

关键词

新公共服务理论　服务型政府　电子政府基础
政府职能转变　政府公信力　反腐败治理

复习思考题

1. 概念题

新公共服务理论、服务型政府、电子政府、公共悖论

2. 简答题

(1) 简述新公共服务理论的内容。

(2) 简述电子政务政府基础的构建途径。

(3) 简述电子政务对服务型政府的影响。

(4) 简述电子政务环境下反腐败工作的特点。

第8章 互联网经济时代电子政务发展

随着互联网技术的发展以及公众刚性需求的日渐提升，电子政务进入了快速发展的阶段。在"互联网经济"成为时代背景和国家战略后，电子政务开始与"互联网经济"紧密结合，在技术、思维和资源等多个层面实现了升级与转变。"互联网+"行动计划改变了政府行政的生态环境，而移动互联网、大数据、云计算等新一代信息技术也将在"互联网+政务"中起着基础性的先导作用，进一步推动全新的电子政务发展模式的形成。

8.1 互联网经济时代

8.1.1 "互联网+"经济的含义

从微观来看，"互联网+"有助于经济资源更加有效地配置。在消费者一侧，"互联网+"有利于其搜寻到想要的产品和服务，不仅可以使消费者方便、快捷地比较不同供给者的产品和服务的价格，还可以通过其他消费者对产品和服务的评价来了解和掌握产品和服务的质量，降低了消费者和供给者之间的信息不对称性。因为"互联网+"既能够降低产品和服务的价格，又能够保证产品和服务的质量，所以最终能够增加消费者剩余。在供给者一侧，"互联网+"有利于展现不同供给者所提供产品和服务的特色和个性(比如位置、外形、经验等)，从而满足不同消费者的不同偏好，这就在竞争的基础上增加了供给者的垄断势力，有利于增加生产者剩余。进一步来讲，"互联网+"降低了交易成本，从而促使更多不同规模的企业、机构和各类消费者形成更多个性化的供给和需求，所以"互联网+"会更加有利于创造社会福利。

从中观来看，一方面，"互联网+"有助于加速改造传统产业，实现产业转型升级。目前，我国中观经济中存在的诸如一些行业产能过剩而有些行业又不能满足市场需求等问题，而"互联网+"应对不同市场需求，可以对各类经济资源实现跨产业整合，或者帮助各类资源要素在不同行业和产业间共享、转移和转换，因此可以借助于"互联网+"解决这些问题。"互联网+"还可以帮助企业和个人将自己利用效率不高的资源快速形成有效的市场供给，满足其在不同企业和行业之间的快速流动，有利于产业转型升级。另一方面，"互联网+"可以促进不同产业和企业间进行最优化规模投资，减少低效投资，使企业仅保留自己的核心产品和服务，而非核心外围业务则通过"互联网+"迅速找到供应商实现规模经济，因此"互联网+"有助于产业组织的进一步优化。

从宏观来看，"互联网+"有助于经济资源的充分利用，减缓宏观经济波动。凯恩斯学派认为经济危机是经济资源不能被充分利用而形成大规模闲置引起的。没有充分利用"互联网+"时，企业的总供给和总需求之间的搜寻成本较高，有些情况下总需求不能得到满足，而总供给过剩，导致产品价格下降，企业削减工人，经济资源不能得到充分利用，失业增加引发经济衰退。而充分利用"互联网+"时，企业可以灵活有效地匹配供给侧和需求侧，调动"沉睡"的经济资源。通过"互联网+"，企业可以及时掌握并准确预测市场规模的变化，从而形成与总需求相匹配的投资，降低不必要的投资，减少由市场波动引起的资源闲置和浪费，提高投资回报率，同时在劳动力市场上也有助于工人与资本的有效配置，减少工人的闲置时间——失业。

8.1.2 互联网经济发展

中国互联网经济的发展有着明显的阶段性特征，依照互联网经济行业实践中的几个重要时间节点，可以将中国互联网经济发展的20年划分为4个阶段。

第一阶段：1998—2000年。1995年起，伴随着电信业改革和基础设施的逐步强化，互联网从技术和科研的应用范畴转移到商业应用中，一些早期的互联网企业成立，"互联网经济"也在这一阶段开始萌芽。该阶段具有以下几个特征：第一，基础设施逐步完善，为互联网经济产生提供沃土，中国自1994年接入国际互联网以来，".cn"域名数、"www"站点数以及国际出口带宽都有了明显提升；第二，互联网的技术属性仍然明显，在1998—2000年我国的门户网站发展最为突出，产生这种现象的原因可以归结为当时的互联网经济仍是受技术发展推动，同时这一阶段虽然出现了电子商务、生活服务网站，但仍是以黄页的形式提供交易信息，与门户网站的信息服务功能基本一致，总体来说当时各互联网企业的产品或服务比较单一，互联网经济对日常生产生活的影响程度有限；第三，这一阶段形成了未来互联网经济中的主要商业模式与巨头企业，如搜狐、网易、新浪、阿里巴巴、当当网、百度等，并且这一阶段出现的商业模式基本囊括了未来20年互联网经济的主要商业模式，但每类商业模式产生的时间有先后。

综上所述，彼时的互联网经济仍处在探索阶段，经济社会对于互联网的应用仍偏重技术，且重点是在互联网技术支持下对信息的存储、展示、搜索、匹配等功能的商业应用，由此形成了门户网站、电子商务、搜索引擎等主流的互联网商业模式，BAT[①]的互联网"帝国"雏形也形成于这一时期。但是，由于受限于支付、物流等配套体系的不完备，广大民众对互联网认识的局限，以及计算机价格和上网费用较高等原因，互联网企业的目标市场并不明确，因而也没有探索出明确的盈利模式。此外，这一阶段互联网的渗透率并不高，没有体现出明显的改变经济社会生产方式与产业结构的能力。

第二阶段：2001—2008年。首先，随着Web 2.0的提出与发展，各种新兴业务应用不断涌现，互联网的服务模式实现了由"一对多"向"一对一""多对一"的个性化服务模式转换，同时互联网的媒体性进一步增强，网上内容明显增多，网民上网时间也随之增加。据统计，2008年上半年我国网民平均每周上网16.5个小时，甚至超过了世界上多数互联网发达地区网民的平均上网时长。其次，互联网用途正逐步多元化并加速向更多的行业和领域扩展，垂直门户网站明显增多，专业化经营方式日益成功，不仅受到风险投资的青睐，也吸引一些门户网站开始向某一特定领域深入发展，并使综合性门户网站成为国内专业网站发展中的一支重要力量，专业网络信息服务显著增强。从行业应用角度看，信息化的全面推进为互联网的发展提供良好

---

① BAT是中国互联网公司百度公司(Baidu)、阿里巴巴集团(Alibaba)、腾讯公司(Tencent)三大互联网公司首字母的缩写。

机遇，互联网已逐步应用到商务、医疗、教育、金融、农业、工业改造等多个行业，并在各行业内纵深发展，包含生产、销售、运营、管理等多个环节，实现融合应用。另外，互联网与移动网相结合的信息化整体解决方案正在公安、证券、交通等领域发挥积极作用，深化行业应用已成为未来互联网应用发展的趋势之一，发展前景十分广阔。

在这一阶段，虽然市场上已经初步形成了不同规模、不同所有制企业相互竞争或共同发展的市场格局，广大用户有了更多的选择机会。但是受经济、技术等因素的影响，当时的互联网发展呈现东部快西部慢、城市快乡村慢的特点。从基础设施建设看，东部沿海城市互联网宽带接入市场较为完善，互联网普及率较高，能在未来两三年内形成成熟的互联网宽带产业；而在西部地区，除成都、重庆等少数几个较发达城市，大部分地区的宽带接入市场尚处于起步阶段，互联网普及率不高。从域名和网站数的地域分布看，华北、华东、华南地区均远远多于东北、西南、西北地区，几乎相差6倍，这种区域发展的不均衡可能进一步拉大经济差距。

第三阶段：2009—2012年。与之前相比，这一阶段的互联网经济有以下几个特征。首先，人们对互联网技术属性的重视程度明显减弱，更多关注的是互联网技术带来的经济效应，与前两个阶段相比，该阶段对这些问题的探索显然更为规范和深入，互联网产业形成了一个单独的聚类，说明学界看待互联网的视角已经从一种技术转向了一个产业，互联网的经济属性也被广泛承认。其次，现实驱动程度明显，在这一阶段互联网的现实发展呈现公众参与网络传播程度加大以及互联网企业之间的不正当竞争频发两大特征，这两大特征几乎主导了这一阶段互联网经济的研究主题。此外，自媒体时代的到来提高了公众参与网络传播的程度，逐步出现了网络群体性事件、网络民主、言论自由、表述自由等主题词，导致了网络舆情研究的开始，也使学界开始关注网络治理问题。与此同时，不正当竞争频发也使互联网行业反垄断问题升温。

第四阶段：2013至今。在这一阶段，互联网行业的发展更加多样化，并对传统经济的影响不断加深。首先，在这一阶段，政府对互联网经济发展政策的重视程度明显提高。2015年，"互联网+"行动计划被写入政府工作报告；2016年，分享经济被列入了两会提案和政府工作报告；2017年，"十九大"报告指出"推动互联网、大数据、人工智能和实体经济深度融合"。从上述内容可以看出，互联网经济在这个阶段已经成为一种成熟的经济形态，开始与传统经济相互作用，并在政策的助力下，在供给侧结构性改革、新旧动能转换等方面贡献力量。其次，互联网行业市场范围进一步扩展。随着互联网普及率的不断提高，对于用户来说，互联网已经由一种具有连接属性的技术转变为服务工具，这种情况迫使企业扩展自身业务范围，开辟新的盈利点，从而产生了两种现象：第一，各类新型商业模式不断涌现，如在2013年兴起的P2P、众筹等模式；又如共享单车、共享充电器、共享雨伞等"共享经济"新业态的出现，将互联网金融带到普通网民中间。第二，大型互联网企业通过资本布局，不断扩展自身业务范围向生态化发展，而生态化发展加剧了业务重合，导致企业之间的竞争日益激烈。同时，商业模式的日趋成熟与多元，又引发了新一轮的技术驱动，大数据、云计算、虚拟现实(VR)、人工智能、区块链等词成为这一阶段互联网企业的新风口，如无人售货超市、自动驾驶汽车等商业模式的出现，正是人工智能等新技术商业应用的开始。可以看到，这些新兴技术的商业化进程非常快，但不可否认新兴技术的概念推广强于实际应用，对其本质的认识不足，使其在现实中落地程度并不高。

8.1.3 互联网经济的特征

通过分析互联网经济时代的发展阶段可知,互联网经济与传统经济相比具有以下几个显著特征。

1. 快捷性

消除时空差距是互联网使世界发生的根本性变化之一。首先,互联网突破了传统的国家、地区界限,不分种族、民族、职业和社会地位,使得人们可以自由地进行沟通。其次,互联网突破了时间的约束,人们的信息传输、经济往来可以在更小的时间跨度上进行。信息网络把整个世界变成了"地球村",地理距离变得无关紧要,从本质上将互联网经济优化成一种全球化经济,并基于网络的经济活动对空间因素的制约降低到最小限度,世界各国的相互依存性空前加强。

2. 高渗透性

迅速发展的网络信息技术,具有极高的渗透性功能,使得信息服务业迅速向第一、第二产业扩张,并使三大产业之间的界限模糊,出现了第一、第二和第三产业相互融合的趋势,三大产业分类法也受到了挑战。为此,学术界提出了"第四产业"的概念,用以涵盖广义的信息产业。美国著名经济学家波拉特在1977年发表的《信息经济:定义和测量》中,第一次采用四分法把产业部门分为农业、工业、服务业、信息业,并把信息业按其产品或服务是否在市场上直接出售,划分为第一信息部门和第二信息部门。

3. 直接性

由于网络的发展,经济组织结构趋向扁平化,处于网络端点的生产者与消费者可直接联系,从而降低了传统的中间商层次存在的必要性,进而显著降低了交易成本,提高了经济效益。信息网络化在发展过程中会不断突破传统流程模式,逐步完成对经济存量的重新分割和增量分配原则的初步构建,并对信息流、物流、资本流之间的关系进行历史性重构和压缩,甚至取消不必要的中间环节。

8.2 互联网经济时代政府治理新模式:智慧治理

8.2.1 智慧治理:政府治理模式变革的新选择

"智慧治理"的概念源自20世纪末的智慧社区和智慧增长运动,是伴随着大数据、云计算等互联网技术以及人工智能技术的快速发展而兴起的。一般认为,"智慧治理"是一种将技术带入政府治理的复合治理思路,是将"治理"理念应用于互联网经济时代中形成的理论。"智慧治理"与"信息治理"相比,智慧治理没有停留于信息技术的层面,而是将技术融入社会治理过程之中,在信息化的进程中注重社会管理、资源节约、环境友好、市民参与、生活品质;与"数字治理"相比,智慧治理的内容更为丰富且更具可持续性,还实现了数字化、网络化、智能化、互联化的深度融合,突破了单纯科技层面的创新,其最终目标在于构建一个更具包容开放、透明服务、责任高效的政府。

目前,国内学术界对智慧治理的内涵尚未给出明确的定义,但主要从三个层面来解读:一是从信息技术层面来定义,主要强调智慧治理的运作需要通过互联网技术实现人、物、网络的相互联通与互动;二是从实践模式层面来定义,认为智慧治理可以成为互联网经济时代背景下政府创新社会治理模式的重要途径;三是从功能价值层面来定义,认为智慧治理能够整合优化公共数据信息,实现社会治理的精准化与智能化。尽管不同学者对于智慧治理的概念内涵理解层面有差异,但是其理论都强调智慧治理需要借助现代信息技术才能实现良好的治理目标。需要注意的是,智慧治理虽然强调智慧技术的力量,但是其主要还是注重治理的价值。

1. "智慧治理"是技术与政府相结合的治理

从现代技术的角度审视智慧治理,可以将其理解为将社会各个部分整合成一个创新型社会生态系统的治理模式。这里的现代技术不仅包括先进的电子商务技术、智能防盗系统、能源传输系统,还涵盖了政府电子政务平台、社会治理信息化系统、交通管制系统,其中信息和通信技术是智慧治理的核心技术。因此,技术构成了智慧治理的基础,通过应用各种现代技术,政府能够快速地掌握社会问题的症结,及时有效地回应社会需求,最终实现开放包容、宜居宜业、智能高效的治理目标。但从更深层次来看,现代技术应用是为了更好地解决政府治理面临的问题,智能只能作为一个构建智慧治理的手段,只有将智慧治理嵌入政府职能,与现有的社会治理机制有机融合,才能更大程度地实现社会治理目标。简言之,智慧治理是技术与政府相结合的治理,而技术发挥作用的关键在于现代技术与政府职能的有机结合与共治共享。

2. "智慧治理"是满足多元化服务的治理

传统治理模式虽然也注重为社会公众提供服务,但实际上更强调实现社会秩序稳定的功能。相较于传统治理模式,智慧治理更强调满足多元化社会个体的独特服务需求,通过现代技术与治理机制的相结合,最大限度地满足每个人的利益表达,从而更有利于塑造政府良好的形象,实现社会善治目标。尤其是近年来力推的智慧城市建设,政府运用现代技术在民生教育、医疗保障、卫生服务、环境绿化、交通设施等各领域都准确掌握了民众的服务需求,并通过科学化施策、创新化供给、智慧化管理、精准化监管,提高社会满足度。政府智慧治理的内涵也正是为了更好地提升治理社会服务水平,通过满足多元化、多层次的社会需求,从而实现服务型政府目标和宗旨。

3. "智慧治理"是以人为本的治理

智慧治理坚持"以人为本"的原则,把对"人"的尊重放在首位,反对一切形式的忽视甚至损害人民利益的行为,是真正体现人本价值的治理方式。智慧治理通过摒弃以往的"以物为本"的思想,在宣扬现代科技与理性为社会带来效益的同时,更加强调人与人之间、政府与群众之间的信息交流与情感沟通,打造温情社会并宣扬为人民服务的理念。"智慧治理"所做的一切都是以人为本的,必须把"以人为本"作为重要的指导思想,这是因为"人"是社会发展中最为本质和活跃的力量,更要充分发挥市民及非政府组织的参与性与能动性,并通过整合政府公共服务和面向城乡居民的便民服务,提升社会公众的生活品质,从而实现经济社会全面发展的目标,促进"智慧治理"的建设。

8.2.2 互联网经济时代智慧治理的驱动机制探析

智慧治理作为一项时代命题，必然有动力支撑。政府、技术、市场、社会等都是当前建设有中国特色智慧治理驱动机制的参与者。

1. 政府驱动

政府在智慧治理中发挥着引导和协调作用，除了投入大量的人力、物力之外，更是从顶层设计的制度保障层面构建智慧治理运作的基本环境，从而有效地促进智慧治理的绩效提升。制度设计方面，2015年，国务院发布《关于积极推进"互联网+"行动的指导意见》，强调推行"互联网+"社会治理的实践行动，切实提升政府数据治理绩效；2016年，李克强总理在《政府工作报告》中强调，要充分发挥互联网现代信息技术在政务服务领域的效用，实现部门间数据共享，提升政府行政效率，提高民众满意度；2017年，《信息通信行业发展规划》《新一代人工智能发展规划》《推进互联网协议第六版规模部署行动计划》等政策文件陆续出台，引导新一代信息技术与经济社会各领域深度融合；2018年，《全国数据中心应用发展指引》要求全面提升经济、政治、文化、社会、生态文明和国防等领域信息化水平。因此，只有通过完善的制度体系，形成有利于"互联网"概念嵌入国家治理、政府治理和社会治理等的配套制度环境，才能加快提升政府智慧治理的效率和管理服务水平。

2. 技术驱动

自西方启蒙运动开始，技术就被人们认为是驱动所有事业的进步工具。到了19世纪，技术与进步两者之间的相等关系就已经在世界范围内确立。在中国，从1988年邓小平同志率先提出"科学技术是第一生产力"的战略观点，到习近平同志在《为建设世界科技强国而奋斗》的讲话中强调："科技是国之利器，中国要强，中国人民生活要好，必须有强大科技。"由此可见，技术在政府治理变迁中一直扮演着重要的角色。在智慧治理中，技术被嵌入政府治理的大框架下，使政府在实现自我推进的过程中组织结构更趋合理，且治理行为受到效率准则的支配而得到控制。各级政府部门以信息网络为运行平台，综合运用信息技术，实现政府组织机构和工作流程的优化组合。此外，智慧治理通过技术驱动，不仅有利于打破政府在管理和服务上的时间、空间界限，还有助于政府部门分割的制约，全方位向社会提供优质、规范、透明的管理和服务，实现政府业务的一体化管理。

3. 市场驱动

近年来中国致力于推行以市场经济为导向的经济改革，习近平总书记在党的"十九大"报告中指出："坚持社会主义市场经济改革方向，加快完善社会主义市场经济体制。"当前，中国正处于重要的战略机遇期，市场在资源配置中起决定性作用。其中，作为市场主体的现代企业，是推进智慧治理的主力军，其推动作用主要体现在智慧产业和智慧基础设施两方面。在智慧产业领域，现代企业通过自身的信息优势，能够准确把握智慧产业的未来发展趋势，帮助政府开发民生事业相关的各项智慧化产业设施，促进政府智慧治理的产业链升级。在智慧基础设施方面，现代企业在政府部门规划与指导下，通过积极投资地方基础设施与公共服务建设，如城乡互联网宽带业务、有线电视、无线电话等，并在通信基础设施的建设上，创新智慧服务平台的应用，从而既满足经济增长的需要，又提供智慧治理的硬件保障。因此，市场驱动是目前智慧治理的重要推手，尤其在市场经济进入新常态时代后，现代企业在智慧治理中扮演着重要角色并发挥着关键作用。

4. 社会驱动

目前，我国正处于现代化转型时期，居民日益增长的公共服务需求以及对美好生活的期待都需要与之相配套的治理模式来保障和支撑。社会驱动作用的实现指的是在有效的互联网技术框架下，社会成员能最大限度地发挥自己的主观能动性，通过充分协调个人与集体、公民与社会、公民与政府之间的利益关系，最终促进社会的发展，尤其在当前社会治理创新时代，智慧治理对于社会的发展产生了重要的影响，它主要通过明确社会分工、加强专业化培养以及提升组织效率等途径来实现。另外，社会驱动塑造了智慧治理领域的新职业，在这样的环境下，智慧治理成为社会发展的内在要求。现阶段，政府智慧治理的构建应该将改善民生作为重点的社会保障体系纳入制度框架之中，通过加强技术治理的社会经济保障制度配套建设，为社会弱势群体提供均衡的公共资源配置，从而克服科学技术治理风险带来的各种问题。换言之，智慧治理存在的逻辑前提就是要保障每位社会成员其生存所必需的权利，给予每个人发展的机会，从而有利于人类个体实现自由全面发展。

8.2.3 互联网经济时代政府改革创新的困境

我国目前在科学化的政策制定、全程化的权力监督、网络化的协同治理、预防性的危机管理、精准化的公共服务等领域已开始推进智慧政府治理创新工作和实践探索。但智慧政府治理依然面临着顶层设计不完善、人才培养机制不健全、智慧平台建设迟缓、信息安全得不到保障、缺乏人文关怀等困境。

1. 顶层设计不完善

现阶段，智慧治理的顶层设计并不完善，主要体现在智慧治理的体制结构和法律法规两个方面。一方面，在智慧治理的体制结构方面，现阶段我国各级政府虽然大都建立了信息化共享的政务平台，但是在实际运行过程中，政府部门之间的信息共享、协同办公的理念依然不足，这极大地阻碍了政府进行科学化的顶层设计决策。另一方面，在智慧治理的法律法规层面，当前政府部门依然沿用传统的法制思维进行立法，在智慧政府立法、大数据公开立法、信息安全立法等方面仍不健全，至今没有形成一部整体性的智慧政府建设立法。与此同时，现有智慧治理的制度建设本应合理划分政府与社会、政府与市场的边界，从而更好地发挥社会与市场在政府立法中的优越性，但是由于目前我国政府与社会的治理边界仍处于模糊状态，政府治理侧重于社会维稳，过分依靠行政力量办事，使得社会与市场失去了应有的活力。综合而言，由于智慧治理的顶层设计不完善，信息化建设缺乏统一的规范和技术标准，这都在一定程度上影响了智慧政府的发展。

2. 人才培养机制不健全

健全的人才培养机制是智慧治理得以发展的关键要素。智慧治理的正常运作需要大量的专业信息化人员加入，这些信息化人才除了要掌握基本的智能计算机操作系统，还要精通政府治理的各项服务。然而，在现实生活中，由于缺乏健全的智慧人才培养机制，城市管理者和社区服务者以中老年人为主，这些工作人员很难适应新型政府社会治理模式下的工作挑战。现阶段，智慧治理人才培育机制不健全主要存在两大问题：第一，智慧人才队伍规模问题。在智慧人才队伍中，高层次信息管理复合型人才十分短缺，目前中国科技创新能力在世界49个主要国家(占世界GDP的92%)中居第24位，仅处于中等水平，同时人才队伍的创新能力不足也成为影响政府智慧治理制约社会经济发展的瓶颈。第二，智慧人才素质、结构与分布问题。这主要表现人才整体综合素质偏低、结构不尽合理、分布不均衡、智慧人才队伍稳定性差、智慧人才培养管理机制僵化等问题。因此人才的缺失和培养机制的不完善是互联网经济时代政府智慧治理的一大难题。

3. 智慧平台建设迟缓

近年来，我国各级政府正逐步加大财政力度和政策倾斜，致力打造政府信息化办公平台和数据化社会治理平台。但总体而言，我国直到2015年才开始提出大数据战略，智慧平台建设层面还远不能满足现代社会的发展需求。据调查发现，其一，智慧平台建设的资金来源成为迫切需要解决的问题，这笔维建费用如果全部由政府承担，则在短时间内会给财政带来巨大的压力；但如果由政府、企业以及公民等多主体出资，则大多数企业和居民将会放弃这种方式。其二，智慧治理平台建设需要先进的技术支撑，但当前我国在智慧技术方面能力较弱。其三，未来政府智慧治理平台的发展方向势必朝着全国性统一开放的公共电子政务平台发展，这个统一开放的平台需要复杂业务处理能力、信息技术支撑能力以及数据信息资源整合能力等，然而现有规定的智慧治理平台规划建设方案无法对这些问题加以解决。此外，一些已在运行中的政府智慧平台，也存在数据共享困难、制度支撑不足、技术协同不够等问题，这种现象严重制约了政府智慧平台的进一步发展。

4. 信息安全得不到保障

现代技术在产生益处的同时也带来了一系列的弊端，即技术风险。所谓技术风险是指隐藏在社会技术中的负面影响，它对社会公众、社会环境以及社会发展都存在着阻碍作用。在政府智慧治理建设过程中，现代技术尽管带来简约高效的工作绩效，但同时引发了数据泄露、通信窃听、统计披露、消费分析等侵犯公民隐私权益，致使信息安全得不到保障的问题。一方面，我国政府目前还缺乏完善的信息安全监督机制，还没有明确的规章制度来保障网络信息的安全，无法对侵犯公民信息安全的行为进行全面监督。另一方面，智慧平台的规范化运营杂乱无章，时常出现信息的疏漏甚至遗失，造成信息使用的不安全。现阶段，计算机黑客的入侵、保密信息的泄露、网络事故的发生，不仅给智慧政府建设和居民个人生产生活造成难以弥补的经济损失，还破坏和扰乱了正常的社会经济秩序，严重威胁政府智慧治理的现实绩效，阻碍政府治理能力的提高。

5. 缺乏人文关怀

智慧治理尽管强调先进信息技术的辅助作用，但是其更深层次在于促使应用现代技术与政府职能有机融合的理念重塑，即智慧治理非常注重发挥人的因素，通过政府智慧治理的建设，实现更好地为公民服务的目标宗旨。然而，现阶段大多数政府部门在进行智慧治理建设中，过于突出和强调信息技术的重要性，忽略了人的主观能动性和文化软实力的价值，致使其缺乏人文关怀的问题凸显。出现上述问题，一方面是缘于公民观念意识淡薄，对于政府智慧治理建设有种"事不关己，高高挂起"的感觉，没有真正参与到政府智慧治理建设之中；另一方面，政府部门对于公民参与态度的不积极未采取相应的措施，政府部门的不作为造成居民参与积极性得不到提升，对智慧治理没有自己的责任意识。可以说，政府在智慧治理过程中缺乏人文关怀，很少有公民会主动关心政府事务，这就造成智慧治理的各个方面都呈现艰难发展的态势。

8.2.4 互联网经济时代政府改革创新的优化路径

针对上述互联网经济时代智慧治理存在的主要问题，在当前优化智慧治理的路径选择上，我们需要构建"政府——市场——社会"的合作平台，即在政府层面实现合作理念重塑与顶层设计完善、在市场层面实现智慧设备建设与治理技术开发、在社会层面实现人才培养与公民参与提高，通过充分发挥不同治理主体的作用，最终提升智慧治理的现实绩效。

1. 政府层面：合作理念重塑与顶层设计完善

(1) 合作理念的重塑。相较于传统治理，智慧治理更加强调发挥多元主体的主观能动性，通过重塑协同合作的治理理念，充分整合社会资源，推进专业化分工合作，从而助力社会进步。一是实现政府、市场与社会之间的多元协同合作，政府智慧治理以现代信息技术为依托，通过整合市场与社会的力量共同参与政府治理过程，从而有助于形成政府主导、市场支持、社会参与的多元协同治理新格局。二是推动线上与线下的网络协同，一方面通过线上的智慧治理平台及时捕捉社会热点，准确掌握社会问题，通过社会治理数据库分析，寻找科学化的解决对策；另一方面，通过线下平台发挥政府、市场与社会各类治理主体的积极性，促进社会合作形成线上与线下网络协同的模式。三是治理手段动态协同，政府智慧治理过程中需要协同运用好法律、行政、市场等多种治理手段，并借助现代信息技术的精准化动态分析能力，及时调整政府的管理行为，从而有效化解治理风险。

(2) 顶层设计的完善。从宏观层面观察分析，目前中国智慧治理尚存在顶层制度设计不合理、项目一哄而上、基础参差不齐、信息安全缺失等不足，要推进政府智慧治理建设，提高政府治理能力现代化水平，必须重视政府智慧治理的顶层设计。首先，加快推进政府智慧治理的制度建设。智慧治理的正常运行需要与之相配套的制度和政策进行保障，这就要求制定完善的法律法规、运行统一的标准规范，这是制度建设的重点工作。其次，完善政府智慧治理的体系建设。智慧治理的体系建设需要根据社会的发展基础、政府的职能转变、社会治理的需求等方面进行全面统筹。伴随现代信息技术的发展，政府将逐渐呈现去中心化的趋势，智慧治理的体系建设也理应向扁平化结构发展。最后，健全政府智慧治理的机制建设。智慧治理的机制包括组织机制、管理机制、评估机制、监管机制以及反馈机制等方面内容。通过健全上述机制内容，能够推动智慧政府建设工作开展，有利于及时发现政府治理过程中的不足与缺陷，为改善政府智慧治理指明方向。

2. 市场层面：智慧设施建设与治理技术开发

(1) 智慧设施的建设。数字化、网络化和智能化的基层设施建设是促进政府智慧治理的前提。工业时代为社会提供了硬件基础设施，而信息时代的智慧治理除了依靠这些传统的硬件基础设施之外，更需要借助新一代的物联网、云计算、决策分析优化等信息技术，将社会中的物理基础设施、信息基础设施、社会基础设施和商业基础设施连接起来，成为新型智慧化基础设施。基于此，政府需要在把握未来技术发展趋势的基础上，完善网络基础设施的标准化与智能化应用，通过建设智慧设施为政府智慧治理绩效提升保驾护航。具体措施包括以下几项：一是加强信息基础网络建设，尤其是重点开发下一代宽带互联网、广播电视网、城乡无线网络以及物联网等系统的布局与建设；二是要加强智慧云平台建设，通过开发建设电子政务云、公共信息服务云、突发事件指挥云、信息安全云等智慧云平台提升政府智慧治理的平台设施基础；三是促进智慧治理的公共数据库建设，构建政府治理应用基础数据库和综合专题数据库，为发展智慧政府治理和智慧公共决策奠定基础。

(2) 治理技术的开发。过去几十年，诸如高性能计算机、高速通信网络和低功耗嵌入式传感等技术的进步，以及远程信息处理、情景感知计算技术、无线射频识别、空间网络系统和无处不在的传感器网络都推动着智慧政府的发展。近年来，西方发达国家致力于物联网核心技术的研发，因为物联网是智慧治理建设的重点，为开放式创新提供了更多的机会。由于智慧治理强调技术基础设施和支撑技术问题，凸显系统的可访问性和可用性。因此，现阶段我国要以"互联网经济"为时代机遇，充分认识并开发包括大数据、云计算、区块链、机器学习、人工智能等在内的现代先进技术，高度重视治理技术的合理开发与应用，以推动政府治理变革。

3. 社会层面：人才培养与公民参与提高

(1) 人才的培养。人是智慧治理的灵魂，人的能力、关系资本、教育程度和技能创造性是社会演变的主要驱动力。因此，政府需要推动企业与国内外知名院校、研究机构进行合作办学，以产学研的理论实践学习模式调整，着力培养智慧治理紧缺人才。一是通过改革传统的人才培养机制，优化学历教育、继续教育等教学形式，深化对政府公务人员、企业领导人员的信息化培训，加快培育复合型、实用型的智慧治理人才。二是通过重点开发建设一批实验室、工程技术研究中心、企业技术开发中心，致力于在数据挖掘、人工智能、信息技术等领域培育现代技术管理人才，使其能够掌握世界前沿的现代信息技术。三是政府要营造良好的工作环境和生活配套设施，以优厚的条件广泛吸引海内外高层次人才就业创业，为政府智慧治理提供坚实的人才保障和智力支持。

(2) 公民参与。政府智慧治理并不单纯是公务人员的职责，更需要提高广大公民的参与积极性。公民既是政府智慧治理的重要参与者，也是政府智慧治理的最终受益者，其在智慧治理过程中扮演着自身利益代表者、规划过程参与者和监督者等多重角色。在智慧治理模式下，互联网能够对民众进行赋权，扩大他们的政治参与、创新参与社区自治的体制环境。不少学者认为，信息技术通过提供多种手段可以减少政治不平等，健全居民参与社区公共事务和公共生活的有效载体，畅通居民参与自治的渠道，提供居民表达意见的场所。智慧治理更是鼓励和倡导公众通过微信、微博、政务App等移动设备，对政府的公共事务办理情况提出意见与建议，促使政府全方位向社会提供优质、便捷、人性化的服务，真正实现智慧治理。

8.3 互联网经济时代新融合：电子政务与电子商务

随着以互联网为代表的网络技术在世界范围内的不断深化发展，世界经济格局发生了深刻变化，经济全球化面临着重大挑战。当前，发展中国家的经济体在全球经济的占比提升，这是由于"一带一路"倡议的提出，在充分依靠中国与有关国家已有的双多边制的基础上，各国开始共同打造政治互信、经济融合、文化包容的利益共同体、命运共同体和责任共同体所带来的经济效益。互联网经济带动了生产生活方式的深刻变革，其不断发展也为推动我国经济发展起到了重要作用。

8.3.1 电子商务概述

1. 电子商务的含义

电子商务(electronic commerce)是利用计算机技术、网络技术和远程通信技术，实现整个商务(买卖)过程中的电子化、数字化和网络化的活动。在电子商务中，人们不再是面对面看着实实在在的货物，靠纸介质单据(包括现金)进行买卖交易，而是通过网络，通过网上琳琅满目的商品信息、完善的物流配送系统和方便安全的资金结算系统进行交易(买卖)。1996年6月14日，联合国贸易与发展组织颁布了《电子商务示范法》。1997年7月，美国政府公布了《全球电子商务框架》。1997年1月，世界电子商务会议专门对电子商务做出科学的定义：对整个贸易活动实现电子化，即买卖依托计算机网络进行的各类商贸活动。

2. 电子商务的分类

按照交易对象分类，电子商务有4种类型。

(1) 企业与消费者之间的电子商务(B2C)，是利用计算机网络使消费者直接参与经济活动的高级形式。

(2) 企业间的电子商务(B2B)，包括非特定企业间的电子商务和特定企业间的电子商务。非特定企业间的电子商务，是在开放的网络中为每笔交易寻找最佳伙伴，并与伙伴进行从订购到结算的全部交易行为；特定企业间的电子商务，是在过去一直有交易关系或今后一定要继续进行交易的企业间为了相同的经济利益共同进行的商务交易。

(3) 企业与政府之间的电子商务(B2G)。这种商务活动覆盖了企业与政府组织间的各项事务，按照设备活动的内容分为间接电子商务和直接电子商务，按照使用网络的类型不同分为电子数据交换(EDI)、互联网和内部网(内联网)。

3. 电子商务的功能

电子商务可为广大消费者提供网上交易和管理等全过程的服务。因此，它具有广告宣传、咨询洽谈、网上订购、网上支付、电子账户、服务传递、意见征询、交易管理等多项功能。

(1) 广告宣传。电子商务可凭借企业的Web服务器和客户端，在网络发布各类商业信息，客户可借助网上的检索工具迅速地找到所需商品信息，而商家可利用网上主页和电子邮件在全球范围内做广告宣传。与以往的各类广告相比，网络广告成本更为低廉，但给予顾客的信息量却更为丰富。

(2) 咨询洽谈。电子商务可借助非实时的电子邮件、新闻组和实时的讨论组来了解市场和商品信息、洽谈交易事务，如有进一步的需求，还可用网上的白板会议来即时交流图形信息。网上的咨询和洽谈能超越人们面对面谈判的限制，提供多种便捷的异地交谈形式。

(3) 网上订购。电子商务可借助 Web 中的邮件交互传送实现网上订购。网上订购通常都是在产品介绍的页面上提供订购提示信息和订购交互格式框，当客户填完订购单后系统会回复确认信息单来保证订购信息的收悉，订购信息也可采用加密的方式，避免客户和商家的信息被泄露。

(4) 网上支付。网上支付是通过第三方提供的与银行之间的支付接口进行的即时支付方式，这种支付方式的好处在于可以直接把资金从用户的银行卡转账到网站账户中，汇款马上到账，不需要人工确认。客户和商家之间可采用信用卡、电子钱包、电子支票和电子现金等多种电子支付方式进行网上支付。通过网上支付，交易双方大大节省了交易费用。

(5) 电子账户。网上支付必须要有电子金融来支持，即银行、信用卡公司及保险公司等金融单位要为金融服务提供网上操作的服务，而电子账户管理是其基本的组成部分。信用卡号或银行账号都是电子账户的一种标志，其可信度需配以必要技术措施来保证，如利用数字凭证、数字签名、加密等手段，提高电子账户操作的安全性。

(6) 服务传递。对于已付款的客户，商家应将其订购的货物尽快地传递到他们的手中，而当有些货物在本地，有些货物在异地时，就可以通过电子商务在网络中进行物流调配，其中软件、电子读物、信息服务等信息产品最适合在网上直接传递，商家能直接从电子仓库中将货物发到用户端。

(7) 意见征询。在电子商务中，商家能十分方便地采用网页上的"选择""填空"等格式文件来收集用户对销售服务的反馈意见，使企业的市场运营形成一个封闭的回路。客户的反馈意见不仅能提高售后服务的水平，更使企业获得改进产品、发现市场的商业机会。

(8) 交易管理。交易管理是涉及商务活动全过程的管理，包括企业和企业、企业和客户以及企业内部等各方面的协调和管理。电子商务的发展，将会提供一个良好的交易管理网络环境及多种多样的应用服务系统，这样能保障电子商务获得更广泛的应用。

8.3.2 电子政务与电子商务的区别

1. 宗旨不同

电子政务的宗旨是以公共服务需求为出发点，以政府为主体、以服务为核心，利用电子手段实施公共管理，向企业与公民提供国家政策法规咨询、网上行政服务等一系列业务的公共管理服务，对政府内部则是实施业务的电子化管理，整合政府信息资源并建立业务管理的分析体系，为政府的公共管理决策提供依据与支持。而电子商务的宗旨是利用电子手段实施商业管理，它从本质上讲是一种交易行为与经济活动，也是一种新型商业模式，但商品交易不是政治行为，也不属管理范围，而是属于经济范畴。电子商务仅仅是采用了电子方式进行商务活动，并未改变其商务性质。

2. 目的不同

电子政务的根本目的在于提供公共服务，通过电子方式提高政府的办事效率和质量。具体来讲，电子政务的目的包含以下几个方面：通过建立信息收集、交换、共享机制，采用适当的现代信息技术手段，为政府管理与决策工作提供及时、准确的信息；建立相关的政府业务管理系统和信息系统以及办公自动化系统，提高政府工作的效率与质量；建立安全、可靠、高效的政府信息网络，降低大众接受政府管理与服务的成本；利用政府门户网站制定适当的信息公开与发布机制，使公众能够监督政府工作，促进政府的廉政与勤政建设等。相比之下，电子商务的根本目的是盈利，通过电子方式提高交易的效率以及交易主体的经济效益。具体来讲，电子商务的目的在于以下方面：建立全天候、不受地域限制的网上交易市场，从而为企业扩大市场范围、创造更多商机，提高消费者满意度；以互联网为载体，促使企业有效改进内部经营管理流程，建立企业之间的贸易与合作关系，缩短产品生产周期、降低产供销成本，增加企业利润；通过企业上网，密切关注企业与消费者的关系，缩短两者之间的距离，满足客户的个性化需求等。

3. 活动内容不同

电子政务是政府机构处理各类政府事务的一种新模式，必须遵循政府对处理政府事务的统一性和规范性，其中电子政务所特有的或者与电子商务差别较大的内容有网上项目申请与审批、网络会议、电子福利支付、网上选举、公民网上参与公共决策等。在电子商务的活动中，企业提供的产品和服务、面临的消费者和市场都存在较大差异，从而使得电子商务的形式呈现多样化，电子商务所特有的或者与电子政务差别较大的内容有网络营销、网上商务谈判、商家与客户的网上互动、网上采购、电子支付、电子商务实物配送等。

8.3.3 电子政务与电子商务相互促进发展的原理

1. 电子政务对电子商务的影响

电子政务是保障电子商务有序发展的前提，这是因为电子政务除了可以为政府及公共管理部门提供平台之外，还可以为社会和公民提供政务与商务方面的双重需求。所以，电子政务的建设也在一定程度上带动了电子商务信息化的发展，使得双方共同促进国家信息化建设。面对变化莫测的国际政治经济环境及日趋严峻的网络安全态势，电子政务国产化已经成为政府信息化建设的必然要求。习近平总书记在网络安全小组成立大会上强调："建设网络强国，要有自己的技术，有过硬的技术。"尤其作为连接企业、公民与政府之间重要桥梁的电子政务，实现其信息产业创新生态、自主可控、安全可靠更是政治需要、技术需要、国家安全需要，对电子政务的建设，已经提升至国家战略层面，是保障国家安全的重中之重。近年来，在国家高度重视以及各类重大专项支持下，我国国产基础软硬件发展取得较大进展，信息技术应用创新实现关键技术突破，覆盖至芯片设计、整机生产、软件研发、系统集成、测试验证、运维服务等各个产业链环节。电子政务国产化的应用工作必须服务于电子政务的总体目标，并最大限度地满足公众需求。因此，要以电子政务建设为契机，结合国情充分利用国产化应用技术，指导我国电子商务的发展，拉动国内信息产业的需求，促进具有自主知识产权的信息技术与产品的开发，提高我国信息产业的竞争力。

2. 政府采购是促进电子商务发展的一个重要措施

政府采购是指各级政府为了开展日常政务活动或为公民提供公共服务的需要，在财政部门的监督下，以法定的方式、方法与程序，从市场上为政府部门或所属公共部门购买商品、工程和服务的行为。政府采购在很多国家有相当长的历史。如美国在1787年的宪法中，就有了政府采购的条款。政府采购在各国的经济管理中有着非常重要的地位，据欧盟估算，政府采购的金额占成员国GDP的15%。为了加强对规模较大的采购进行管理和监督，各国都制定了专门的政府采购法规，规定达到一定金额的单项采购必须采取竞争性方式购买，使采购活动公平、公正、公开地进行。在我国，行政事业单位购置设备，尤其是轿车、电脑、空调等大件控购商品应提前核定价格和品种，实行政府集中采购，以纠正自行采购、个别交易中的腐败问题，使有限的财政资金得到科学合理的使用。

政府采购有购买、租赁、委托、雇用4种基本类型。其中，购买特指货物所有权发生转移的政府采购行为；租赁是在一定期限内货物的使用权和收益权由出租人向承租人(即政府采购方)转移的行为；委托和雇佣是政府采购方请受托方或受雇人处理事务的行为，如工程的招标就属于委托。政府采购制度是通过国家立法确定的，因而具有政策的指向性与导向性。同时，政府采购制度是我国财政制度的重要组成部分，是我国政府公共财政支出的一个重要手段，是政府增强宏观调控能力的重要工具，对经济发展有着深远的影响。

总体来说，政府采购对经济发展的影响主要体现在以下两个方面：一是政府采购规模影响社会总需求，进而影响国民经济的运行。当经济发展不足时，政府为了刺激经济发展，可以通过扩大采购规模以扩大内需，调解国民经济的运行状况；当经济发展过热时，政府可以缩减采购规模，降低消费需求，以此实现政府的调节政策。二是政府采购影响资源的合理配置，进而影响产业结构的调整和升级。因此，政府采购的政策功能体现着政府的直接目标和宏观调控目标，这种调节可通过市场造成对微观活动的引导，促使企业调整产品结构，合理配置资源。

8.4 互联网经济下国际贸易环境变化

自2008年国际金融危机爆发以来，世界经济发展大幅下滑，国际市场需求萎缩严重，进入2017年，国际形势继续呈现新旧秩序复杂更替的过渡期特征，国际经济环境依然严峻复杂，传统国际贸易的发展仍然面临诸多困难。传统企业若要打破当前困境，必须深刻认识并紧跟经济发展的新方向。当前，互联网已经被应用到各行各业，移动互联网与线下经济联系日益紧密，网上支付比例飞速增长，因此，利用互联网来应对国际贸易发展中的问题就非常值得我们研究。

8.4.1 自由贸易与贸易壁垒

1. 自由贸易

自由贸易(free trade)是指国家取消对进出口贸易的限制和阻碍，取消对本国进出口商品的各种特权和优惠，使商品在国内外市场上自由竞争，并在没有进口关税、出口补贴、国内生产补贴、贸易配额或进口许可证等因素限制下进行的贸易或商业活动。自由贸易理论产生的基本依据是比较优势理论，即各地区应致力于用生产成本低、效率高的商品来交换那些无法低成本生产的商品。19世纪，英国凭借它的工业优势，实行此项政策有60年之久。第二次世界大战后，《联合国宪章》规定了自由贸易原则，但保护贸易并未因此减少。

当今时代，自由贸易打破了许多传统界限(国际与国内的界限、政治与经济的界限等)，导致国家利益的基本构成更具变动性。可以说，经济利益与政治利益的交叉、安全利益与发展利益的融合、软实力层面的利益对其他利益的整合，较为具体地反映了国家利益的基本构成在自由贸易条件下的变化。

自由贸易使经济利益在国家利益中的地位得以提升。为了在当前和未来的国际竞争中占据有利位置，世界各国都在自觉、主动地调整自己的经济结构和经济政策，主要表现在以下几个方面：经济利益的维护成为各国对外政策的主导因素；经济安全开始纳入国家安全战略之中；经济手段成为解决国际政治问题的重要途径；经济外交成为当前各国外交工作的重要内容。发展经济贸易关系成为各国经济发展中不可缺少的组成部分，也是世界各国对外关系中的重要目标之一，许多国家纷纷以地缘、民族、宗教关系为纽带，积极开展经济交流与合作，寻求和开辟经济贸易关系的途径。

从表面来看，自由贸易增强了国内利益群体相互博弈对于国家利益的影响，其给国内各利益群体带来的利润不尽相同，直接影响着它们对国家整体利益的认知程度，进而影响它们对国际贸易政策的倾向性。相对而言，从国际贸易中获益较多的群体往往支持自由贸易，获益较少或者利益受损的群体往往支持保护贸易。因此，在自由贸易时代，国内利益群体的相互博弈对国家利益的整合作用越来越明显，最能体现其复杂作用方式的是国家利益与意识形态之间的关系日趋复杂。但国家利益与意识形态的关系并不是简单的对立或者重合，而是既相互区别又相互渗透。无论国际环境如何变化，意识形态都不可能完全从国家利益的视线中消失，它对其他层面利益的影响始终存在，甚至在某一特定时期有可能起主导作用。总之，国家利益仍然在自由贸易进程中发挥着基础性作用，只是其作用方式变得更加复杂了而已。

2. 贸易壁垒

贸易壁垒(trade barriers)又称贸易障碍，它是对国与国之间商品劳务交换所设置的人为限制，主要指一国对外国商品劳务进口所实行的各种限制措施，一般可分为关税壁垒和非关税壁垒两大类。前者是对进口商品征收高额的关税，后者是除关税外的一切旨在限制进口的措施，如进口配额制、进口许可证制和外汇管制等。从广义上说，凡使正常贸易受到阻碍，市场竞争机制作用受到干扰的各种人为措施，均属贸易壁垒的范畴，如进出口税或起到同等作用的其他捐税；商品流通的各种数量限制；在生产者之间、购买者之间或使用者之间实行的各种歧视措施或做法(特别是关于价格或交易条件和运费方面)；国家给予的各种补贴或强加的各种特别负担；为划分市场范围或谋取额外利润而实行的各种限制性做法等。关税及贸易总协定所推行的关税自由化、商品贸易自由化与劳务贸易自由化，目的就在于逐步消除各种各样的贸易壁垒，其尽管在关税方面取得较大进展，在其他方面却收效甚微，某些形式的贸易壁垒削弱了，其他形式的贸易壁垒却加强了，各种新的贸易壁垒层出不穷。贸易壁垒的出现并不断强化并非偶然，它是国际经济、社会、科技不断发展的产物。

8.4.2 新贸易保护主义概述

1. 新贸易保护主义产生原因

新贸易保护主义(new trade protectionism)又被称为"超贸易保护主义"或"新重商主义"，

是20世纪80年代初才兴起的，以绿色壁垒、技术壁垒、贸易管理等非关税壁垒措施为主要表现形式。新贸易保护主义的目的是规避多边贸易制度的约束，通过贸易保护达到保护本国就业，维持在国际分工和国际交换中的支配地位，具有名义上的合理性、形式上的隐蔽性、手段上的欺骗性和战略上的进攻性等特点，产生原因主要有以下几点。

(1) 国际竞争加剧。在全球化时代，市场经济制度逐步演化为世界经济发展的主流制度，而竞争是市场经济的主要特征之一，也逐步演变为主权国家和企业生存与发展的核心动机，成为实现国家利益和企业利益的重要手段。各国政府不仅在国际竞争中保护自身的产业与贸易利益，还直接介入本国企业与外国企业之间的竞争。一方面，采用进口关税或出口补贴等保护手段改善本国企业的收益和市场地位；另一方面，一旦外国企业或进口产品危及本国利益时，即使发达国家的政府也采取直接干预的手段。特别是在"就业"已经逐渐演变为一种公共品的今天，由进口增加导致的失业问题开始具有越来越突出的政治意义，当本国产业和劳工群体受到进口冲击时，来自公众的呼声或其他政治压力必然使政府倾向于对这些领域实行保护，以排斥竞争的威胁。

(2) 跨国公司内部贸易的发展。随着跨国公司及其海外经营的发展，国际贸易的流向和贸易方式发生了深刻变化，跨国公司内部贸易在国际贸易中的地位不断提高，在一定程度上改变了国际贸易差额的分布。跨国公司通过内部分工和核算体系，在内部贸易中获得了较为稳定的收益，但把各国账面上贸易差额的此消彼长以及由此引发的贸易摩擦甩给了各国政府。作为承接跨国公司产业转移最集中的地区之一的亚洲地区，制成品出口的迅速增长，使其对美国、欧盟保持了较大规模的贸易顺差，而美国和欧盟跨国公司在亚洲地区投资企业的出口已经成为其贸易逆差的重要组成部分，但发达国家处理贸易逆差的政策并不主要针对这些大跨国公司，而是拿出口国开刀，以解决与这些国家的贸易争端为借口，推行新贸易保护主义。

(3) 国际贸易中双边主义与区域主义兴起。20世纪90年代后期以来，双边层面的"自由贸易协定(FTA)"的签订和实施成为国际贸易发展新热点。FTA快速发展的主要原因有两点：一是原有FTA在促进贸易增长、消除双边贸易壁垒等方面起到了积极的示范作用；二是地缘政治经济格局的变化导致了"双边主义"盛行。FTA的迅速发展也逐渐形成了连锁反应，一国缔结了FTA后会对相关国家构成竞争压力，因此越来越多的国家和地区开始制定FTA战略，参与FTA谈判的积极性和主动性明显提高。同时，进入21世纪后，世界范围内区域一体化进程逐步加快，欧盟推进了扩员的步伐；北美自由贸易区增强了成员国之间的联系；亚太经济合作组织(APEC)的影响力逐步扩大；东亚地区在加强东盟内部合作的基础上，也正积极探索新型东亚区域合作机制。

(4) 发展中大国在国际贸易中的地位与冲击。以中国、墨西哥、马来西亚、印度等国家为代表的发展中大国出口规模迅速扩大，并逐步成为世界制成品市场的重要供应者。特别在中低端工业品市场上，这些国家已经形成了一定的出口竞争力，并逐步取代发达国家原有的市场份额。尽管这些发展中大国出口的高速增长并未彻底改变国际贸易不平衡增长的局面，但其出口实力的增强对国际贸易格局产生了不可忽视的影响。发展中大国生产的大量低价工业品进入欧美市场，对其国内相关产业造成了冲击，为缓解由此形成的贸易逆差和各种国内矛盾，发达国家利用其政治经济强权，加强了对这些发展中出口国的贸易制裁。同时，由于这些发展中大国的产品结构和市场结构相近，彼此之间的竞争十分激烈，国家之间的贸易纠纷也成为国际贸易摩擦的重要内容。

这些新矛盾的出现表明全球化时代自由贸易与国家利益的对立与冲突有可能在部分领域激化，这也正是在全球贸易自由化的主旋律中，新贸易保护主义仍然演奏着不和谐音符的原因所在。

2. 新贸易保护主义形式分类

无论是旧贸易保护主义，还是新贸易保护主义，其任何一项经济政策都可能会影响到一国的收入分配格局，因而不同社会阶层或利益集团会有不同的反应。但相比之下，新贸易保护主义至少在表现形式上更胜一筹，具有强制性强、对贸易各方影响更直接、受约束范围广和表现形式多样等特点，其表现形式主要有以下几种。

1) 绿色壁垒

随着工业化进程的加快，大气污染、温室效应、有毒废物排放、物种灭绝、资源枯竭等生态环境方面的问题，引起了人类的广泛关注。一些工业发达国家以此为借口，凭其经济和技术的垄断地位，制定了一系列苛刻的环保措施和高于发展中国家技术水平的环境质量标准，并以此作为市场准入的条件，对本国市场和工业形成保护，构筑一道绿色屏障，主要形式有以下几种。

(1) 绿色标志，又称绿标制度或环境标志制度，是指国际上有资质的认证机构依据有关标准对商品进行认证并颁发标志和证书的一项制度。绿标多为天鹅、常绿树、天使、蒲公英等富有绿色寓意的图案，欧美等国家多以立法形式对此加以规定。凡没有取得绿标的进口商品将受到数量和价格上的限制，而加贴了绿标的则被认为是一种"环境质量信得过"的绿色产品。绿色标志的认证标准是对包括资源利用、生产工艺及处理技术、产品循环利用和使用后处理等全过程的环境行为进行监管。绿标制度有利于人们环境意识的提高、价值观念的转变和防治污染能力的增强。由于各国环境标准存在差异，发达国家更是凭其经济和技术上的优势制定了较高的环境标准，使发展中国家处于十分不利的地位，客观上为发达国家的市场设置了贸易壁垒，违反了公平贸易的基本准则。

(2) 绿色包装，是指各种与环境要求不符的包装能对环境造成严重的污染，许多发达国家纷纷通过立法对本国商品和进口商品的包装卫生和安全提出强制性的要求，如改进设计减少包装材料、重复使用包装材料、使用再生材料制作包装、使用生物降解包装等。为此，一些发达国家通过产业重组和资源的重新配置形成了新的产业链，满足了环境保护对包装的要求，促进了经济的发展；而发展中国家因技术水平、价值观念和行政管理等方面的滞后，使得绿色包装成为其商品进入发达国家市场的屏障。

(3) 环境成本。新贸易保护主义者认为任何产品都应将环境和资源费用计入成本，且应以国际环境标准为准进行计算。如果忽视环境质量或降低环境标准，其出口产品实际上就具有了不公平的比较优势或环境补贴，形成了对高环境标准生产产品的不公平竞争，发展中国家在出口贸易中未计算绿色成本，是在进行环境倾销。因而，应通过反倾销、反补贴措施来均衡不同环境标准下的成本差异。很显然，这是精心设计和构建的绿色壁垒。

2) 技术壁垒

科学技术与管理水平的提高，使各国的产品技术规范、标准和合格评定程序日益成熟，并推动经济向前发展，但发达的工业化国家依其经济和技术优势而制定的技术规范、标准和合格评定程序，以及由此而衍生的认证标准、评审程序、认可制度等名目繁多且复杂多变，具有强烈的国家意识主观性、目的性和苛刻性，对有关国家的产品和服务构成了技术障碍，令其难有作为，主要表现为市场准入和认证、认可制度两方面。

(1) 市场准入。市场准入主要体现在制定严格苛刻的技术规范、标准和合格评定程序，涉及产品的适用、健康、安全和卫生等方面。自1994年以来，德国及其他发达国家相继采用的印染制品含偶氮染料禁止令，这对包括中国在内的许多发展中国家和地区的纺织品、服装等轻工品的出口影响甚重。中国虽已攻克了此技术难关，但却付出了高昂的代价。同时，已被有关国际组织和发达的工业化国家广泛接受和认可的HACCP则明确规定，食品包装须标明食品的营养成分，从而增加了食品制造商的成本，对缺乏技术分析手段的食品实际上构成了禁止进口令，进而影响相关产品的贸易和生产。此外，有的国家还有许多涉及安全、健康项目等方面的审查，使进口品因季节需求的变化而无法进口。以上各种准入标准均对有关国家的出口贸易构成了严重的技术阻碍，进而影响了出口国经济方面的收支平衡。

(2) 认证、认可制度。认证、认可制度是一种依据技术规范、标准和合格评定程序对有关产品的符合性进行认证或认可的制度。这种制度具有广泛适用性和机会均等性，是从更高的战略角度去审视经济的发展，故在推动社会进步、增强社会环保意识、规范行为和实现可持续发展等方面都具有积极的作用。但是，此项政策所能带来的种种益处只能被那些处于同一经济发展水平的国家和地区所享受，未经认证、认可的产品和服务将被排斥在市场之外，形成市场壁垒。因而，这种制度的保护主义色彩更浓，保护程度也更深，对经济的影响也更具决定性，进而使得欠发达国家的产品更难进入发达国家市场。

3) 贸易管理及其他

贸易管理是在新贸易理论基础上提出的一种新的贸易政策理论，是基于不完全竞争市场理论而提出的一种政策分析，适用于发达国家对其战略性产业发展的保护，通过政府对贸易活动的干预，改变市场结构或环境，提高本国企业的竞争能力，政策主张多涉及自愿限制出口、补贴、国家贸易垄断等。此外，劳工标准、区域性协议、关税升级保护、灰色区域、限制性援助或边境税调整等措施也都有很浓烈的贸易保护主义色彩。

8.4.3 互联网经济贸易产生的积极影响

进入21世纪以来，互联网技术的普及与应用刺激了传统国际经济贸易模式的转变，电子商务应运而生，国际经济贸易展现更强大的活力。如何利用互联网技术整合市场资源，进一步促进国际经济贸易发展模式转变，形成互通的国际市场渠道，成为国际贸易行业研究的重点。因此，对互联网背景下国际经济贸易产生的积极影响进行探讨具有重要的现实意义。

1. 国际分工更加深化

首先，在互联网经济背景下，电子商务平台的应用推动了国际经济贸易市场全球化的发展，提升了各方贸易参与者的专业性与生产工艺的可分性。简单而言，除生产过程之外的活动均可以通过组织协调进行专业化的分工。同时，在互联网背景下构建信息共享平台，使得新国际贸易市场的构建更加快捷、高效、科学，平台的构建也正是利用互联网技术优势，收集消费者与市场信息并进行分析与整理，充分发挥了市场资源配置优势。其次，平台的构建方便了交易双方的交易行为，改变了传统国际经济贸易模式下受时间、空间限制的不利影响。可以说，在现阶段发展过程中，互联网技术已经缩短了将贸易参与者与市场之间的距离。例如，在进行国际贸易时，同一质量产品存在不同的销售价格，而通过电子商务平台不仅降低了销售者的线下广告费用，还有助于购买者通过比对选取最优的商品。

2. 国际贸易成本更加节约，交易过程更加快捷

在传统国际经济贸易过程中存在各式各样的成本，首先是关于国际贸易政策方面的贸易成本，如国际贸易运作过程中存在的关税与配额；其次是市场环境方面存在贸易成本，如在贸易运作过程中所发生的时间成本、商品运输成本、商品保险以及销售过程中存在的不确定因素所产生的成本。在互联网背景下，国际经济贸易运作过程中所发生的与贸易政策有关的商品成本是不可避免的，且该部分成本是无法节省的，而商品的运输成本、时间成本等是可以节省的。电子商务平台的应用使得贸易各方参与者能够实现信息的共享，并借助信息平台进行高效的传递，相比传统国际贸易模式下信息的获取，这种方式显然能够节约较大的成本。同时，信息的快速传递也在一定程度上节约了时间成本与交通成本，这样的贸易模式在距离较远的国家之间所具有的优势更加明显，节省的贸易成本也更多。

3. 国际贸易效率更高

在传统国际经济贸易运作过程中，销售者与购买者在进入市场时需要花费大量的时间与精力，且需要满足足够的条件，而在互联网背景下，买卖双方进入国际贸易市场的方式趋向简单与便捷，互联网的应用降低了买卖双方进行市场交易的门槛。但是，互联网经济在促进国际贸易效率提高的同时，不可避免地加剧了贸易参与方之间的竞争，买卖双方在合作的过程中将会更加慎重，以选出最有契合力的贸易伙伴。竞争机制的建立，有助于企业创新力的提升，进而提升贸易市场运行效率。同时，国际商场还能够对现有贸易参与企业进行筛选，这样就使得一批生产效率较高的企业进入市场并占据国际出口市场，一批生产效率较低的企业遭到淘汰。可以说，互联网技术有效地对企业的生产效率做出了选择，迫使企业不断地提升生产效率。

8.4.4 互联网经济的税收管理

随着全球网络信息技术的迅猛发展和我国经济新常态的稳步实现，各类依托于互联网的新型商业模式不断涌现，而较低的进入门槛却提高了营商环境风险乃至系统性的金融风险，对全国经济稳定向好的大趋势提出了挑战。囿于税收法律制度的局限，互联网经济背景下新型交易模式的兴起对加强税收征管带来了较大的冲击，尤其表现在交易主体、课税对象和交易规模的确定上。因此，国家应与时俱进地搭建相配套的上层建筑，直面互联网经济中税收征管的新挑战，在法制轨道上构建税收征管的新模式和新战略，促进互联网经济的长期稳定的可持续发展。

1. 互联网经济中涉税交易的共性特征

当前，互联网经济商业模式已覆盖经济社会生活的方方面面。典型的交易模式主要有直播视频、音频分享平台，互联网医疗平台，二手车交易平台和个人社交平台等。对互联网平台而

言,所产生的主要收入有会员费、交易提成费、广告费用、排名竞价费用以及资金结算费用等;对依托互联网平台销售商品、提供劳务的商家而言,收入形式主要有设计费、咨询费、讲课费、佣金等。互联网经济中涉税交易主要具有以下几点共性特征。

(1) 经济结构扁平化,经济要素互联互通。互联网具有跨地域、无边界、海量信息、海量用户的特征,压缩了经济结构的层级,并模糊了经济要素之间的开放式网络关系。相比之下,传统经济结构是一个纵向多层级、横向"一对一"式的交易结构,经济要素之间的连接存在严格的上、下游区分。互联网经济呈现网状扁平式经济结构,减少了中间环节。因此,互联网经济的商业模式是建立在平等、开放基础之上的,商品信息比较透明,卖方充分竞争,消费者充分竞价,买卖自愿成交。充分的市场竞争和活跃的市场交易决定了交易价格的公允性。从这个意义上讲,互联网经济是真正的以人为本的经济,能够更充分地发挥人的因素在经济发展中的创造性。同时,在互联网经济条件下,企业通过网络的互联互通提升了企业价值,随着企业连接越广,连接越厚,掌握的数据越多,企业的价值就越大。

(2) 信息传输快捷化,生产要素成本降低。基于网络技术的发展,信息传播速度越来越快。正因如此,互联网提升了企业的生产效率,而且互联网经济发展下的经济主体不受限制,任何人都能融入互联网经济发展中,实现了经济全球化的发展。同时,信息传输的便捷性降低了生产要素成本,成为高成本时代破局的关键。传统工业经济时代的经济是一种稀缺经济,主要是物质要素的稀缺;而在互联网时代,丰饶的数据和信息成为企业竞争最为宝贵的资源,也成为降低物质要素成本的主要因素。当前,中国经济已经进入高成本时代,互联网经济业态的信息要素降低了生产企业的交易成本,提高了企业的盈利能力,从而进一步提升了企业的竞争力。

(3) 电子合同为依托,交易结构更清晰。电子合同和电子支付不仅是当前互联网经济业态的重要特征,更是互联网经济未来长期持续健康发展的基础,这种结算方式使现金流更为契合权利义务交割的发生时点,进而弱化了权责发生制和收付实现制之间的现实差异,也将使税收征管难度系统性降低。所有平台企业的收付业务都必须通过具有《支付业务许可证》的第三方支付公司结算,这不仅为税务机关利用网络技术适时掌握卖方的收入提供了原始数据,同时为税源管控带来了便利。在充分信息化的情况下,交易价格公允且资金结算透明,电子合同公开且交易结构清晰,买卖双方与平台之间的权利义务关系都通过电子协议进行明确,这为税务机关准确地判断平台公司及卖方的纳税义务提供了便利。

(4) 多种商业模式并存,以O2O(online to offline)模式为核心。互联网经济的商业模式主要包括电子商务、应用程序商店、网络广告、云计算、参与式网络平台、高频交易和在线支付服务。从法律关系角度,互联网经济的商业模式可划分为两种类型:第一种为平台型,互联网企业并非产品服务的购销主体,而是提供广告服务、交易促成、资金结算等各类服务的中介机构,如淘宝、滴滴顺风车等;第二种类型为产品型,互联网企业为产品、服务的法律销售方,产品或服务可以由其自主开发生产,也可以外部采购,如优酷视频、腾讯游戏、京东自营等。在这些互联网经济模式中,O2O模式将传统的商务模式与互联网相结合,成为当前我国互联网经济的核心模式,其典型特征在于新型互联网与传统实体店互为策应,即线下经济实体可以在线上揽客,消费者可以在线上筛选商品和服务,从而实现传统商业模式和新型互联网技术的落地式衔接。这种兼具传统经济和互联网经济特征的商业模式容易促成交易的规模化,主要是由于O2O模式将传统交易由线下部分转移到以互联网为载体的线上,并与移动支付相结合为消费者提供便捷的服务。共享经济就是典型例子,O2O模式广泛吸收利用了社会零散劳动力,提高了资源利用效率,如美团外卖、滴滴拼车等。

2. 互联网经济背景下税收管理存在的问题

互联网经济改变了传统商业模式,也给税收管理带来了挑战。当前我国互联网经济缺少专门的税收立法,互联网经济相关主体的税法适用与线下实体并无差异。从实际的税收征管情况看,多数时候现行税法能够实现公平、合理、效率的课税目标,但在某些特殊的互联网经济业务或商业模式中,由于税法本身的局限,某些交易的税务处理存在模糊特征,易引发税收争议,乃至形成普遍性的漏征漏管。具体而言有以下三个方面。

(1) 互联网企业促销方式的税务处理有待明确。互联网企业的市场营销方式众多,具有代表性的营销手段有消费送积分和消费送红包(现金补贴)。积分业务是市场营销中常见的客户关系管理手段,在互联网行业中同样非常普遍,如天猫积分、京豆等。由于积分兑换时消费者并未支付对价,实务中税务机关认为需要视同销售缴纳增值税,而企业认为积分累积源自消费者之前的购买行为,因此并非无偿赠送行为,不应视同销售缴纳增值税。另外,平台型互联网企业在发展初期为了抢占市场,往往会投入巨额的市场营销费用,如滴滴公司创建初期向个人支付的补贴就涉及是否扣缴个人所得税以及能否在企业所得税税前扣除等问题。以上问题互联网企业普遍存在,有待明确。

(2) 互联网企业机会主义行为未得到有效遏制,适用税目存在争议。流量是互联网企业的优势资源,因而广告收入是互联网公司收入的重要来源。广告费的收费模式有两种:一种是定额收取(与点击率无关);另一种是按照点击率收取。这部分收入与电商的实际交易额无关,应按照"广告服务"缴纳增值税和文化事业建设费,但多数互联网企业张冠李戴,将全部或部分广告费纳入平台服务收入核算,按照"信息技术服务"申报增值税,目的是少缴文化事业建设费。

此外,少数互联网企业浑水摸鱼,将兼营不同税率的增值税业务从低适用税率。互联网外卖平台通行的做法是将线下的运输收入和线上的信息技术服务收入合二为一,全部按照"信息技术服务"申报增值税。对照《销售服务、不动产、无形资产注释》的规定,线下的运输服务与线上的电子商务平台服务属于两项增值税应税行为,应按照兼营行为处理,分别核算确定收入和成本,分别申报增值税。与此同时,根据《财政部、国家税务总局、科技部关于完善研究开发费用税前加计扣除政策的通知》,企业产品(服务)的常规性升级,或是对现存产品、服务、技术、材料或工艺流程进行的重复或简单改变,不适用税前加计扣除政策。但多数互联网企业为享受研发费用加计扣除政策,将从事互联网平台日常维护人员的薪酬纳入研发费用;少数互联网企业存在高新技术产品或服务认定范围扩大化的问题。在判断企业主要产品(服务)发挥核心支持作用的技术是否属于《国家重点支持的高新技术领域》规定的范围时,企业易倾向于主观扩大高新技术企业认定的适用范围。如从事互联网教育的企业,将培训收入理解为与培训软件相关的收入,以满足高新技术企业认定对高新技术产品(或服务)收入占收入总额的比例条件。

(3) 互联网平台无扣缴义务,导致税收流失。随着网络经济的发展和日趋成熟,越来越多的企业搬到网上经营，其结果一方面带来传统贸易方式的交易数量的减少，使现行税基受到侵蚀；另一方面由于网络经济是一个新生事物，税务部门的征管及其信息化建设还跟不上网络经济的进展，造成了网上贸易的"征税盲区"，网上贸易的税收流失问题十分严重。在互联网上，企业可以直接进行交易，不必通过中介机构，使传统的代扣代缴税款无法进行。同时，网上贸易是通过大量无纸化操作达成交易，税收审计稽查失去了最直接的纸质凭据无法追踪，企业如不主动申报，税务机关不易监督其贸易运作情况，从而助长了偷逃骗税活动。因此，互联网的全球性不仅为企业经营获得最大限度的利润提供了手段，也可能在某种程度上成为企业避税的温床，导致税收流失。

3. 完善互联网经济背景下税收管理的建议

蓬勃发展的移动互联网正给我国的税收征管提出更为严峻的挑战，传统的征管办法已难以应对互联网经济面临的税收问题，而现阶段完全依靠个人主动申报缴纳增值税、个人所得税已无可能。因此，税务机关应当化被动为主动，积极顺应时代发展潮流，推动互联网与税收各领域工作深度融合。唯有根据商业活动的实质，明确税收政策、统一征收标准、改进管理办法，方能从源头上阻塞税收漏洞。

(1) 坚持税收中性原则，明确电子商务中的税务处理。积分兑换是基于消费者先前的销售积累，本质上是对未来期限内消费的折扣承诺，因此不应作为无偿赠送视同销售缴纳增值税。从税收立法的应然层面，消费者进行积分兑换时，企业并未额外取得对价，若作视同销售处理将导致企业负担的税收支出占销售额比例偏高，违反量能课税原则。关于互联网企业对消费者的现金补贴，不能简单地将其理解为非公益性捐赠，因为平台型互联网企业开展的消费者补贴促销活动，着眼于扩大企业的市场份额，培养消费者消费习惯以增加市场总体规模，具有合理的商业目的，应作为企业的市场营销费用在税前扣除。此外，个人所得税方面应比照《财政部、国家税务总局关于企业促销展业赠送礼品有关个人所得税问题的通知》执行，即企业在向个人销售商品(产品)和提供服务的同时给予赠品不征个人所得税。

(2) 依据规则导向，正列举明确争议事项的适用税目。由于税目不确定性很可能给企业带来巨大的税收风险，税法有必要秉承规则导向，对税目的选用做出明确规定。增值税方面，建议参照《财政部、国家税务总局关于明确金融、房地产开发、教育辅助服务等增值税政策的通知》有关规定，搭建基层税务机关或企业的争议反馈渠道，遵循争议判例原则。通过正列举的方式，明确争议事项的适用税目，以增强税法的单一指向性，营造安全稳健的营商环境。如对于互联网企业取得的广告宣传服务收入，无论其是否具有广告经营范围，也无论其是否在工商部门办理了广告发布登记，一律按广告服务缴纳增值税和文化事业建设费；又如互联网外卖平台的线下运输和线上点餐结算服务应按兼营行为征收增值税，凡是没有在账务上明细核算收入的一律从高适用税率。

(3) 设立网络税务机构，防止税收流失。建议参考国家工商总局网络商品交易监督司的做法，在国家税务总局层面设立网络税务司，在各省局设立网络税务处，以推动互联网经济税收治理现代化，适时地把互联网的创新成果与税收治理深度融合，提升税收创新力和生产力[①]。

---

① 李妮娜. 以互联网思维推动税收治理现代化："互联网+税收治理现代化"集中研讨综述[J]. 税务研究，2016(06)：123-127.

新增机构的主要职能应定位于两个层面：其一，加强交易信息的把控力度，通过接入电子商务企业的管理平台，实时将从大型平台电商处获得入驻自然人的交易信息推送至主管税务机关；其二，加强支付信息的把控力度，由于支付手段的多样化，税务机关除了坚持"税银信息共享"以外，还应当和电子支付提供商(支付宝、财付通等)建立稳定的信息共享关系，完整获知自然人支付信息。为此，税务系统应当拟定更为合适的互联网技术人才的管理模式，对特殊的技术岗位实行聘任制，通过多种途径吸引高端人才，共同致力于互联网税收管理水平的提升。

本章小结

互联网经济时代的到来迫使政府加快发展电子政务以适应时代的要求，从而更好地为公民提供服务。本章主要介绍了互联网经济的含义，追溯了互联网经济的发展阶段，以及在当前互联网经济背景下，政府治理创新的动力机制、困境及优化路径。此外，随着以互联网为代表的网络技术在全世界范围内的不断深化发展，互联网信息技术已经成为政府、企业等社会实体开展业务的主要手段。因此，本章还介绍了在互联网经济时代电子政务与电子商务的融合以及此背景下国际贸易环境的变化。

关键词

互联网经济　智慧治理　电子商务　自由贸易
贸易壁垒　新贸易保护主义　税收管理

复习思考题

1. 概念题

智慧治理、电子商务、自由贸易、税收管理

2. 简答题

(1) 简述互联网经济时代政府改革创新的优化路径。
(2) 简述电子政务与电子商务的区别。
(3) 简述新贸易保护主义产生的原因。
(4) 简述互联网经济贸易产生的积极影响。
(5) 简述互联网经济中涉税交易的共性特征。

第9章 电子政务绩效评估

当前，电子政务已经成为各级政府发布政务信息、提供社会公共服务、履行政治经济等职能的重要抓手，被视为政府与企业、公民交流必不可少的桥梁，为缓和政府与公民之间的矛盾，促进社会稳定做出了积极的贡献。但是，随着电子政务的不断深化发展，各种问题也随之产生，如电子政务是否完全发挥其应有的作用、投入与产出是否成正比、政府投入的资金是否达到了预期效果等，概括起来就是我国电子政务的绩效如何。因此，政府通过设计评价指标对电子政务绩效进行评估，以判断电子政务效用是否达到标准及其存在的不足，从而进行优化完善，更好发挥电子政务自身的作用。

9.1 电子政务绩效评估概述

9.1.1 电子政务绩效评估的内涵

1. 绩效的内涵

从管理学的角度看，绩效包括个人绩效和组织绩效两个方面。从字面意思分析，绩效是"绩"与"效"的组合。"绩"就是业绩，体现企业的利润目标。"绩"又包括两部分：目标管理(MBO)和职责要求。企业要有企业的目标，个人要有个人的目标要求，目标管理能保证企业向着希望的方向前进，实现目标或者超额完成目标可以给予奖励，比如奖金、提成、效益工资等；职责要求就是对员工日常工作的要求，比如业务员除了完成销售目标外，还要做新客户开发、市场分析报告等工作，其体现形式就是工资。"效"就是效率、效果、态度、品行、行为、方法、方式，是一种行为，体现企业的管理成熟度目标。"效"又包括纪律和品行两部分。纪律包括企业的规章制度、规范等，纪律严明的员工可以得到荣誉和肯定，比如表彰、奖状、奖杯等；品行指个人的行为，"小用看业绩，大用看品行"，只有业绩突出且品行优秀的人员才能够得到晋升和重用。

此外，学术界还存在着三种对绩效内涵界定的基本观点，即"绩效为结果""绩效为行为""绩效指行为和结果"。第一个观点以英国学者伯纳丁(Bernardin)等人为代表，认为绩效是"在特定的时间内，由特定的工作职能或活动产生的产出记录，工作绩效的总和相当于关键和必要工作职能中绩效的总和"，这种定义将绩效与任务完成情况、产出和结果等同起来。美国西奥多·H. 波伊斯特(Theodore H. Poister)将结果进一步细分为产出和成果，他认为产出表示一个项目的实际操作过程的表现，而成果是项目最终的效果，他将产出与成果的关系解释为前者是后者的必要而非充分条件，由于产出并不能保证得出成果，因此需要综合考评产出与效果。而后，以墨菲等人为代表的学者对上述定义提出挑战，他们认为绩效不是活动的结果，而是活动本身,是人们实际做的、与组织目标相关的,并且可以观察到的行动或行为,这种观点可以概括为"绩效是行为"。而我国学者杨杰对上述观点又进行了综合,把绩效定义为"某个个体或组织在某个时间范围以某种方式实现的某种结果"。

2. 电子政务绩效的内涵

电子政务绩效是指政府在实施电子政务过程中所得到的结果和成效,包含政治绩效、经济绩效、文化绩效和社会绩效4部分,具体表现为促进政府职能转变、提高政府工作效率、促进政务公开和廉政建设、提高政务服务能力、降低政府成本等方面。具体而言,电子政务绩效主要关注以下几个方面的内容。

(1) 用户满意度。电子政务的实施目的是提高公共管理的水平,增强公共产品的供给能力,进而提高社会公众对政府的满意度。

(2) 成本与收益。电子政务绩效必须要衡量电子政务建设项目的效用,避免在电子政务建设过程中出现比规模、比设备等贪大求全趋势,以及项目建设规模不断膨胀、边际成本远远大于边际收益等不良现象。

(3) 运作管理。运作管理主要体现在政府网络系统建设过程中的渠道畅通和电子政务管理平台的适应性和扩展性。对于电子政务网络建设来说,如果信息流通不通畅就意味着电子政务系统的效益无法实现,效率无法提高。而电子政务管理平台是不同主体共同使用的基础设施,所以平台维护、升级管理、软件安装配置应用以及相关的支持服务和增值服务,是电子政务系统良好运作的基础。

(4) 社会效益体现。提高目标的可测量性是提高电子政务效益的一个关键点,然而电子政务的目标之一是社会效益。社会效益的可测量性指标弱于财务指标、工程技术指标等,因此只能通过调查用户满意率、统计运行数据等间接计量社会效益,保证社会效益指标的合理性。

3. 电子政务绩效评估的基本要素

电子政务绩效评估主要是指参照规范的评估目标和标准,按照考核程序,采取量化指标,对电子政务运行过程及运行效果进行的综合性测量与评定,以提高电子政务水平以及政府绩效管理水平的过程。在具体评估过程中,为了保证评估指标的可操作性、可测量性,我们通常着眼于微观层面的评估,然后再进行汇总、分析、评判,得到总体的绩效评估结果。因为通过对政府网站评比,可提升政府网站建设质量和服务水平,完善政府信息公开体系,提升政府网上办事能力,增强公众参与热情,达到以评促建、以评促用的目的,所以我国电子政务绩效评估主要是参照"以政府网站为主"的模式,即评估各级政府部门门户网站。同时,作为政府绩效评估中一个独立的体系,电子政务绩效评估应该包括评估目标、评估主体、评估客体、评估内容等基本要素。

(1) 评估目标。明确的评估目标是评估主体自身取得良好绩效的前提,也是电子政务绩效评估主体在整个绩效评估过程的行动指南,它决定了评估主体应该关注评估客体的哪些方面以及不应该关注哪些方面。一般来说,电子政务绩效评估体系的目标应服从和服务于电子政务工作的整体目标,而电子政务工作的整体目标又取决于电子政务的职能。因此,在确定政府绩效评估的目标时,有必要先对被评估的电子政务相关职能进行研究。需要注意的是,绩效评估的目标并不是自然而然地同电子政务的总目标相一致的,所以在构建绩效评估体系时也要处理好其本身目标同电子政务目标的关系,做好引导和调节工作。

(2) 评估主体。评估主体即由谁来评估的问题。电子政务绩效评估的主体可以是上级或直接主管、部门工作人员、下级部门等类型的内部评估者,也可以是组织的利益相关者(如接受该部门服务的顾客)或第三方组织(管理咨询公司、科研院所)等类型的外部评估者。至于由哪个主体人参加评估最好,需要视评估的目的、使用的标准和具体被评估对象的情况等因素而定。具体而言,政府可以主导、参与任何形式的电子政务绩效评估。当前,我国关于电子政务内部运行的绩效评估以及电子政务建设项目的绩效评估等都需要由政府来主导和实施,因为这类的绩效评估需要政府内部的广泛支持;第三方机构主要作为各种形式的评估参与者,但一般只在特定的评估形式中,如政府网站绩效评估;社会公众一般主要扮演评估参与者的角色,这种参与对于任何形式的电子政务绩效评估都是必要的。因此,在电子政务绩效评估实施过程中应该在保持政府有效领导和协调的同时,充分发挥不同评估主体的作用,加强各主体之间的新型合作模式,提升电子政务综合实力。

(3) 评估客体。评估客体即评估主体评估的对象。电子政务绩效评估的客体自然离不开政府部门,在相关的理论与实践中,有人认为评估客体应该是政府网站建设,有人认为应该是电子政务中的投入,还有人认为应该是服务水平。其实,这些观点都有失偏颇,因为电子政务绩效是个系统工程,首先体现为政府网站建设成熟度,然后要考虑电子政务建设的投入与产出效益,更要考虑电子政务的实际效果。因此,政府绩效评估的客体应包括软硬件基础设施投入、人力资源状况、政府网站建设产出和电子政务应用效果这几个方面。

(4) 评估内容。评估内容是明确对评估对象的哪些方面进行评价,是电子政务绩效评估体系的重要内容,应重点评估以下内容:政府部门业务信息管理系统的完善情况;信息技术精准性;信息规划完整性;人员培训状况;政府电子政务技术投入与产出比;为市民提供的信息和服务等方面。另外,不同部门由于职能不同,在政务公开、公共服务、社会管理等方面表现形式不同,应适当考虑部门差异性。

9.1.2 电子政务绩效评估的重要性

电子政务是一项投资大、风险高、周期长、见效慢的社会化系统工程,也是创新型政府的管理实践和研究领域,因而其实践发展和理论研究严重不对称,系统应用和管理变革互动间矛盾制约突出,这些都需要政府引入绩效评估手段。一方面绩效评估可以作为项目全程管理的手段,另一方面也可以作为获取公众支持的依据。就我国目前电子政务建设进展来看,其状况不容乐观,一些地方政府投资几十万、几百万建起的网站无人问津,成为信息海洋中一个又一个信息孤岛,这样的电子政务势必成为劳民伤财的"政绩工程"。因此,"无准可依则无从管理"决定了电子政务绩效评估的必然性。

1. 电子政务绩效评估是维护国家安全和利益的需要

因为互联网上的信息传播不分民族、种族和国家,没有空间的限制和国界的壁垒,传统的国家疆界和国家主权行使空间被打破,各国被愈加紧密地联结在一起,谁也无法脱离网络求取独立发展,所以在以和平与发展为主旋律的当今时代,技术成了替代军事而调节国家之间的权力和权威分配、利益关系等国际政治生活的主要杠杆。随着各国电子政务建设的逐步开展和信息化进程的不断加快,各国政府对互联网的依赖性越来越大,各国要维护国家主权、信息安全和自身利益,就必须加强"网络国防"建设,这就需要政府坚持对涉及电子政务信息安全的各个环节进行评估,以便采取积极的应对策略,尽可能地维护国家的安全和利益。

2. 电子政务绩效评估是国家经济政治特色发展的需要

随着经济的飞速发展、政治体制的进一步改革、公众素质不断提高,进行电子政务绩效评估可促进并保障一个国家政治体制朝着正确的方向变革,帮助政府在理念和实践中进行由管制变为服务、由暗箱变为透明、由垄断变为竞争、由封闭变为开放、由人治变为法治、由低效变为高效的方向转换。同时,电子政务绩效评估是一个国家电子政府理论发展的需要,而我国基于电子政务的电子政府已初具雏形,电子政务绩效评估的出现使得我国电子政府开放性大大提升,加强了政府行政的透明度和民主程度,为公共部门绩效评估提供了可以利用的载体,为整个绩效评估活动的开展提供了所需信息技术、人员上的支持,建立了良好的物质基础和制度环境,但由于历史的因素、制度的束缚以及技术的欠缺,我国电子政府还存在较多可提升空间。

3. 电子政务绩效评估是促使政府出台合理发展战略和对策的需要

发展中国家与发达国家政体、政府职能、城市功能及文化背景差异较大,无法照搬发达国家的做法,这使得电子政务建设没有现成的章法可循。而进行电子政务绩效评估可以使政府和广大公众了解各国政府电子政务运作和发展状况,找到与发达国家之间的差距,从而客观理性地对待这种差距,促使政府尽快地制定出适合本国国情的电子政务发展战略与对策,趋利避害,建设好本国的电子政务。

4. 电子政务绩效评估是政府电子政务投资决策和规划的需要

政府作为追求社会效益的非营利性组织,一方面电子政务为其提高社会的福利水平提供了全新的机遇,另一方面电子政务建设的不当或失误,会适得其反,恶化政府的治理成效。如果缺乏对电子政务绩效的准确评估,一些管理失误和工作失职都可能造成社会效益的损失。政府部门应该要"盈利",只不过和企业的盈利目标不同,政府部门的盈利目标是为公众提供优质、高效的公共物品和公共服务。因此,在电子政务建设过程中,政府同样应该计算投入、核算效益、评估投入产出比,使纳税人的钱花费得物有所值。根据边际效益递减规律,同时考虑电子政务投资的机会成本,可以推测政府对电子政务的投资并不是越多越好,而是存在一个投资规模,这在经济学中称为"有效规模"。因此,我们如果缺乏对电子政务绩效的评估,就搞不清楚边际成本和边际效益,也就不可能确定最优规模,这样将会造成电子政府重复建设、盲目投资、缺乏效益,加大电子政务项目失败的风险。另外,电子政务绩效评估也是政府制定电子政务发展规划的依据,离开有效的电子政务绩效评估,对电子政务建设进行科学规划也是不可能的。

5. 电子政务绩效评估是相关产业发展的需要

围绕电子政务工程,存在很多相关企业,如IT开发商、项目服务商等。电子政务项目的展开能够持续地给众多IT开发商和服务商带来巨大的商机。就我国而言,当前IT企业在办公系统软件、操作系统软件以及嵌入式CPU等一些关键技术领域都取得了突破性进展,使我国的电子政务系统有望建立在具有自主知识产权的、安全可靠的网络技术环境下。因此,为获得持续增长商业机会,IT开发商必须清晰判断中国电子政务发展的现状与趋势,从而不断调整自身战略发展规划[①]。

---

① 王立华. 电子政务概论[M]. 西安:西安交通大学出版社,2011.

9.1.3 电子政务绩效评估的原则

电子政务绩效评估必须遵循一定的原则，才能保证评估结果更加高效，更具针对性。具体来说，电子政务绩效评估应遵循以下几项原则。

1. 科学性原则

科学性原则主要体现在理论与实际相结合，以及采用科学方法等方面。电子政务绩效评价要有科学的规定，各个评估指标的概念(包括内涵和外延)及计算范围要科学、确切，不能含糊其辞，不能有不当解释，并且必须与绩效、效益的科学概念相一致。科学性原则还要求评估指标体系要能比较准确地反映在不同情况下所呈现的不同特点，即电子政务的绩效评估要能反映出政府工作的特点和信息化工作的价值，电子政务的工作内容既不同于企业也不同于传统的政府工作，这些特点决定了对电子政务进行绩效评估的指标体系明显区别于对传统政府部门的评估体系，也区别于一般的信息化评估指标体系。

2. 系统优化原则

对电子政务进行绩效评估是一个广泛的、综合的系统性问题，必须建立若干指标进行衡量，才能评估其全貌，这些指标必须相互联系、相互制约。系统优化原则要求评估指标体系要统筹兼顾各方面的关系，包括统筹电子政务在"经济效益、社会效益、管理效益"等方面的关系，统筹当前与长远的关系、整体与局部的关系、技术与经济的关系、定性与定量的关系等。遵循系统优化原则就要求在设计评估指标体系时采用系统方法，如系统分解和层次分析法，由总体指标分解成次级指标，由次级指标再分解成次次级指标。也就是说，通过各项指标之间的有机联系方式和合理的数量关系，体现出对上述关系的统筹兼顾，并达到评估指标体系的整体功能最优，能够较客观全面地评估电子政务的绩效。

3. 通用可比性原则

电子政务的绩效评估不仅仅涉及纵向比较，也应进行横向比较。因此，评估指标体系的设计必须在两个方面具有通用性和可比性：一是对同一单位不同时期进行比较时，评估指标要具有通用性、可比性；二是对条件不同、任务不同的单位进行横向比较时，要根据各单位在实现电子政务过程中的共同点进行设计，同时采取调整权重的方法，适应不同性质、不同类型的单位。另外，评估指标应尽可能与国内、国际的有关评估指标相一致，也应尽可能采用国内、国际标准或公认的概念，评估内容还应尽可能剔除不确定性因素和特定条件环境因素的影响。

4. 实用性原则

在基本保证评估结果的客观性、全面性的条件下，指标体系应尽可能简化，计算方法及表述方法应简便明确，易于操作，便于在计算机上进行统计分析。各项评估指标及其相应的计算方法、各项数据，都要标准化、规范化。评估指标所需要的数据应易于采集，各种数据应尽可能在现有的统计制度、会计制度中得到。同时，在评估过程中还应体现质量控制原则，依靠评估数据的准确性、可靠性和计算评估方法的正确实施来保证整个评估过程的质量。

5. 目标导向原则

电子政务绩效评估的目的不是单纯地评出优劣和名次，而是要引导和鼓励电子政务建设朝着正确的方向和目标发展,因此指标体系在设计过程中要具有正确的目标导向作用[①]。贯彻目标导向原则,首先要明确电子政务绩效评估的目标,在重视成本收益和公众满意度的基础上,不仅要把信息技术的应用推广作为目标,还要考虑到政府机构的安全性原则。此外,提高工作人员的信息化技术水平也应得到足够的重视。

9.2 电子政务绩效评估的模式与方法

9.2.1 电子政务绩效评估模式

目前,从事电子政务研究的机构和组织中,大部分都在开展电子政务绩效评估,并取得了一些有影响力的研究成果。其中,国际上具有影响力且代表性较高的绩效评估机构包括联合国(UN)全球电子政务就绪度评估、埃森哲(Accenture)咨询公司的全球电子政务成熟度调查、布朗大学(Brown University)全球电子政务评估、欧盟(EU)电子政务发展报告、早稻田大学(Waseda University)全球电子政务排名、哈佛大学国际发展中心(Center for International Development at Harvard University)的电子政务绩效评估;国内主要的电子政务绩效评估机构包括中国互联网实验室(ChLabs)、北京大学网络经济研究中心、中国软件测评中心(CSTC)等。这些机构用多种方法展开了不同层次、不同视角的绩效评估,根据不同的研究思路或方法之间的差异,以及实际情况的差异,对电子政务绩效进行评估。本书总结电子政务绩效评估模式,将其划分为4种模式。

1. 聚焦政府门户网站绩效的评估模式

政府门户网站作为电子政务的直观表现,直接反映了电子政务的成功与否。如果将电子政务中的流程看作难以测评的"黑箱",那么便可以采取评估政府门户网站这种易于量化的"产出"方式进行考核,并把此项考核看作整个流程的绩效,这是当前许多国际机构开展这一类电子政务评估的原因所在。在具体评估的过程中,这种模式通常又细分为两种。

第一种,按照类别测评政府门户网站各项指标。世界市场研究中心和布朗大学是采用这类方法的典型。

指标体系包含5个总体指标:联系信息、应用数据库、出版物、门户网站以及网上公共服务的数量(见表9-1),还可具体细化为电话联系信息及联系地址等22项操作指标。此外,这种模式还针对网上信息、网上服务能力、安全政策、保护隐私政策和残疾人通道五类指标做了深入的细化。

表9-1 聚焦政府网站绩效的评估模式

测评内容	测评指标	代表性评估
政府网站 公开信息和在线服务	联系信息	Global E-Government Survey
	应用数据库	
	出版物	
	门户网站	
	网上公共服务	

[①] 李传军. 电子政务[M]. 上海:复旦大学出版社,2011.

世界市场研究中心和布朗大学从信息获取、服务传递、公共接入等方面对世界近200个国家的2000多个政府网站进行了评估。为了适应网站的发展和变化，世界市场研究中心和布朗大学没有固定的评估指标，每年都在调整，其电子政务评估所有样本均通过互联网获取，评估方式简单且指标单一，因此存在一定的局限性。

第二种，重点测评政府网站，其中包括对服务成熟度与传递成熟度的分别测评。在众多评估机构中，以埃森哲咨询公司为主的评估机构是应用这一类评估的典型。

服务成熟度体现的是当前政府网上服务的发展水平。在新公共管理背景下，政府致力于追求高效的服务，而电子政务被视作当前优化政府流程和转变政府职能的重要途径，提供无缝隙、高质量的社会服务就必须大力推行电子政务。服务成熟度纵向分为公布信息、网上交互和政务处理三个层次。在公布信息层，公众和政府都处于被动状态；在网上互动层，公众处于主动而政府处于被动的单向交互；在政务处理层，公众与政府均处于主动状态，双向主动沟通。同时，服务成熟度从横向可以分为国防服务、教育服务、人力资源服务、司法与公共安全服务等。

传递成熟度是针对传递机制情况而言的，包含"一网式"程度、管理顾客关系的技术、网站间的连接互通能力、额外增值服务等。政府网站成熟度的高低是通过公众的感受好坏表现出来的，其根据公众的需求设计业务流程，通过单一网站入口便可以获得跨部门的相关服务及资源。提高传递成熟度是提升政府客户关系管理的重要途径。

国内关于政府网站建设的评估也不少，中国电子信息产业发展研究院、国脉互联信息顾问有限公司、北京大学网络经济研究中心、赛迪顾问股份有限公司、中国软件测评中心也分别对国内各部委、大中城市、地级市、基层区县政府网站开展年度评估。

2. 聚焦基础设施技术指标的模式

电子政务以信息通信技术(ICT)为基础，因此国际IT界用ICT作为电子政务的绩效评估标准。IBM电子政务研究院是采用这一模式的典型。IBM电子政务研究院主要从ICT应用的角度，选取三类实用的技术标准(灵活性、可升级性、可靠性)对电子政务的基础设施展开评估(见表9-2)。

表9-2　以基础设施技术指标为主的绩效评估模式

测评内容	测评分类	测评指标
基础设施技术	灵活性	使用统一的标准并公开；具备对现有软件进行更新应用的能力；基础设计相对独立；能够有效整合内外的服务
	可升级性	设计出可以共享或免费应用的电子政务应用软件；构建负载平衡机制
	可靠性	安全；服务的连贯；政务的使用

第一，灵活性，主要体现为能够快速适应信息环境的变动；追求政府和公民、企业、公务员以及自身部门间的协调，达到电子政务系统内部的无缝隙整合，以及在电子政务建设中充分利用高新技术。操作标准为：①使用统一的标准并公开，即标准化和公开化；②具备对现有软件进行更新应用的能力；③基础设计相对独立；④能够有机整合内外的服务。

第二，可升级性，主要表现为可随着需求的增长不断扩充容量；电子政务是一项高投资、更新快的工程，随着技术的发展，社会网络需求的增大，如何避免重复建设，用"升级"来代替单纯的增量是电子政务高效发展的必要路径。操作标准为：①设计出可以共享或免费应用的电子政务应用软件；②构建一套负载平衡机制，让电子政务各项服务成为一个逻辑系统，在变更整个操作系统的条件下完成具体部件的增减或修复。

第三，可靠性，主要表现为强调安全性和可行性。公众能接触到的、最关心的是电子政务的安全性和可行性。可靠的操作标准主要包括保障最终用户的安全、保障服务的连贯、保障政务的实用。

需要注意的是，基于ICT的基础设施评估可能会导致"技术决定论"理念产生，出现重"电子"轻"政务"的现象，容易忽略建设电子政务的初衷。

3. 聚焦软硬件综合指标体系的模式

电子政务并不仅仅是软硬件基础设施的问题，更重要的是把技术设施与操作这些设施的人力资源结合起来，这是既包含"电子"又包含"政务"的问题。因此，以联合国与美国行政学会为代表的一些国际机构采用软硬件综合的指标体系，从政府网站建设、信息基础设施、人力资源素质三方面对电子政务绩效进行评估，具体内容如表9-3所示。

表9-3 以软硬件综合指标体系为主的模式

测评内容	测评分类	测评指标	代表性评估
软硬件综合	政府网站建设	起步；提升；交互；政务处理；无缝隙或完全整合	United Nation E-Government Survey
	信息基础设施	每百人的计算机拥有量；每万人的互联网主机拥有量等	
	人力资源素质	联合国开发计划署(UNDP)的发展指数；信息通道指数；城市公众所占的百分比	

第一类关于政府网站的建设情况，具体细分为5个层次：起步层次、提升层次、交互层次、政务处理层次和无缝隙或完全整合层次。

第二类关于信息基础设施的情况，具体细分为6个指标：每百人的计算机拥有量、每万人的互联网主机拥有量、公众上网的比例、每百人的电话拥有量、每百人的移动电话拥有量、每千人的电视机拥有量。

第三类关于人力资源的拥有情况，具体分为3个关键指标：联合国开发计划署(UNDP)的发展指数、信息通道的数量、城市公众所占的比例。

4. 聚焦全社会网络绩效的模式

促进政府与公民和企业的互动是电子政务建设的初衷，这是电子政务成长和成熟的主要推动力。若想从社会信息化的环境中考察电子政务的真实绩效，就要求从全社会的网络绩效出发。哈佛大学国际发展中心是采用这一模式的典型，从网络使用情况和"加速"要素两方面对电子政务绩效进行评估，如表9-4所示。

表9-4 关注社会网络绩效的模式

测评内容	测评分类	测评指标	代表性评估
软硬件综合	网络使用情况	信息通信技术使用方面的数量与质量	哈佛大学国际发展中心
	"加速"要素	网络政策；网络社会；网络获取；网络经济	

第一类为使用网络的情况，具体考核指标主要是信息通信技术使用的数量与质量两个指标。

第二类为"加速"要素，具体考核指标主要包括网络政策(信息通信技术政策、商务与经济环境)；网络社会(网络学习机会以及社会资本)；网络获取(信息的基础设施、软硬件、支持要素)；网络经济(电子商务、电子政务与相应的配套基础设施)4个指标。

9.2.2 电子政务绩效评估方法

电子政务绩效评估除了需要建立科学全面的评估指标体系，还重在运用一套科学可行的方法。在设计电子政务绩效评估指标和实施评估过程中，要借鉴企业管理经验，充分运用现代化的管理办法和管理工具，以提高评估过程的规范性和评估结果的科学性。

本书中重点介绍绩效评估领域中具有代表性、科学性，且使用比较广泛的5种评估方法：层次评估法、模糊综合评价法、数据包络分析法、平衡计分卡法以及质量功能展开法。将这些方法应用于电子政务绩效评估，具有重大的理论研究和实践指导意义。

1. 层次分析法

层次分析法(analytic hierarchy process，AHP)是运用定量分析来解决定性问题的一种简便、灵活、实用的多准则决策方法。该方法将定性和定量相结合，参照人们决策的思维过程，来分析难以定量描述的社会多因素复杂系统。

层次分析法的特点是把复杂问题中的各种因素划分层次，使之更具条理化，并通过对客观现实的主观判断，集合专家意见和分析者的客观判断结果，将属于同一层次的元素进行两两比较，通过数学计算反映每一层次元素的相对重要性次序的权值，做总体排序，再计算所有元素的相对权重并进行排序。自1982年层次分析法被介绍到我国以来，就以其定性与定量相结合处理各种决策因素的特点、系统灵活简洁的优点，广泛应用于我国社会经济各个领域。就目前而言，层次分析法是电子政务绩效评估中确定权重的常用方法之一，其具体步骤如下所述。

(1) 构建层次结构模型：通过对系统的深刻认识，判定其总目标，明确规划决策所涉及的范围、措施方案和政策、实现目标的准则、策略和各种约束条件等，然后收集大量的原始材料。

(2) 建立判断矩阵：按目标的不同、实现功能的差异，将系统分为几个等级层次，从而建立一个多层次的递阶结构。

(3) 层次单排序：通过构造两两比较判断矩阵，以及运用矩阵运算的数学方法，确定上一层次的某个元素在本层次中与其相关元素的重要性排序，即相对权值。

(4) 层次总排序：通过计算各层元素对系统目标的合成权重，做总排序，从而得出递阶结构图中最底层各个元素对于总目标的重要程度值。

(5) 一致性检验：结合相应数值，展开一次性检验。

在电子政务绩效评估中，应用层次分析法来设定指标的权重是很常见的。在实际操作中，由于各个电子政务系统在功能、结构等方面均有各自特点，在评估时需要分别使用各自的权重体系。采用层次分析法进行权重设计相当耗费时间，并且需要专家的参与，因此对每个系统都重新设计权重并不现实，且会在一定程度上影响评估的客观性。为此，比较可行的办法是先对电子政务系统按照其重要属性进行合理的分类，然后为每个类别指定统一的权重体系并定期更新。这样一来，在每次评估某个系统时，只需判断其所属的系统类别，然后直接应用该类别的权重设定即可，无须再次使用层次分析法设计权重。当然，如果被评估系统比较特殊，评估人员认为难以完全应用现有的权重体系，则需要根据该系统具体要求，在相似类别权重体系的基础上进行修改。

2. 模糊综合评估法

在电子政务绩效评估研究中，有许多不确定性的因素。通常而言，将不确定性因素分为两类：一类呈现随机性，另一类呈现模糊性。对于随机性因素，可以运用概率统计学的方法加以研究，但模糊性因素则需要通过模糊数学的理论来解决。电子政务绩效评估具有较强模糊性，综合评估来看，使用模糊数学理论来研究是比较理想的。

模糊综合评价法于1965年由美国自动控制专家查德(L. A. Zadeh)教授提出，它是一种针对模糊数学的综合评价方法。该方法根据模糊数学的隶属度理论把受到多种因素制约的事物或对象做出一个总体的评价，对于解决那些模糊的、难以量化的中间变量具有重要作用，具体步骤如下所述。

(1) 建立因素集。统计学上把影响评估对象取值(得分)的各因素组成的集合称为因素集，集合中的这些因素均具有明显的模糊性。因素集包含两部分：一是建立权重集，即不同因素对评估结果的贡献率取值所构成的集合，通过加权综合，能够揭示不同评估因子间的内在联系，使评估结果趋近实际情况；二是建立评估集，即评估主体对评估对象的评估结果所组成的集合。

(2) 单因素模糊评估。对一个因素展开单独的评估，判断该因素在评估集中元素的隶属度，称为单因素模糊评估。通常而言，假定按因素集中第 i 个因素对评估对象进行评估，该因素对评估集中第 j 个元素v_j的隶属度为γ_{ij}，R_i为单因素评估集，以此类推，将各因素评判集的隶属度排列成行，组成的模糊矩阵R，称为单因素评估矩阵。

(3) 模糊综合评价。通常而言，同一事物有多种属性，因此在评估中要兼顾影响电子政务绩效评估的各个方面，不能只考虑一种因素，需做模糊综合评估。若各因素的重要程度一样，只要将判断矩阵中各列元素相加即可分别得到评估集中各元素的"得分"；若各因素权重不等，就需做模糊矩阵运算。

3. 数据包络分析法

美国著名运筹学家A. Charnes，W. Cooper和E. Rhodes等人提出数据包络分析(DEA)评价方法。这种方法只需要通过输入、输出指标数据便可以对评价单元进行有效性评价。该方法具有两大特点：第一，在分析之前不用考虑输入与输出的关系。第二，各项指标的权重是通过输入、输出指标获取的客观最优值，可以有效克服主观因素的影响。

数据包络分析法主要用在多输入、多输出的系统模型中，对于评估相同或相似的部门间相对有效性问题具有突出优势。该方法自普遍应用以来，以便捷和能够多重数据分析的特点得到广泛应用。值得注意的是,这种方法强调决策单元的个数应不少于输入指标与输出指标总数的两倍,因而对原始数据具有很高的要求。

4. 平衡计分卡法

平衡计分卡主要是通过对财务、客户、内部业务流程、学习与发展来评估被考核者的绩效情况与组织战略之间的差距,并围绕这4个方面开展绩效管理。平衡计分卡评估模型如图9-1所示。

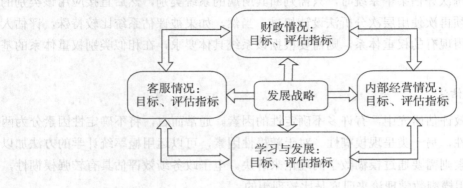

图9-1 平衡计分卡评估模型

绩效评估究其根本是组织为实现战略目标而不断修正绩效的过程,因而对电子政务绩效进行评估正是体现了政府为实现战略而不断修正的过程:首先,控制政府管理成本,并使政务流程在阳光下运行,使其透明化、精简化,降低政府运作成本,从而提高政府的行政效率;其次,致力于改善政府的服务质量,培养政府为社会服务、为民众服务的意识,扩宽服务的范围;再次,再造政务流程,不断优化政府组织结构和政务流程,从而适应组织环境的不断变化;最后,鼓励组织内成员参与绩效评估,不断改进电子政务绩效,创新组织的激励引导,引导组织的持续发展。所以,平衡计分卡法和电子政务绩效评估的价值追求之间相当吻合,高度适用于电子政务绩效评估。

评估指标体系的构建是开展电子政务绩效评估的关键。开展科学的绩效评估需要建立一套具体、明确的评估指标,以考核电子政务建设过程中的技术或者管理层面所取得的绩效,如果没有明确的评估指标,整个评估过程将很难推进,评估的结果也会丧失客观性。本书在结合平衡计分卡法的基础之上,从财政情况、客服情况、内部经营情况以及学习与发展情况4个维度制定了电子政务绩效评估指标,具体包括以下几个方面。

(1) 服务质量,主要指用户在使用电子政务系统提供的服务后,对其服务质量进行总体性评估,以此来反映电子政务建设中提供的服务质量,具体包含信息质量、便利性、个性化以及效率。

(2) 服务价值,即用户从价值层面对电子政务系统提供的服务做出评估。服务价值涉及三个层面:第一,公众受益程度,即公众通过电子政务公共服务获取的效益;第二,用户信任度,指公众对电子政务所提供服务的信任支持程度;第三,用户满意度,即公众在享受电子政务提供的社会服务之后获得的自我价值满足感以及对服务的满意程度。

(3) 参与性,指的是电子政务建设和运行过程中,公众参与诸如公共事务制定等方面的积极性程度。参与性包含两个方面:一是参与度,也就是参与过公共事务的人数占总体用户数的百分比情况；二是服务使用率，即参与的次数和参与过程中所消耗时间的比例。

(4) 社会效益，即电子政务系统所提供的社会服务对于改善政府形象的作用，以及衍生出的其他相关社会效益。

(5) 经济效益，也就是指通过电子政务的建设和运行，给政府部门带来行政效率的提升和运作成本的降低。

(6) 新流程运营投入，指的是在电子政务建设过程中，政府用于改革机构部门、优化业务流程方面的投入。

(7) 新流程信息资源整合，即业务通过优化之后，对相应资源的重新调整、配置，以提升其资源价值和利用率。

(8) 人员素质，即开展电子政务建设过程中，其具体技术操作人员的技能和综合素养。

5. 质量功能展开法

质量功能展开法(quality function development，QFD)是指把用户对电子政务的服务需求，作为业务流程的设计要求、零部件特性、工艺要求、生产要求的质量工程工具，以此来指导电子政务建设和评估的方法。日本最早发明这项技术，后来美国将其进一步完善，广泛应用于全球。此外，质量功能展开法在概念设计、优化设计和验证阶段也能够发挥相应的作用。

QFD是开展设计的顶层步骤。它利用矩阵和图表这类工具，科学地将顾客的需求逐层展开。每一部分对应的矩阵和图表组合起来酷似房屋形状，因而被称为"质量屋"(house of quality，HOQ)。质量功能展开法具体包括以下几个步骤：①广泛开展市场调研，了解公众的真实需求，在此基础之上提炼共性需求。通过对社会公众、企业的调研走访、问卷调查，收集其意向数据，并进行整理归类，总结出公众和企业对电子政务的真实需求与期待。②把需求特征转为工程特性，借助电子政务语言描述产品，并将顾客的需求划分为产品规划、零部件配置、工艺规划和生产规划4个阶段，各分解阶段均有对应质量屋，并且上一个质量屋的输出即为下一个质量屋的输入形成瀑布式展开，如图9-2所示。质量屋是质量功能展开模型中最常用、效果最理想的应用工具。

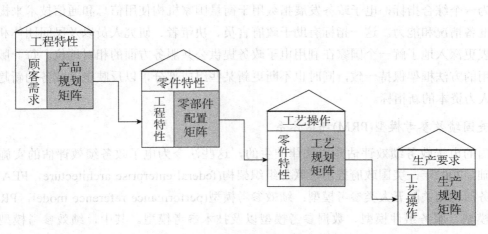

图9-2　质量功能展开模式

9.3 国外电子政务绩效评估体系

国际上，绩效评估已经成为电子政务建设的必要环节和关键内容，各国政府和机构都很重视电子政务绩效评估。自20世纪90年代以来，世界各国开始普遍在政府和公共管理领域使用信息技术，并投入了大量的资金、人力和物力，而越来越多的实践和研究表明，电子政务项目的失败率较高，存在较大的风险。联合国早在2006年就对全球电子政务情况进行调研，报告显示发展中国家电子政务项目失败的概率高达60%～80%。因此，电子政务绩效评估作为保证电子政务质量、提高其成功率的重要手段，引起了各国的高度重视，许多研究机构、咨询公司和学者对其展开了深入的研究和实践。

1. 联合国电子政务评估体系

2020年是联合国成员国电子政务发展基准制定的第20年。自2001年以来，联合国经济和社会事务部(UNDESA)出版的十期《联合国电子政务调查报告》，已成为电子政务的主要参考基准和决策者的政策工具。此项调查报告是唯一一份评估联合国所有成员国电子政务发展状况的全球报告。该评估不是绝对的，是衡量各国电子政务的相对表现。

此项调查报告中使用的对电子政务发展数据收集和评估的方法框架，是基于对一个电子政务的整体视角的，主要通过联合国电子政务发展指数(EGDI)来跟踪电子政务的发展情况。电子政务发展指数评估的是国家级的电子政务发展情况，是基于三个标准化指数的加权平均数的综合指数。这三个标准化指数分别是来自基于国际电信联盟(ITU)提供的数据的通信基础设施指数(TII)、来自主要由联合国教科文组织(UNESCO)所提供的人力资本指数(HCI)、来自由联合国经济和社会事务部(UNDESA)执行并由独立在线服务调查问卷所收集数据的在线服务指数(OSI)。该调查问卷评估了所有193个联合国成员国在网上的信息与服务，并以成员国调查问卷(MSQ)作为补充，评估了与在线服务提供有关的一些特征，其中包括整体政府举措、政府数据开放、电子参与、多种渠道提供服务、移动服务、服务的利用情况、存在的数字鸿沟，以及通过使用通信技术建立的创新伙伴关系。该数据由一组研究人员在联合国经济和社会事务部的监督下，通过初级研究和收集工作所得。

作为一个综合指标，电子政务发展指数用于衡量国家机构使用信息和通信技术来提供公共服务的准备情况和能力。这一指标有助于政府官员、决策者、研究人员以及民间团体和私营部门的代表更深入地了解一个国家在利用电子政务提供公共服务方面的相对地位。每一版调查报告所采用的方法框架保持一致，同时也不断更新某些组成部分，以反映电子政务的新趋势以及电信和人力资本的新指标。

2. 美国绩效参考模型(PRM)评估体系

美国的电子政务绩效评估是由法律催生的，这些法令为电子政务绩效评估的实施打下了制度基础。2002年，美国政府推出了联邦组织架构(federal enterprise architecture，FEA)，包括了与政务活动相关的五大类参考模型：绩效参考模型(performance reference model，PRM)、业务参考模型、服务组件模型、数据参考模型以及技术参考模型。其中，绩效参考模型旨在建立一个标准化的电子政务评估体系，是美国政府各部门阐明电子政务系统绩效目标的基本参考标准，也是预算管理部门评价项目绩效的基本依据。绩效参考模型处于整个FEA体系的最顶层,是整个联邦事业架构中最重要和根本的一个模型,它由输入、输出和结果3个部分及评估领域、评估类别、评估组别和评估指标4个层次构成。其中,输入包括人力资本、技术和其他固定资产,输出包括系列业务流程及活动,结果包括任务和业务结果以及客户结果。因此,美国的电子政务绩效评估主要由六大评估领域构成:对人力资本(human capital)的评估;对技术(technology)的评估;对其他固定资本(other fixed capital)的评估;对任务和业务结果(mission and business results)的评估;对用户结果(customer results)的评估;对业务流程及活动(process and activities)的评估。

2007年4月,美国管理与预算办公室(Office of Management and Budget,OMB)推出了新的绩效评估体系,主要包括3个指标:参与度、使用度和用户满意度。评估方法是OMB采集数据用以建立绩效基准标杆,并向公众、政府部门等公布,经客观评估得出绩效评估结果。

对于每一个具体的评估领域,PRM都提出了三个层次的评估指标,即"度量分类"(measurement category)、"通用度量指标"(general measurement indicator)和"优化度量指标"(operational measurement indicator)。其中前两个层次的指标属于通用性度量方法,因此在PRM中也给出了明确的指标;优化度量指标则是指针对具体部门所设计的个性化指标,需要由各个部门在FEA的指导下自行定义。下面对这六大评估领域中PRM的4个领域的各自指标体系进行简单的介绍。

(1) 任务与业务结果。任务与业务结果是PRM中针对电子政务最终产出定义的一个重要度量领域,它的指导思想就是将电子政务的绩效评估与实施电子政务的政府部门的业绩评估紧密地结合在一起。具体而言,PRM在FEA模型中的业务参考模型(BRM)基础上,将整个联邦政府的职能划分为31类,比如公共健康、国土防卫、环境管理等,然后将这31类职能作为评估度量分类,并细化为133个通用度量指标,比如"灾害管理"分类下面的"灾害监测与预警""灾害恢复与重建""紧急事件响应"等。在实际使用中,需要根据被评测部门的具体职能,在这些指标中选取待评估系统所要支持的业务目标,然后制定更详细的优化指标进行考核。

(2) 客户结果。客户结果是PRM在客户关系管理的角度评估电子政务的实施绩效,主旨是从最终目标用户(公民与企业)的角度评估电子政务的实施绩效。该领域包括"响应及时性""服务质量""客户受益度""服务覆盖""服务可用性"5个评估分类,以及更详细的多个通用指标。

(3) 业务流程与活动。业务流程与活动是实现业务成果与客户成果的直接推动因素,因此在PRM中对此进行单独的评估。该领域具体包括"财政""效率""周转速度""质量""安全与隐私""管理与改革"6个评估分类,以及更详细的19个通用指标。

(4) 技术。在电子政务中,技术平台处于整个体系的基础环节,通过支持业务流程与活动而促进部门整体目标的实现。在PRM中,针对技术环节提出了"财政""效率""有效性""可用性""质量""数据"6个评估分类,并设计了更详细的23个通用评估指标。

3. 印度电子政务评估框架(EAF)评估体系

印度制定了"电子政务评估框架"(E-governance assessment framework,EAF),该框架针对不同类型的电子政务项目分别提供了包括总评、细评在内的评价指标体系和计算模型,并为模型的应用提供了详细的说明。EAF的核心思想是将电子政务系统按照一定的属性划分为四大类，通过非常详细的指标体系对电子政务系统进行打分和计算，得出评价总分，并根据评分确定预算的拨付。该模型体现了发展中国家电子政务项目建设的主要问题，并给出了量化的评价指标和办法。

(1) 设计动机和目标。在EAF的文档中，首先详细说明了开发这一评估框架的动机和背景。印度每年要在电子政务项目中投入约250亿卢比，但在立项前和实施中却很少对项目能否正确达到预定目标做出客观的评估。在开发该框架之前，对国家级电子政务项目的评比大多是基于少数个人和专家的主观估计和价值判断而做出的，没有权威性、制度性的机制来确保其客观性。而在未来，印度的国家电子政务行动计划预计需要千亿卢比的庞大投入，因此非常有必要向处于不同实施阶段的项目管理者提供一套工具，辅助他们在必要时对项目进行中期纠偏，并引导项目沿着正确的方向进行。针对这些需求，印度政府将EAF的具体目标定位为：评估指定的电子政务项目能否或在何种程度上为相关利益人创造价值；指导处于生命周期不同阶段的电子政务项目投资；对正在实施中的项目进行中期评估，以实行中期纠偏；对未来的电子政务项目提供指导；为电子政务培训提供材料；建立一个知识库，将所有电子政务项目评级排序，以增强相关利益人的信心和信任。

(2) 系统分类和指标体系。由于不同电子政务之间在功能和规模等方面都存在较大的差异性，因此EAF首先将电子政务划分为4种类型，作为选择评估算法的基础。这4种类型包括城市政府对公民(G2C-U)、农村政府对公民(G2C-R)、政府对企业(G2B)和政府对政府(G2G)。

在上述4种类型的基础上，EAF又从投资规模角度进行了划分，以便于政府区分大型投资项目，并将其作为重点评估对象。EAF将电子政务项目按照投资规模分为大、中、小三个级别，需要特别注意的是，EAF的这一标准并不是简单的"一刀切"，而是将试点型项目和推广型项目区分对待，对前者适当降低了规模标准。EAF中项目投资规模的划分标准如表9-5所示。

表9-5　EAF中项目投资规模的划分标准

类型	试点项目划分标准	推广项目划分标准
大	1亿卢比以上	5亿卢比以上
中	3000万到1亿卢比	1亿到5亿卢比
小	小于3000万卢比	小于1亿卢比

针对上述4种类型，EAF分别给出了评估指标体系。同时，由于详细评估需要耗费大量的资源和精力，而且很多时候并不需要做非常详细的评估，EAF将评估本身分成了两个层次，即总体评估(summary assessment，SA)和详细评估(detailed assessment，DA)。这样，加上上述的4种基本类型，EAF一共开发出了8种具体的评估框架，包括4个总体评估框架：SA-G2C-U，SA-G2C-R，SA-G2B和SA-G2G，以及4个详细评估框架：DA-G2C-U，DA-G2C-R，DA-G2B和DA-G2G。

4. 埃森哲咨询公司评估体系

埃森哲(Accenture)咨询公司注册成立于爱尔兰，是全球最大的管理咨询公司和技术服务供应商，致力于帮助客户通过实施企业资源计划等解决方案提高经营绩效。埃森哲从2002年开始对国家级电子政务进行量化测评，测评内容为政府门户网站的服务事项，在评价电子政务发展水平时采用电子政务"总体成熟度"的概念,总体成熟度包括服务成熟度指标和传递成熟度指标,其中服务成熟度占70%,传递成熟度占30%。而后,在2003年发布的题为《电子政务领导力:吸引用户》的报告中首次关注用户的需求和满意度,开始认识到各国在电子政务建设应用过程中存在的"用户的了解和需求与政府提供的服务之间存在鸿沟"等问题,并在下一年的评估报告中,再次强调"以用户为中心"理念,正式将用户端的调查纳入评估体系中,自此摆脱了单纯研究政府服务提供端的局限。之后,埃森哲将两者的权重比由7:3调整为5:5(见表9-6),权重的变化进一步凸显了"用户至上"的理念,用户的体验和感受得到越来越多的关注。

表9-6 埃森哲咨询公司的评估指标体系

一级指标	二级指标	三级指标
总体成熟度	服务成熟度50%	服务成熟宽度 服务成熟深度
	传递成熟度50%	判断力 互动性 站点特性 针对性 网络连通性

9.4 我国电子政务绩效评估指标体系

对政府网站的调查评估有利于增进社会各界对我国政府网站和电子政务应用水平的了解,是促进电子政务发展的一种有效手段。我国电子政务的发展可以划分为办公自动化、政府上网、业务信息化应用、流程优化与信息共享整合4个阶段,每个阶段的工作中心均有不同的侧重点,因而其评估指标、内容方面也有一些区别。在电子政务发展初期阶段,即办公自动化与政府上网阶段,基础设施、基本服务设施以及网站建设等技术层面的内容是评估的重点;在电子政务建设的中期,以内容和效果为核心,重点评估核心业务的信息化程度以及信息资源开发和利用等;而在高级阶段,侧重于对内部和外部影响情况的评估,外部影响主要针对电子政务公开程度、公众接受度和公众满意度等,内部影响主要针对政府运行效率、公共政策的决策水平、政府雇员的综合素质等。

清华大学国家治理研究院年会暨国家治理现代化的时代命题论坛发布了《2020年中国政府网站绩效评估报告》(以下简称《报告》)。《报告》评估结果显示,省(自治区)政府门户网站中,广东、贵州、四川位列前三名,海南和湖南并列第四名,安徽、湖北、陕西、浙江、吉林位列六至十名。直辖市政府门户网站中,上海位列第一,北京位列第二。

9.4.1 政府自身开展的绩效评估

1. 广东省广州市政府网站绩效评估

以广东省广州市为例,为更好地适应新时期新形势下经济社会发展的客观需求,确定电子政务的目标是为公众提供更好的整合型公共服务,以信息公开和在线服务为重点,实现从单一机构应用到跨部门协同,再到社会参与公共治理的转变,广州市的评估重点继续延续政府网站绩效评估、政府透明度评估和政府网站特色评估;同时,强化对政府外文版网站的建设要求,继续延续国际化评估策略;充分发挥政务信息化促进政府管理模式的变革和服务型政府建设,提高依法行政能力,提升社会管理科学化水平的积极作用,满足社会对政府的新要求,提高地区的综合竞争力[①]。具体评估指标如表9-7所示。

表9-7 广东省广州市政府网站绩效评估指标体系

一级标题	二级标题	评估要点
信息公开(30分)	主动公开信息 依申请公开信息 ……	信息公开度 内容时效性 ……
在线服务(25分)	便民服务 办事服务 ……	查询服务 便民信息 ……
互动交流(10分)	在线访谈 信箱渠道	
用户满意(20分)	社会化和移动化程度	微博 微信 移动App ……
国际化(15分)	外事服务 ……	

通过评估得知,广州市政府门户网站在信息公开、在线服务、互动交流等方面,网站功能要素充足,对评估体系所评估的要点都有所设计,而用户满意和网站的国际化方面是广州市政府门户网站需要改进的方向,在社会化和移动化程度、智能化程度以及智能检索等方面的用户满意度有待提高,网站的国际化需要在提供网站的本地化信息方面有待改进。广州市政府门户网站的各项功能服务齐全,网站设计清晰明了,在提高政府工作透明度和行政效能、服务公众、引导舆论和信息公开等方面起到重要作用。

2. 湖南省政府网站绩效评估

2017年,国务院办公厅正式印发了《政府网站发展指引》,从总体要求、职责分工、开设与整合、网站功能、集约共享、创新发展、安全防护、机制保障、网页设计规范等方面,对政府网站建设管理和创新发展提出了明确的规范要求。随后,为推动湖南省政府网站落实《政府网站发展指引》等重要文件精神,积极推进全省政府网站规范发展,助力全省"互联网+政务服务"建设,在总结历年全省政府网站绩效评估工作的基础上,湖南省政府网站绩效评估指标体系逐步紧扣《政府网站发展指引》的各项要求,并结合全省政府网站发展实际开展评估,以评促建,推动全省政府网站实现规范建设。

---

① 汤志伟.电子政务[M].北京:高等教育出版社,2016.

该绩效评估主要分为网站管理、网站功能、规范建设、创新发展、加分项5个部分(见表9-8)。该绩效评估重点在于考察全省政府网站在加强平台建设、信息资源共享共用、统一办事服务入口、利企便民办事、回应社会关切等方面的建设情况,重点评估网站内容准确性、内容与地区和部门工作的相关性、服务入口的统一性、一体化服务建设、提供互动频率、增强互动效果等情况,为实现全省政府网站持续开拓创新打好基础。

表9-8 湖南省政府网站绩效评估指标体系

一级标题	二级标题	评估要点
网站管理(15分)	通报情况 网站安全 组织保障	
网站功能(60分)	信息发布 解读回应 ……	解读内容 办事指南 ……
规范建设(20分)	页面设计 网站可用性 ……	页面兼容性 链接可用性 ……
创新发展(5分)	个性化服务 多渠道拓展	智能搜索 政务新媒体
加分项(5分)	优秀创新案例	

9.4.2 第三方开展的绩效评估

除政府自身开展的绩效评估外,第三方评估也是异军突起,其社会影响力和认可度得到迅速提升。第三方评估机构主要从两个方面展开:一是基于政府网站的评估,如中国电子信息产业发展研究院、国脉互联信息顾问有限公司、北京大学网络经济研究中心、赛迪顾问股份有限公司、中国软件测评中心开展的政府门户网站绩效评估;二是基于战略发展的评估,如中国互联网实验室的《中国电子政务战略发展研究报告》,对政府电子政务战略发展所面临的外部环境、所达到目标、可利用资源等进行量化测评做了详细的介绍,以及每年发布的电子政务蓝皮书之《中国电子政务发展报告》,全面地总结并评估了当年的电子政务发展情况。下面简要介绍3家。

1. 中国电子信息产业发展研究院

中国电子信息产业发展研究院是国内知名度较高的电子政务评估机构之一。受国务院信息化工作办公室委托,从2003年开始,其针对中央部委、省、地市、县级政府网站连续进行了全国性绩效评估,围绕着"透明政府""服务政府"和"民主政府"三个主题,对信息公开、在线办事、公众参与三个主要指标进行评估。评估范围包括国务院部委及相关单位网站(简称部委网站)、省级政府网站(包括省、自治区、直辖市政府网站和新疆生产建设兵团网站)、地市级政府网站(包括计划单列市、省会城市和地级市政府网站),以及县级政府网站(以20%的抽样概率评测402家县级政府网站)。该指标体系按照政府网站主办方的行政层级设定,由部委、省级、地市级和县级政府网站的评估指标构成。

2. 国脉互联信息顾问有限公司

国脉互联信息顾问有限公司(以下简称国脉互联)是一家专业从事电子政务咨询的机构。近年来,国脉互联已实施了众多政府网站绩效评估项目,评测咨询服务的政府客户达百家之多,遍布全国11个省的近5000个网站。国脉互联通过长期开展政府网站(群)的规划和评测工作,在政府网站绩效评估方面积累了丰富的经验,并探索出一套具有"国脉"特色的政府网站绩效评测体系。国脉互联的评测工具将各级政府门户及部门网站目前的发展态势分为初级阶段、中级阶段、高级阶段,并且通过基础性指标、发展性指标、完美性指标三类监测指标体系进行分别评测,而每个大类又包含一系列具体参数。基础性指标包括若干具体指标,在信息呈现方面,要求丰富性、及时性与条理性;在信息获取方面,要求便利性与易用性,注重公众与政府互动,工具的多样性与是否有限制条件。发展性指标包含了网上办公、业务创新、部门整合程度、服务的对象细化程度等指标。完美性指标包括个性化程度,非关键服务信息,服务方式的多样性,发展能力,获奖情况,个性化服务,语种、声音与图像等媒体信息。各级政府的评测指标的要求不完全相同,而门户网站与部门网站(即各级子网站)的评测指标既有联系又有区别。

国脉电子政务规划和评测体系流程如图9-3所示。

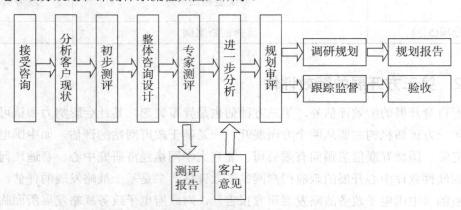

图9-3 国脉电子政务规划和评测体系流程

3. 北京大学网络经济研究中心

北京大学网络经济研究中心成立于2000年2月,是国内第一家专业致力于互联网及电子商务研究的学术机构,其宗旨是创办国际知名的网络经济研究中心,使北京大学成为网络经济学、管理学和政策研究的策源地,同时为我国企业培养新经济领域的高级人才。北京大学网络经济研究中心自成立伊始,依托北大文理综合的多学科学术背景,充分利用管理学院现有的研究资源,大胆探索与国外著名研究机构和专业人员的合作途径,并以高质量的研究成果和研究资源,为企业打造新经济领先地位的平台。主要研究领域有信息经济学理论及实证研究、网络经济政策研究、政府与企业信息化研究、电子商务研究、高新技术企业研究、信息技术与组织创新学研究以及网络知识产权研究,其所依据的电子政务绩效评估指标体系如表9-9所示。

表9-9 北京大学网络经济研究中心电子政务评估指标

一级指标	二级指标	三级指标
整体发展情况	在线信息	政府公布、政策法规、组织机构、行政新闻、官方职责、当地情况
		行政事务指南、在线咨询、在线导航
	在线行政	工作在线咨询、审查、认可、在线政务资料获取
	经济服务	企业的邀请信息及旅游信息
	互动	政府邮箱、在线调查、在线监督、交流平台
	联络	与其他省市、上级部门、下级部门
	及时性	及时性
	国际化网络安全保密性	外语普及、网络安全保证测试、网络安全准则、个人隐私保护法规

本章小结

电子政务绩效评估是关于电子政务建设情况展开的评估,已经成为当代公共管理学的重要研究课题。本章内容主要介绍了电子政务绩效评估的内涵、重要性、原则、评估模式、评估方法等内容,并列举了国内外相对典型的电子政务绩效评估体系,帮助了解世界各国对于电子政务绩效评估展开的研究与实践。

关键词

绩效　绩效评估　政府门户网站　绩效评估指标

复习思考题

1. 概念题

绩效、电子政务绩效、电子政务绩效评估、层次分析法

2. 简答题

(1) 简述电子政务绩效评估的原则。
(2) 简述电子政务绩效评估的方法。
(3) 简述电子政务绩效评估的模式。
(4) 简述国外主要电子政务绩效评估模式。
(5) 简述国内主要电子政务绩效评估模式。

第10章 国外电子政务发展概况和经验借鉴

自20世纪80年代以来，随着新公共管理运动的兴起，世界各国在电子政务的建设上都取得了较好的发展，而每个国家在其发展过程中都有自己的战略目标和特征。随着互联网、云计算、大数据等新一代信息技术的高速发展，信息技术在改变政府管理模式和完善社会治理方面的巨大作用日益突显，迫切要求政府部门改造和升级信息基础设施，优化信息系统建设和管理模式，实现集约化发展，支持和助力政府部门管理方式的转变和创新，为社会公众提供更加安全、便捷的公共服务。

2020年出版的《联合国电子政务调查》是专门跟踪联合国所有成员国电子政务发展情况的两年期出版物的第十一版。本调查根据 193个联合国成员国的电子政务发展指数排名及其在电子政务发展指数中4个级别(非常高、高、中、低)中的相对位置进行进一步分析，以更好地了解在每个电子政务发展指数组别中表现水平相似的国家。本章介绍了具有代表性的4个国家电子政务发展概况及其战略目标，并进行了经验借鉴，希望我国电子政务在充分学习的基础上发挥自身优势，走出一条有中国特色的电子政务发展道路。

10.1 国外电子政务发展概况

10.1.1 英国

优质的公共服务是社会文明和谐的基石之一，加强电子参与并构建透明、责任、高效、公民本位的开放政府和数字政府，是英美等国家当前和未来电子政务发展的重点所在。电子政务从出现至今，已有二三十年的历史，英国是较早开始发展电子政务的国家之一，其政府内阁办公室先后制定并出台了一系列政策战略、行动计划，以推动本国电子公共服务的进一步发展。

1. 英国电子政务发展概况

英国电子政务的发展代表了英国的复兴之路，英国是发动第一次工业革命的国家，引领了将近二百年左右的全球工业化进程，但从20世纪后半叶起，逐渐走向衰落。可英国的政治家们并不甘愿衰落，他们一直在寻找良机为英国开辟新的道路。

英国电子政务发展大致可以分为三个阶段：第一阶段是2007年之前，为建设初期阶段，1999年3月政府领导内阁办公室发布《政府现代化白皮书》，标志英国电子政务的全面执行，2001年政府网站"UK online. gov. uk"正式运行，提供网络公共服务；第二阶段是2007年至2011年，为建设中期阶段，由于初级阶段网站运营繁杂，为节省政府支出，2007年卡梅伦政府颁布《英国转变政府策略》，提出电子政府"瘦身计划"，要求关闭90%以上的政府网站进而提高电子政务效率，改善公共服务水平；第三阶段是2012年之后，为发展阶段，为发展高质量公共服务,政府部门实行"数字政府战略",为公众提供更为便捷有效的公共服务平台[①]。2015年,英国政府出台《英国2015—2018年数字经济战略》(*Digital Economy Strategy 2015-2018*),为把英国建设成为未来的数字化强国部署战略方向,倡导通过数字化创新来驱动经济社会发展,明确政府将如何使用数字技术,通过业务转型进一步为电子政务发展指明方向,打造英国数字化竞争优势。

但是,在联合国发布的2020年《电子政务调查报告》中英国排名第七,比2018年获得的第4名低了几个名次,这是由其人力资本和在线服务指数的排名相对下降而造成的,英国政府也正通过完善其一站式平台"directgov"(www.directgov.uk)为民众提供更全面的在线服务。

2. 英国电子政务战略目标

2008年金融风暴之后,英国经济发展缓慢,政府预算持续出现赤字。与此同时,公务员制度固化导致政府公共服务发展水平远低于公众预期,在财政收入不能有效增加的条件下,公共服务如何提升成为摆在英国政府面前的一道难题。英国于2012年颁布《政府数字化战略》、2014年实施《政府数字包容战略》、2015年启动"数字政府即平台"计划,这一系列举措取得了显著成效,助推英国政府获得2016年联合国电子政务调查评估第一名,成为全球表现最为卓越的数字政府。虽然英国政府数字化转型工作顺利推进,但转型任务并没有完成,仍然面临诸多遗留问题和挑战,为继续保持在全球数字政府领域的领先地位,2017年英国出台了《政府转型战略(2017—2020)》(*Government Transformation Strategy 2017-2020*)。该战略是英国就政府转型做出的系统性安排,力图寻求建立一种"全政府"的转型方式,旨在向英国民众提供世界一流的公共服务,推动政府数字化进程。此外,该战略还明确提出,政府应以民众需求为核心,不断解决公共服务提供中存在的问题,制定整合的数字化路线,以提升用户体验、提高工作效率,使英国民众、企业和其他用户都能够享受到更优质、更可靠的在线服务体验。该战略对英国政府2020年以后的发展远景进行了展望,其目标和重点任务可概括为以下5个方面。

(1) 推动跨政府部门业务的整体转型。根据英国的经验,扩大跨政府部门的在线服务覆盖范围有利于数字化转型,而这也成为世界各国未来发展的共识,并在客观上需要政策制定者和在线服务设计者开展更加密切的配合。英国政府数字服务既要覆盖政府部门的内部工作,也将覆盖面向民众的全部政府服务,通过设计和提供一站式、一体化的在线服务,为公共部门开展更广泛的转型奠定基础的同时,还进一步拓宽了在线服务、电话服务和面对面服务等多种公共服务渠道。作为实现上述目标的具体途径,英国政府部门将构建标准化的数字服务,多渠道为民众提供可使用的公共服务,并通过不断更新技术实施准则和其他应用标准指南以替代原来落后的技术方案。同时,英国政府部门还将构建监测评估数字化转型进程的方法,建立跨政府部门的合作机制,以形成共同的语言、工具和技术体系。在借鉴私营部门经验的基础上,处理政府转型面临的重大变革问题。通过上述措施,英国政府将确保跨政府部门边界运行项目,能够以更加灵活的方式提供在线服务,从而在根本上改善政府数字服务的用户体验。

(2) 培养数字人才、技能和文化氛围。在数字政府方面,英国的目标是拥有世界上最具数字技能意识的公务员队伍,让英国的数字政府服务成为全球最领先的公共服务。为实现这一目

---

① 李重照,黄璜. 英国政府数据治理的政策与治理结构[J]. 电子政务, 2019(01): 20-31.

标,首先就需要提升英国领导者在数字项目管理方面的技能。英国将在政府部门中提供数字、数据和技术职业机会,建立良好的职业发展道路和奖励机制,依托各类教育机构提供最优质的学习和受教育机会。英国希望通过提升政府人员的数字技能,培养优良的政府数字文化,在让数字技术专家理解政府业务的同时,也要确保其他专业领域的公务员能够支持政府数字化转型。通过建设数据科学院校,实施数据科学加速培训计划,建立政府数据科学应用能力,政府将成为最吸引数字、数据和技术等人才的工作场所。同时,通过与公务员培训计划合作,确保当前和未来的政府领导者接受过数字项目管理培训,能够有效管理数字时代的政府组织。

(3) 优化数字工具、流程和治理体系。数字政府不仅为民众提供优质的公共服务,还将通过采用有效的数字工具、构建工作场景技术、优化治理流程体系,为公务员创造更加适应数字化要求的工作环境,确保公务员的工作场所具备能够运用统一的、可交互操作的技术,以提高工作效率,更好应对工作挑战。在公务员采用的日常通用技术、业务方案管理、内部控制流程、支持快速决策、政府商业采购、服务质量控制、服务保障措施、服务价值转化等方面,英国政府机构开展了丰富的实践。同时,通过相关研究为公务员提供数字服务经典案例,建立标准的政府业务流程,从而形成通用数字工具,使所有政府部门都能管理、资助和有效运营包括跨部门服务在内的各种数字服务。在上述政策的推进下,英国公务员将具备舒适的、不受时间和空间限制的办公环境,这将有助于形成一种开放的、数字化的政策制定和在线服务氛围。

(4) 提升数据应用、分析和管理能力。数据是一切在线服务的基础,是实现更高效能政府公共服务、满足民众需求的关键资源,更好地开放、利用数据不仅是提高政府透明度的需要,还是促进政府机构以及私营部门实现转变的需要。未来几年,英国议会将通过涉及数据共享规定的"数字经济法案",消除政府各部门有效使用数据的政策障碍。同时,通过选拔任命新的政府首席数据官,英国政府将设立新的数据咨询委员会,统筹协调利用各政府部门数据,推动利用政府数据的业务发展,提升政府建立和扩展数据科学分析能力,更好地运用数据来支持决策。英国政府将实施安全可靠的数据管理,确保公务员能够清楚其掌握的数据是否可以共享,并建立国家级的数据基础设施登记注册制度,确保数据基础设施能够安全可靠地运行。此外,英国将为政府内部和外部的用户提供数据挖掘分析的工具和方法,并完善政府存储和管理数据的方式。

(5) 创建共享平台、组件和业务复用能力。近年来,英国政府逐步实现代码、模式、平台和组件的共享,并向世界各国分享了解决政府技术和服务设计等问题的最佳实践案例,使完善跨政府部门平台服务成为未来努力的重要方向。英国将基于共享机制和业务平台来组建在线服务功能,从而实现数字技术、业务流程和公务人员的有效组合。英国将运用GOV.UK网站来实现跨政府部门边界的服务,包括第三方提供的服务、地方政府服务或者外包服务。此外,为提供快速、廉价且易于组合的数字服务,英国将构建更多可重复使用的共享组件和平台,为所有接受政府服务的用户提供统一的使用体验;英国还将终止与大型、单一的供应商的合作,不再签订持续多年的IT项目合同,而是通过建立共享组件和平台,扩展正在使用平台的功能,提供更多的政府数字服务。与此同时,英国也将通过制定和颁布组件、平台以及与功能相关的技术标准和实施指南,降低平台在政府公共部门复用的门槛,消除组件、平台和功能重复运用的障碍,并积极探索在中央政府以外可以重复使用的领域。

10.1.2 美国

20世纪90年代，信息技术的迅速发展，特别是互联网技术的普及应用，电子政务成为当代信息化的最重要的领域之一，成为政府管理领域出现的崭新事务。美国的电子政务起步较早，发展迅速，并且已经取得了良好的效果，目前已进入扩建和推广实施阶段，其成功经验对我国及其他国家具有很好的启示意义。

1. 美国电子政务发展概况

美国电子政务在很大程度上正成为全球电子政务建设的先锋。作为电子政务的领导者，从电子政务发展初期，美国联邦政府就已经发布了1300多项电子政务相关的实施项目，取得了举世瞩目的成就。电子政务的发展推动了美国政府改革向纵深方向发展，通过使用信息技术重塑了政府对公民的服务流程，加强了政府与公民的互动，建立了以"顾客"为导向的电子政府，以提供更有效率、更易于使用的服务，为公民提供更多获得政府服务的机会与途径，受到了公民的普遍支持。

美国政府网站的成熟性在全球是最高的，联邦政府一级机构已经实现全部上网，所有州的一级政府也实现全部上网，而且几乎所有的县市已经建有自己的站点，政府网站的内容十分丰富有效。美国电子政务的基础架构如下所述：建立一套共同的整合性政府运作程序，提供公民前台便捷申请服务，所有跨部门的申请事项将由系统自动处理，公民无须介入；提供一套共同的统一信息技术工具、获取信息方法以及服务措施，增强标准化和交互性，使政府各部门可以共享信息，减少某一部门对信息技术独特性或个别性的需求；使政府服务面对公民，实现渠道多元化、窗口单一化，即公民可以利用各种渠道，通过各部门交互串通的"单一窗口"，便可"一站到底"获取政府的信息和服务。

2. 美国电子政务战略目标

近年来，美国为适应自身的发展颁布了多项电子政务领域相关战略指导和行动计划，自2010年开始，美国政府就制定了相关战略目标，从而在战略计划方面能够为美国未来电子政务的发展提供基础。当前，美国电子政务的战略定位是"以公民为中心"，其核心是促进政府与公民的互动，提高政府工作效率和改善政府对公民的服务、反馈能力。

(1) "以公民为中心"的战略导向。制定这个战略导向的原因有三点：一是方便公民与联邦政府互动；二是提高政府工作效率，改善其绩效；三是改善政府对公民的回应能力。此外，综合管理处(GSA)负责制定"敏捷采购(smart buy)计划"，充分利用政府采购的力量，降低软件的购买和维护费用，提高软件资产的管理水平，提倡利用标准化的软件。由此可以看出，美国电子政务发展的特征是注重实际应用，把为企业、公民服务，实现资源共享放在重要地位，其电子政务的战略定位就是要从根本上改善政府的公共服务。

(2) 联邦数据战略和2020年行动计划。2019年6月，美国管理和预算办公室(OMB)发布了《第一年联邦数据战略行动计划》(*Year-1 Federal Data Strategy Action Plan*)草案，向社会公开征求意见。2019年12月23日，在充分吸收公众意见的基础上，OMB发布了上述草案的最终版本——《联邦数据战略与2020年行动计划》。以2020年为起始，联邦数据战略描述了美国联邦政府未来十年的数据愿景，并初步确定了各政府机构在2020年需要采取的关键行动。该战略的突出特点在于美国对数据的关注由技术转向资产，其核心目标是"将数据作为战略资源开发 (leveraging data as a strategic asset)"。

联邦数据战略确立了政府范围内的框架原则，表现为以下几点。伦理方面，应符合基本道德规范，评估联邦数据应用实践对公众的影响，确保服务于公共利益；采取合理的数据安全措施，保护个人隐私，确保适当访问和使用数据；促进透明度，阐明联邦数据应用的目的和用途，建立公众信任。意识层面，要确保相关性，保护数据的质量、完整性和可理解性；充分使用现有数据并预期未来用途，注重塑造数据间的互操作性；加强及时响应能力，改进数据收集、分析和传播方式。文化层面，政府机构应投资数据能力培训，促进与数据有关的学习氛围，确保学习的持续性和协作性；培养数据领导者、分配职责、审核数据实践，并确立问责制。

该战略还确立了40项具体数据管理实践，总体可分为三个层面：第一，建立重视数据并促进数据共享使用的文化，如通过数据指导决策、评估公众对联邦政府数据的价值和信任感知、促进各个机构间的数据流通等；第二，保护数据，如保护数据完整性、确保流通数据的真实性、确保数据存储的安全性、提高修改数据透明度等；第三，探索有效使用数据的方案，如增强数据管理分析能力、促进数据访问的多样化路径等。

美国联邦数据战略具有以下几点影响。第一，该战略确立了一致的数据基础设施和标准实践。该战略的出台意味着美国对于数据的重视程度继续提升，并出现了聚焦点从"技术"到"资产"的转变。借此，美国政府将逐步建立强大的数据治理能力，充分利用数据为美国人民、企业和其他组织提供相应的服务，这将对整个国家经济和安全产生深远影响。第二，该战略从根本上改变联邦政府如何管理、使用数据的模式。该战略使机构谨慎考量数据被其他政府机构、研究人员、企业和公民二次使用的可能以及附随风险，根据优先顺序和成熟度考量数据管理，并宣传最佳实践方式。同时，该战略为逐步改善行政预算和管理提供长期路线图，并为政府提供了每一年度的优先数据管理事项。第三，该战略具有动态性，应充分适应国家立法政策、利益相关者的利益、用户需求以及新技术发展变化的需求等。例如，2020年行动计划考虑了《2018年基于证据的政策制定法案》《地理空间数据法案》以及《关于维持美国人工智能领导地位的第13859号行政命令》等法案的要求。此外，每年的行动方案均会通过相应机制充分吸纳利益相关者的需求，并考量新技术新应用对数据的使用需求。因此，联邦数据战略既体现了长期稳定的数据治理目标，又能够及时捕获外部影响，体现了战略的动态性。第四，该战略在国家层面营造数据驱动的文化背景。整体来看，该战略从标准、工具包、伦理框架等多层面促进数据共享，并推动数据使用的可问责性和透明度理念，重视对政府雇员数据能力培养。同时，该战略推动成立联邦首席数据官委员会，以在组织层面共同推动有序、高效的数据治理文化。第五，该战略为人工智能的未来发展廓清路线。战略中的行动方案指出，所有机构应审查联邦数据和模型，为人工智能培训和测试开发共享的公共数据集和环境，并改进数据和模型清单文件，提高数据可用性，根据人工智能研究机构的用户反馈，优先优化人工智能数据和该模型的质量和访问路径。

10.1.3　新加坡

新加坡政府从20世纪80年代开始就有电子政务计划，电子政务已经成为新加坡政府所实施的从传统城市国家发展为"智慧国"的政府战略核心内容，并与电子商务、电子社会以及电子经济协调发展，共同塑造起这一新兴城市国家的独特魅力，为世界各国推崇与瞩目。但是，根据《2020年电子政务调查报告》显示，由于受到人力资本指数和通信基础设施指数的影响，新加坡的电子政务发展指数已从2018年的第7位跌至第11位。

1. 新加坡电子政务发展概况

随着时代的变化和民众发展的需求，新加坡政府管理和运作方式也随之调整思路，不断求新求变。20世纪80年代，新加坡的企业就已经大量运用信息通信技术进行企业管理，政府也逐渐将构建电子化政府作为工作重心，着手推行电子政务。20世纪90年代，新加坡政府提出了行政管理的"八化"，明确将电子化作为其中一个重要实现目标。同时，新加坡政府也极为重视公共服务意识，提出了"21世纪公共服务计划"，力求政府在管理上实现"创新、求变、革新、改进"，并追求全面、卓越的服务。由此可见，新加坡电子政务从一开始就将自己的目标定位为服务于公民、企业和公共机构雇员，通过不断提高和推进政府公共部门的服务水平，提供和改造公共服务方式，促进政府、公民和企业之间的交流和互动，从而实现真正高效率、无缝对接的政府服务。

自启动电子政务项目以来，新加坡政府陆续实行了一系列的资讯通信阶段性计划，都获得了极大的成功。1980—1990年的"国家电脑化计划"，促使政府各部门之间实现了数据共享，政府和企业之间实现了数据交换；1991—2000年的"国家科技计划"，由政府部门提供互联网服务，将信息技术的使用扩展到社会生活的所有方面，实现了全社会的信息互通和数据共享；2000—2006年的"电子政府行动计划"实现了政府服务的网络化，使政府所有部门全部完成业务系统的建设；2007—2015年的"智慧国2015计划"达成了多个部门、一个政府的目标，彻底提高了政府的信息化水平。此外，"智慧国2015计划"于2014年达成目标后，新加坡政府启动"智慧国家2025计划"，该计划意图将新加坡打造成全球首个智慧国家，建成覆盖全国数据收集、连接和分析的基础设施与操作系统，同时利用获取的各类数据预测公民需求，为公民提供更好的服务。

2. 新加坡电子政务战略目标

(1) Infocomm 21计划战略目标。随着全球经济和技术的飞速发展，在经济全球化、市场无国界化、宽带和无线通信技术的成熟、互联网快速普及的背景下，新加坡政府为了适应新的发展环境，保持自己的竞争优势，在20世纪末期制定了"Infocomm 21计划"（21世纪信息通信技术计划），并将原来的国家电脑局和新加坡电信局合并，组建了新加坡资讯通信发展管理局(Infocomm Development Authority of Singapore，IDA)，为日益集中的新加坡信息和通信技术市场进行战略规划和政策指导。

"Infocomm 21计划"的目标是将新加坡建成拥有电子经济和信息通信技术渗入公民头脑的电子社会，以及充满活力的全球信息和通信枢纽，通过信息通信技术的应用，来促进新加坡国民经济的发展，帮助企业制造并传递更多创新的产品和服务，建成不存在数字鸿沟的电子化社会。这一计划对新加坡政府更大范围地参与全球经济发展、吸引世界范围的资源和人才具有重要而又积极的意义。为更好地实施"Infocomm 21计划"，新加坡政府提出了确保各部分紧密联系的综合战略，包括工业和企业发展、技术发展、市场发展、基础设施发展、人力资源发展、政策制度发展，以及领导阶层的教育和普及、国际战略联盟和合作等。与此同时，新加坡政府认识到，单纯依靠政府的力量既不能够综观全局，也不可能全面实现"Infocomm 21计划"，必须要建立一个包括各个领域精英的团队，只有依靠团队的力量才能做到步调一致，形成合力。在这个团队中，新加坡政府尤其重视私人企业的影响力，政府认为私人企业是政府实施"Infocomm 21计划"的推动力，因而新加坡政府认真考虑私人企业对实施"Infocomm 21计划"的反馈意见，积极吸引信息通信技术领域的国际投资者，并鼓励地方和国家企业走出国门到境外投资。

(2) 智慧国家2015计划战略目标。自2006年开始，新加坡启动了具有重要战略意义的"智慧国家2015计划"，期望通过该计划来提升新加坡在未来10年中的竞争实力和创新能力，利用无处不在的信息通信技术将新加坡打造成一个智慧的国家、一个全球化的城市。目前，新加坡已经将智慧城市的建设上升为国家战略，推出了"智能国家"系列战略计划及相应措施，期望通过智慧国家的建设推动新加坡的转型发展，实现2025年"全球第一个智慧国家"的愿景。

"智慧国家2015计划"的战略目的在于通过技术推动新加坡全面转型发展，以数字革命改变新加坡生活、工作和娱乐方式，使新加坡成为数字创新驱动的世界领先经济体，成为世界级城市。因此，新加坡智慧城市战略已经上升为引领未来的国家发展战略，并从经济、政府、社会三方面对其进行了全面构建，主要包括以下三大架构：数字经济(digital economy)、数字政府(digital government)、数字社会(digital society)。每个组成部分均实施不同的战略计划，这三个部分成为新加坡智慧城市建设的三大维度，同时附以强大的基础设施系统建设(system foundations)、人文建设(people and culture)，共同促进智慧城市的实现。

2014年，新加坡推出"智慧国家2025"10年计划，这份计划是在"智能国家2015"各项目标全部提前或超额完成基础上发布的升级版，它强调要通过数据共享等方式，尽力发挥人的主观能动性，帮助人实现更为科学的决策，并基于"以人为本"的连接、收集和理解三大理念，提出要通过覆盖全岛的数据收集、连接和分析基础设施平台，根据所获数据预测公民需求，以提供更好的公共服务。

10.1.4　日本

在全球信息化建设背景之下，政府门户网站作为政府与公民接触的重要服务窗口之一，已日渐成为社会公众获取政府即时信息和服务的主要渠道。当前，已有不少全球领先水平的政府门户网站进入服务导向阶段，以其丰富的内容为各类用户提供具有针对性以及个性化的信息服务。由此，日本政府意识到在信息化建设环境下提高信息的可靠性、加快信息提供和行政手续的电子化，并形成以用户为中心的政府职能转化是政府门户网站内容建设需攻克的难题。进入21世纪后，日本受英美等国的启发并结合自身实际，将"政府门户网站内容建设"纳入政府信息资源管理和综合服务框架中，以促进政府信息公开和提升公共服务质量，从而逐步实现由管理型向服务型政府职能转变[①]。

1. 日本电子政务发展概况

1994年，日本内阁会议制定了《行政信息化推进基本计划》，这个计划可以被认为是日本电子政务开始的标志。1997年，日本对《行政信息化推进基本计划》进行了修改，"电子政务"术语也第一次被使用。此后，日本政府电子政务发展大致可以分为三个阶段。

在第一阶段，日本政府IT战略总部于2001年5月31日首次召开会议，出台了有关IT重点施

---

① 戴艳清，吴芳.日本政府门户网站内容建设的政策解读：一项基于内容分析法的研究[J]. 图书馆，2017(02)：55-60.

政方针的"E-Japan 2002"计划。为了支持这一计划的实施,日本政府在2002年财政预算中专门拨出2兆日元(相当于155亿美元)。"E-Japan 2002"计划确立了日本IT实施计划的重点,确定了各项目标的实施单位与机构,同时对建设"E-Japan"做出了全面、科学和合理的部署。

在第二阶段,日本政府于2004年12月公布了新的"U-Japan"计划,这一计划的中心议题是希望以无所不在的网络为基本工具实现理想的信息社会,许多社会经济活动都将得到网络的全面支持;随后日本政府于2006年1月正式发布了"新IT改革战略"(new IT reform strategy),提出了进一步推动日本信息化建设所需要明确的基本理念、目标和政策等问题。

在第三阶段,日本政府制定了适应新的发展形势需要的"I-Japan战略2015",这里的"I"包含"Inclusion"和"Innovation"两层意思,"Inclusion"原意指"包容",在这里引申为"信息通信技术要像阳光、水和空气那样融入经济社会发展的方方面面",而"Innovation"意指"创新",这一战略是继日本政府推出的"E-Japan""U-Japan"战略和"新IT改革战略"之后的发展蓝图,规划了日本全国至2015年的信息技术发展之路,希望开拓出支持日本中长期经济发展的新产业[①]。

在联合国发布的《2020电子政务调查报告》中,日本排名第14名,比2018年下降4位。尽管日本在人力资本指数上的得分相对于其他顶级国家而言较低,但该国在通信基础设施指数和在线服务指数方面得分较高,这也使它成为进入EGDI非常高组别中最高(VH)四分位数的第14个国家。因此,当前日本政府为提升电子政务水平,正在努力推进公务人员自身素质培训、政务工作系统优化、改进政府电子采购效率以及人员信息安全保障等举措,还制定了"数字政府战略"和"促进利用公共和私营部门数据基本计划"。"数字政府战略"的三大支柱之一是公共部门与私营部门合作关系平台,它与可持续发展目标保持一致,主要是为促进持久、包容和可持续经济增长,促进充分的生产性就业,促进人人有体面的工作。

2. 日本电子政务战略目标

长期以来,日本一直非常重视发展电子政务,重视其战略计划的制定。早在21世纪初,日本政府就成立了先进信息与通信网络社会推进战略指挥部,即IT战略指挥部,制定了"IT基本战略",《IT新改革战略》就是日本政府在完成了《E-Japan战略Ⅱ》建设目标后提出的信息化建设计划,是日本政府2006—2010年信息化建设的基本纲领。此外,在加快推进信息化建设的同时,为应对日益严峻的网络安全威胁和挑战,日本政府发布了多份国家战略文件,采取了一系列战略举措保障国家网络安全,逐步确立起建设世界一流的"信息安全先进国家"和"网络安全立国"的国家战略目标。

(1) IT新改革战略。《IT新改革战略》提出了下一步日本信息化建设的基本理念、目标和政策等,既提出了电子政务现实可行的建设目标与具体政策,也强调了对政策执行情况进行评估。为实现建成世界上最便利、最高效的电子化政府总体目标,《IT新改革战略》提出了13项具体的实施政策,突出强调了业务梳理与优化的问题,不仅明确提出要实现政府业务、系统的最优化,建成高效的电子化政府的目标,在具体政策中也大幅度地倾向于此问题,强调府省内部的业务优化、府省之间的联合与协作、计划的制定与执行及其计划的跟进与完善。但业务系统的优化与升级是一个长期的过程,需要循序渐进地开展,而且战略中还强调要在业务优化的

[①] 姚国章,林萍. 日本电子政务规划部署与电子政务发展[J]. 电子政务,2009(12): 23-33.

同时进行系统升级,伴随着社会改革,这些要求也提升了政策执行的难度。

总而言之,《IT新改革战略》的出台标志着日本电子政务建设由基础环境建设全面转向服务型政府建设,此后日本电子政务的相关政策也将更加强调政府业务的精简优化与服务质量的提高。

(2) 国家信息安全战略。2006年,日本发布第一份《国家信息安全战略》,提出日本信息安全的基本目标是实现"利用信息技术推动日本经济可持续发展""利用信息技术改善国民生活水平"以及"利用信息技术应对信息安全威胁"。此后,2009年,日本推出第二份《国家网络信息安全战略》,以及2010年发布《日本保护国民信息安全战略》,三份国家信息安全战略互相衔接,共同构成了现代日本网络安全治理战略的框架。

为了应对日益严峻的网络安全环境,日本采取很多积极有效的措施。一方面,日本通过教育和宣传不断加强全体国民的网络安全意识,并从2010年起将每年的2月定为"信息安全月";另一方面,日本也不断加强全国网络安全环境的打造,《日本保护国民信息安全战略2010—2013》就明确将"力争于2020年前为日本国民打造一个能放心使用的信息通信环境,使日本成为世界信息安全先进国"定为发展目标。因此,日本从2003年起就为政府各个部门配备了网络专家,在有关电子政府的总体设计、开发、检测和管理中都有专家参与规划,从而避免了在电子政务安全建设中外行指导内行、低水平重复建设等现象的发生。

(3) 网络安全战略。为了跟上网络空间全球化的步伐,日本一直都在谋求通过开展国际合作和建立高技术信息化的网络组织来提升其国际地位,以争取更多的网络空间国际话语权。日本IT战略本部早在"E-Japan战略"中就将国际合作作为日本政府的网络安全政策内容之一,其中明确将"从世界各国吸收知识和才能,并向世界传播日本的信息和技术,为全球性知识创发型社会的进步和发展做出国际贡献"作为发展目标。2013年6月,日本IT战略本部下属的信息安全政策会议制定的《网络安全战略》中进一步将国际合作作为一项重要政策进行了规划,并表示将制定网络安全相关的国际战略。随后在2013年10月,日本信息安全政策委员会制定的《网络安全合作国际战略》中明确了日本进行网络安全国际合作的政策方向与合作领域,以及在世界各地区的合作计划,并提出将在"构建全球网络安全共识""促进国际网络安全交流""普及网络安全技术"三个方面做出贡献。此外,日本在加强自身信息安全防御能力的同时也不断加强信息攻击力量的建设,在日本《中期防卫力量发展计划》中就明确将"网络瘫痪战"作为新的作战理论。2014年3月,日本正式宣布设立"网络防卫队",宣称将以每天24小时态势监视防卫省和自卫队的网络,应对网络攻击,同时还将收集、分析、调研网络攻击和威胁等相关情报。

(4) 创造世界最先进数字国家,推动官民一体数字行动计划。近年来,日本政府正在紧跟世界步伐,加快数字行政建设。2019年6月,由首相官邸设立的IT综合战略室发表了新战略报告——《创造世界最先进数字国家,推动官民一体数字行动计划》,其中不仅提出数字行政计划,并要求通过数字技术构建新时代社会基础网络,实现全社会数字化管理。为此,2019年12月,日本内阁会议正式通过了"数字管理实施计划",内容包括在"社会5.0时代"全面普及个人号码卡,并使之与个人商务卡对接;推动社会保险、税务手续等一站式网络服务;加快与智能手机结合,提升现有网络服务便利性;推进政府信息系统的一元化管理等。与此同时,对于各地方自治体,日本政府也要求利用数字行政系统,加强公共行政服务,包括促进行政手续网络化、加强基于个人号码卡的行政服务、推动信息系统标准化、户口迁移手续、幼儿入托以及老年护理等一站式服务。

10.2 国外电子政务经验借鉴

1. 加强信息公开政策法规制定

目前，我国与政府数据开放相关的法律法规主要有《中华人民共和国网络安全法》《中华人民共和国政府信息公开条例》《中华人民共和国保密法》以及各地政府制定的信息公开规定，如《湖北省政府信息公开规定》《上海市政府信息公开规定》等。但这些法律法规大多数都没有涉及数据层面，已经远远不能满足政府数据开放的需要，公众很难依据这些法律法规来获取和利用政府数据，而且这些法律法规适用范围有限，仅局限于各级政府部门，而没有涉及其他公共机构。

当前，英国政府网站管理规范的制定和监管都由专门的机构负责，制定的总体工作主要由英国内阁办公室负责，并由其委派英国中央新闻署具体执行，同时英国中央新闻署会定期对政府网站进行监督考察，对于没有按管理规范执行的网站责令修改，若到期不修改则予以关闭。因此，中国可以参考相关经验，如设立专门的机构或部门负责相应的事务，无论是管理规范的制定还是监督管理都应由专人负责，做到任务清晰、权责明确，并按相应的规章制度严格执法，保证政府网站的长久运行。此外，英国政府数据开放的法律法规保障主要是以修订现有法律法规的方式来实现的，如新增与数据开放有关的条款，保障政府数据的自由获取和利用，强化个人隐私保护等，使其逐渐适用于政府数据开放。我国可以参照英国，不必专门制定一部独立的政府数据开放法律法规，只需对现有的法律法规进行修订即可，如修订《中华人民共和国政府信息公开条例》及各地政府制定的信息公开规定，增加政府数据开放的内容，赋予公众获取和利用政府等公共部门数据的权利，同时删除阻碍政府数据开放的相关条款。针对我国某些政府部门数据开放意愿不强的现实，应在相关法律法规中明确规定政府数据开放责任主体的开放数据范围，让政府数据开放有法可依、有章可循[①]。

20世纪以来，日本也充分认识到了加强法律法规制定的重要意义，并从全局着手为不同阶段日本国内的电子政务发展提供了重要的战略指导。在电子政务方面，日本尤其重视网络安全，在近20年来的网络安全治理中，始终紧紧围绕立法工作进行，完善本国的网络安全治理法律体系建设。2001年至今，日本先后出台了《高度信息通信网络社会形成基本法》《特定秘密保护法案》以及《网络安全基本法》等一系列涉及网络安全的法律法规，为执法部门的网络安全治理提供了重要的法律保障。因此，我国有必要从国家战略层面整体部署谋划整个国家的网络安全问题，阐明我国网络安全战略目标、任务、方针原则和行动举措，以维护我国信息网络安全利益，构建国家网络安全保障体系，以期早日成为网络强国。尤其在法律法规方面，我国迫切需要建立系统化、科学化的电子政务信息安全法律法规体系，以应对日益严峻的信息安全问题，从而保障我国电子政务信息安全的健康和可持续发展。

2. 重视公民需求，针对性解决难题

以公民需求为导向首先要明确公民的需求是什么。只有在了解公民需要什么数据的情况下，政府才能有针对性地提供信息，并更多地关注于以公民为中心的服务设计上，而不是完全从政府部门的角度去看待问题。实行电子政务的目的是让政务部门清晰办公内容、让公民了解

---

① 黄如花，刘龙. 英国政府数据开放的政策法规保障及对我国的启示[J]. 图书与情报，2017(01): 1-9.

政府进程，只有让社会公众了解数据开放并参与其中，才能真正实现政府开放电子政务的社会效益。英国政府在进行数据开放时，除领导机构由本国政府部门担当外，其他公民社会组织、私营部门、工作团体和多边机构等众多组织都参与其中，不仅可以直观地了解公民需求，提升公民满意度，还可以提高政府政务工作效率和质量，达到政府和公民双赢的局面。此外，新加坡政府提出"多个部门，一个政府"口号，主张从客户(公民、企业)的需求出发，根据客户需要调整、整合、再造政府的业务流程，提供一站式服务体验，将政府机构所有能以电子方式进行的服务整合在一起，公民无须知道有关事务具体在哪个部门管辖，就可以轻松获取商务、税务、法律法规、交通、家庭、医疗保健、住房、就业及社会保障等方面信息，即"从出生到死亡全生命周期"需要的所有政府信息和服务。同时，为方便民众使用电子政务的服务，新加坡在学校开设大量课程让学生掌握必备的IT技能，还设立了80多处电子公民好帮手网点，对使用电子政务有困难的公民，提供使用指导和帮助。在企业领域，新加坡通过实施电子采购、网上业务许可证、贸易通关系统等项目，大幅度提高了企业登记注册、提交商业计划、营业执照申请、贸易通关等事项办理的效率。

近年来，我国互联网企业也在不断加强与政府的合作，基于阿里巴巴支付宝等平台可以开展公积金、医疗、保险、水电煤气等在线缴费项目，市民可以足不出户解决需求，并且一些政府网站接受支付宝在线支付缴费等便民措施。因此，我国应加强在国家部委层面沟通协调，以数据集中和共享为途径，打通信息壁垒，形成覆盖全国、统筹利用、统一接入的数据共享大平台，构建全国信息资源共享体系。基于具体的业务需求驱动，在全国范围内实现数据开放和跨部门共享，缓解各级地方政府主管领导推动数据开放共享方面的压力，实现数据的增值利用。

3. 强化网络信息安全保护

电子政务信息安全环境建立在全社会信息安全基础之上，必须增强信息安全管理水平，提高全民信息安全意识，营造全社会信息安全环境，给电子政务信息安全打下坚实基础。同时，要加强政府相关人员信息安全培训和教育，不断提高其信息安全意识和信息技术水平，以满足和支持电子政务信息安全不断发展的需要。

为强化对政府网站的保护，英国中央新闻署在监管政府网站的过程中规定了整改期限，一旦过了期限，中央新闻署就会关闭该网站并注销域名。整改期限的规定既有效提高了监管效率，又能使政府网站及时快速地提高服务质量。因此，中国政府在网站管理中应借鉴这一经验，在详细制定整改内容的基础上明确整改期限，增强数据时效性，指出超过期限的具体惩罚措施或相应后果，这样既能促进网站管理者及时对网站进行更新、维护，也有利于相关部门的监督和查处，强化政府数据建设[1]。

同时，网络信息安全尤其是电子政务信息安全直接影响到国家方方面面，直接涉及国家利益和国家安全。日本在信息化发展之初就提出了基于国家层面的信息安全发展战略，并在信息化发展过程中连续发布多份国家战略对其网络安全发展目标进行整体部署，使其一跃成为信息化发展强国。在长期的实践过程中，日本不断探索并对网络安全的体制进行调整，增加网络安全的行政效能，防范黑客入侵，以更好应对网络安全威胁。而随着电子政务、电子商务的逐渐普及，公众在享受网络带来的众多便利的同时，也面临着个人隐私通过网络被非法窃取和扩散

---

[1] 郭敏. 英国政府网站管理规范研究[J]. 电子政务，2013(07)：102-108.

的威胁，而且政府网络连接到全国各地、千家万户，要是疏于防范，很可能会让黑客得逞，造成无法估量的损失。因此，信息安全是当前实施电子政务的首要问题，而目前我国在信息技术方面的整体研发能力还有待提高。

此外，在信息化条件下，网络安全的综合性特征使网络安全保障必然直接影响国家政治、经济、文化、社会等国家战略目标的实现，但我们也要明确保障网络安全本身并不是国家战略的终极目标，其既影响也服务于国家政治、经济、文化、社会等战略目标。日本的电子政务战略强调以促进日本经济发展为战略导向，并在具体举措层面内化于国家政治、军事战略，服务于国家政治、军事战略目标的实现，充分体现了日本政府对网络安全保障与政治、经济等国家战略关系的深刻认识和战略考量。对我国而言，随着我国在世界范围内政治、经济、文化、军事等方面的迅速拓展，网络安全已不能仅仅局限于国土范围内的基础信息网络和重要信息系统安全，应随着国家安全和利益边界的扩展而相应扩展其边界。保障国家网络政务安全的许多具体措施也可以成为实现政治、经济、文化、军事等国家战略目标的重要手段和方式。

近年来，网络治理领域的国际合作逐步增强，国际组织层面的网络治理体系建设正与国家间的网络治理体系同步推进。由此可见，加强国际合作也是中国网络安全治理的重要途径。2015年，习近平主席在第二届世界互联网大会上指出，国际社会应该"加强对话合作，推动互联网全球治理体系变革，共同构建和平、安全、开放、合作的网络空间，建立多边、民主、透明的全球互联网治理体系"。因此，我们也应进一步加强中国在国际电子政务发展中的参与力度，提升中国在国际中的话语权；还应加强中国与相关国际组织以及国家间的合作，携手提升电子政务的能力建设。

2020年11月23日，习近平主席在世界互联网大会·互联网发展论坛的致贺信中指出："当今世界，新一轮科技革命和产业变革方兴未艾，带动数字技术快速发展。疫情发生以来，远程医疗、在线教育、共享平台、协同办公等得到广泛应用，互联网对促进各国经济复苏、保障社会运行、推动国际抗疫合作发挥了重要作用。"习近平主席强调："中国愿同世界各国一道，把握信息革命历史机遇，培育创新发展新动能，开创数字合作新局面，打造网络安全新格局，构建网络空间命运共同体，携手创造人类更加美好的未来。"

2021年4月20日至21日，全国网络安全和信息化工作会议在北京召开。习近平强调，没有网络安全就没有国家安全，就没有经济社会稳定运行，广大人民群众利益也难以得到保障。习近平有针对性地对此做出部署：要树立正确的网络安全观，加强信息基础设施网络安全防护，加强网络安全信息统筹机制、手段、平台建设，加强网络安全事件应急指挥能力建设，积极发展网络安全产业，做到关口前移，防患于未然；要落实关键信息基础设施防护责任，行业、企业作为关键信息基础设施运营者承担主体防护责任，主管部门履行好监管责任；要依法严厉打击网络黑客、电信网络诈骗、侵犯公民个人隐私等违法犯罪行为，切断网络犯罪利益链条，持续形成高压态势，维护人民群众合法权益；要深入开展网络安全知识技能宣传普及，提高广大人民群众网络安全意识和防护技能。

4. 加强基础设施建设，推动打造数字政府

在基础设施建设方面，英国政府开始注重网络宽带、5G等技术的供应，为公务员构建更好的工作环境、提供先进技术工具，使政府能够更有效地开展工作，以及通过面向民众和政府领导者提供完善的数字技能培训，进一步提升政府为民众服务的效果。为全面实践"政府即平台"的发展理念，英国政府内阁办公室与政府各部门协商、制定一系列通用的跨政府部门技术平台、数据分析、身份认证、网络支付、云计算等服务，以支持新一代"数字政府"服务的运行。

此外，伴随着云计算和物联网等技术的发展，全球许多国家都在进行智慧国家以及数字政府的实验。以新加坡为例，为了促成智慧国家目标的实现，新加坡政府实施了以下四大关键策略措施：建设新一代信息通信基础设施，包括建设超高速且具有普适性的有线和无线两种宽带网络，通过开放接入令信息产业充满竞争力和活力；发展具有全球竞争力的资讯通信产业；开发精通资讯通信并具有国际竞争力的资讯通信人力资源；开拓主要经济领域、政府和社会的产业改造，主要为强化信息通信技术的尖端、创新应用。

因此，结合实际情况，我国应重点搭建高速、广覆盖、智能化、安全可靠的信息通信基础设施，加强政府网络基础设施集约化建设，提供网络虚拟机、安全防护设施、操作系统、数据库、公共应用等软硬件资源服务，并逐步建设基础网络软硬件设施共享平台；应集中建设统一的业务体系，发挥上下联动作用，及时汇总设施建设中发现的问题，自下而上提出业务改进细则，对于无法在全国范围内推广复用的特殊业务系统，应取得国家部委批准后，地方政府再进一步实施规划；还应积极开发电子政务App，以达到人力、物力、财力的最优化配置，缩减开支节约成本，提升综合政务服务和社会治理能力。除此之外，我国应结合各国经验，有序地制定出一系列符合我国国情的智慧国家、数字政府建设规划。只有将传统型政府改造成智慧型政府，政府才可能领导并推动各行各业的智慧化转型，并最终达成建设智慧城市、数字政府的愿景。

本章小结

本章主要从电子政务发展水平较高的国家切入，介绍了英国、美国、新加坡和日本等国家电子政务发展趋势和发展概况、战略目标与经验，在基于中国国情的基础上，探讨科学合理地借鉴国外电子政务建设与发展的可行性与合理性。

关键词

电子政务发展趋势　智慧国家　智慧城市　数字政府

复习思考题

1. 概念题

新加坡智慧国家战略、智慧城市、数字政府

2. 简答题

(1) 比较英美两国电子政务发展的差异性。

(2) 简述美国联邦数据战略所产生的积极影响。

(3) 简述新加坡电子政务战略目标。

(4) 简述日本电子政务的发展历程及其特征。

第11章 我国数字政府的发展规划和远景目标

11.1 我国数字政府发展规划

1. 总体要求

我国数字政府的发展要以习近平新时代中国特色社会主义思想为指导，把握全球新一轮信息技术变革趋势，立足于数字产业化、产业数字化、跨界融合化、品牌高端化，主动顺应和掌握数字化时代带来的新趋势、新机遇，科学遵循城市运行和发展规律，持续深化各领域数字化发展的先发优势，从"城市是生命体、有机体"的全局出发，统筹推进城市经济、生活、治理全面数字化转型。此外，应做到探索新经验，用数字化方式创造性解决超大城市治理和发展难题；应用新技术，用数字化场景牵引技术创新和广阔市场空间；转换新动能，用数据要素配置链接全球资源、大力激发社会创造力和市场潜力，全面提升治理能力和治理水平现代化，创造人民城市数字化美好生活体验，打造城市高质量发展的强劲引擎。

2. 基本原则

(1) 坚持人民至上、需求导向。要始终坚持以人民为中心的发展思想，坚持需求导向、问题导向，精准施策，加快解决制约数字政府建设的管理、业务、技术等方面难题，着眼于惠民利企，加快解决企业和群众办事的难点、堵点、痛点，全面提升政府效能，持续优化营商环境，探索形成具有鲜明中国特色的服务型数字政府新模式，以便民惠民利民为根本目标，大力推进"互联网+政务服务"，强化事中事后监管，增强人民群众在数字政府建设中的获得感、幸福感、安全感。

(2) 坚持系统观念、整体联动。坚持统一规划、集约建设，把系统观念作为基础性思想和工作方法，契合各地区经济、人口规模特征，统筹建设、分别负责、分级管理，形成上下一体、协同联动的工作格局；强化信息资源深度整合，提升集约集成建设水平，推进党政机关电子政务联动建设、融合发展；运用系统性、整体性思维建立健全数字政府"建、管、用"机制，形成各参与主体高效协作的强大工作合力；按照统筹规划、统分结合的原则，强化信息资源深度整合，着力提升数字政府集约化建设水平。

(3) 坚持对标一流、高点建设。借鉴先进国家好经验、好做法，高标准谋划、高起点建设、高质量推进；提升基础能力建设层级，拓展基础应用功能，紧跟前沿、适度超前、利旧建新、有序迭代，持续增强服务群众、赋能治理、促进发展的能力；坚持改革引领，强化制度保障机制，将数字政府建设作为深化"放管服"改革的关键抓手，以改革的思路和办法着力破除数字政府建设的体制机制障碍，探索各地区、各部门数字政府职能整合新路径，构建系统完善、运行有效的发展新体制，形成数字政府发展新格局。

(4) 坚持安全可控、开放共享。建立健全技术和管理融合的安全保障体系，强化制度、标准、技术、责任支撑能力，依法有序推动数据开放共享，创新理念、流程、模式，加快推动数据资源要素化、市场化应用；建立健全数据安全保障的规则体系，加强隐私脱敏保护和安全保密防护，建立安全防护体系，提升安全防护能力；坚持安全保障工作与数字政府建设同步规划、同步建设、同步运行，确保网络、应用和数据安全；加强行业自律，完善行业监管，促进数据资源有序流动与规范利用；坚持开放共享、协同合作，深化政事企合作机制，积极引进社会力量，合作开展数字政府建设工作；坚持发展导向，强化共享开放，提高政务服务满意度，鼓励和引导政务数据资源社会化开发利用。

(5) 坚持开放创新、社会协同。充分运用大数据、区块链、云计算、AI、5G等新技术，以技术创新促进业务创新，打造政务服务新模式，着力提高政务服务智慧化水平；创新数字政府建设模式，构建高效、有序、开放、多元的发展新机制，完善社会协同、共享共治的治理体系，提升服务经济社会发展的能力，满足企业和群众对政府完善公共服务和提升治理能力的新要求、新期盼；通过跨部门、跨区域的数据共享、流程再造和业务协同，实现政府运行的协同高效、大数据与政府治理的深度融合，围绕政府运行和政府履职各个方面，推进数字化转型。

3. 行动方案

(1) 坚持整体性转变，推动"经济、生活、治理"全面数字化转型。

第一，推动经济数字化转型，提高经济发展质量。具体表现为以下几个方面：加快推动数字产业化、产业数字化，放大数字经济的辐射带动作用，做优做强城市核心功能，加快建设集成电路、人工智能等世界级数字产业集群，以数据流动牵引资金、人才、技术、知识等要素的全球化配置，建立跨地域科技资源的协作网络，疏通基础研究、应用研究和产业化双向链接快车道；加快生产制造、科技研发、金融服务、商贸流通、航运物流、专业服务、农业等领域的数字化转型，推动产业互联网和消费互联网贯通发展，推进智慧口岸建设，大力发展数字贸易，助力提升产业链供应链的安全性、稳定性；引领在线新经济蓬勃发展，全力打响新生代互联网经济品牌，大力发展新应用、创造新业态、探索新模式、培育新职业，做大新兴消费市场，以互惠互利为价值导向，形成数字经济的竞争新优势。

第二，推动生活数字化转型，提高城市生活品质。具体表现为以下几个方面：满足市民对美好生活的向往，打造智能便捷的数字化公共服务体系，加强政府、企业、社会等各类信息系统的业务协同、数据联动；结合新技术和新制度的供给，以数字化推动公共卫生、健康、教育、养老、就业、社保等基本民生保障发展更均衡、更精准、更充分，打造智慧医院、数字校园、社区生活服务等一批数字化示范场景；发挥社会和市场活力，推进商业、文娱、体育、出行、旅游等质量民生服务数字化新模式、新业态健康发展，加快城市公共设施的数字化转型，构建数字商圈平台、社区智慧物流网络、新能源设施终端等生活"新基建"；加快新闻出版、广播影视等行业融入数字化进程，不断丰富数字文创、数字内容等相关服务供给；着力解决"数字鸿沟"问题，倡导各类公共服务"数字无障碍"，面向老年人和残障人士推进相关服务的适应性改造，创造无处不在、优质普惠的数字生活新图景。

第三，推动治理数字化转型，提高现代化治理效能。具体表现为以下几个方面：把牢人民城市的生命体征，打造科学化、精细化、智能化的超大城市"数治"新范式，以"云边网端"

一体化数据资源服务平台为载体,形成"一网通办""一网统管"互为表里、相辅相成、融合创新的发展格局;拓展"一网通办"建设,围绕企业公民实际需求,深化"高效办成一件事",实现"一件事"基本覆盖高频事项,构建全方位、全覆盖服务体系;深化"一网统管"建设,聚焦公共安全、应急管理、规划建设、城市网格化管理、交通管理、市场监管、生态环境等重点领域,实现态势全面感知、风险监测预警、趋势智能研判、资源统筹调度、行动人机协同;以党建为引领,加强数字赋能多元化社会治理,推进基层治理、法治建设、群团组织等领域数字化转型。

(2) 坚持全方位赋能,构建数据驱动的数字城市基本框架。

第一,以数据要素为核心,形成新治理力和生产力。具体表现为以下几个方面:以城市治理与民生服务为导向,全闭环、系统性优化数据采集、协同、共享、应用等各流程环节,推动公共数据和社会数据更大范围、更深层次开放共享,逐步建立完善城市数据资源体系,实现政府决策科学化、公共服务高效化、社会治理精准化;加快释放数据要素改革红利,建立数据要素市场,健全数据要素生产、确权、流通、应用、收益分配机制,构建具有活力的数据运营服务生态,积极完善数字贸易要素流动机制,探索形成信息便利化体系,引导建立数据治理和安全保障体系,促进数据价值最大化发掘,进一步提升社会生产力和运行效率。

第二,以新技术广泛应用为重点,大力提升城市创新能级。具体表现为以下几个方面:加快建设数字基础设施,推动千兆宽带、5G、卫星互联网等高速网络覆盖,建设高性能公共算力中心,打造人工智能、区块链、工业互联网等数字平台,坚实支撑经济发展、市民生活和城市治理等各领域的数字化应用;支持下一代信息通信、高端芯片、核心软件等新技术在城市数字化转型中先试先用,率先规模化落地,进一步巩固数字技术优势;聚焦类脑智能、量子通信等前沿技术重点领域,与城市数字化转型深度融合,加强关键核心技术攻关、功能型平台建设,大力提升城市数字化创新策源能力。

(3) 坚持革命性重塑,引导全社会共建共治共享数字城市。

第一,再造数字时代的社会运转流程。具体表现为以下几个方面:引导企业实现基于数据的"决策革命",化解复杂市场环境的不确定性,优化资源配置效率,构筑新型数字化能力和竞争优势;引导市民重塑数字时代的认知能力与思维模式,更加注重自身数据管理、信用维护、隐私保护、协同共治,使人人都成为数据的生产者、治理者、使用者、获益者,以数字化激发城市生命体每一个细胞的活力;推动政府以数据驱动流程再造,践行"整体政府"服务理念,以数据为基础精准施策和科学治理,变"人找政策"为"政策找人",变被动响应为主动发现。

第二,重构数字时代的社会管理规则。具体表现为以下几个方面:深入落实"管行业也要管数字化转型"的新理念新要求,推动管理手段、管理模式、管理理念变革;实施包容审慎、支持创新的监管制度,试点监管沙箱等创新支持机制,着力消除数字化转型过程中新技术、新业态、新模式发展的政策性门槛,为千行百业的数字化转型提供制度保障;全面审视数字化发展的法治问题,建立健全相关制度规范,完善数字规则,强化知识产权等保护力度;开展伦理道德等社会规则研究和风险防范干预;加强数据、系统、网络、产品、安全等标准体系建设,围绕数据安全、网络安全,加快构建与城市数字化转型相适应的大安全格局。

第三,塑造数字时代的城市全新功能。具体表现为以下几个方面:融合应用数字孪生城市、大数据与人工智能等技术，推动城市"规建管用"一体化闭环运转，实现城市决策"一张图"、城市治理"一盘棋"，为城市精细管理和科学决策提供"说明书"；推进城市建筑、市政设施和地下管线的数字化管理系统建设和信息备案，实时监测感知建筑设施运行态势，利用城市运行数据，前瞻规划和动态推演，科学设计、合理布局城市公共基础设施，逐步实现城市可视化、可验证、可诊断、可预测、可学习、可决策、可交互的"七可能力"，使城市更聪明、更智慧。

第四，重建数字时代的城市运行生态。具体表现为以下几个方面：从企业、公民和城市运行高频急难的问题难点中发现数字化转型的应用场景，形成"揭榜挂帅"的建设机制，引导市场主体参与数字化转型场景运营，全面激发社会创造力和市场活力；大力引导、支持建设各类数字化公共平台，吸引各类创新要素、创新资源集聚，打造成为链接协同创新的开放平台、链接产业发展的赋能平台、链接城市治理的智慧平台、链接美好生活的服务平台，形成共建共治共享的数字城市创新生态圈。

(4) 创新工作推进机制，科学有序地全面推进城市数字化转型。

第一，健全组织实施机制。具体表现为以下几个方面：根据各地实际情况成立数字化转型工作领导小组，发挥领导小组作用，建立健全统筹协调和推进机制，做好重大政策举措的统筹推进和考核评估，加强跨区域、跨部门、跨层级的组织联动，形成城市数字化转型专家咨询机制，成立社会化专业研究机构和应用促进中心；各地区、各部门要强化责任落实，充分整合、归并原有的相关领导机制和议事协调组织，参照成立本地区、本部门数字化转型工作领导小组，加强工作专班，通过深入开展大调研，科学制定行动方案，强化各级财政资金等要素保障，系统规划、分步实施、扎实推进，避免低水平重复建设。

第二，提高专业能力本领。具体表现为以下几个方面：各级领导干部要提高专业化能力，增强补课充电的紧迫感，不断学习数字化新知识新本领，掌握和遵循超大城市发展规律，培养运用数字化思维解决实际问题的能力，自觉赶上时代潮流；各级党校(行政学院)要增加城市数字化转型的培训内容，各部门要加强相关专业培训。强化全民"数字素养"教育，鼓励高校、社会机构等面向各类群体建立数字化技术终身学习平台和培训体系。

第三，激发市场主体活力。具体表现为以下几个方面：充分发挥市场主导作用，将场景和数据开放作为育商招商的重要力量，不断培育壮大数字化转型标杆企业；进一步整合资源，引导金融资本有效支持数字化转型，加强具有国际视野的高素质专业人才培育和引进；强化载体建设，打造一批特色鲜明、功能错位、相对集聚的数字产业特色园区和在线新经济生态园，形成生态链强大吸附力；鼓励面向数字化的创新创业，支持解决方案集成商快速发展，为各行业数字化转型提供有力支撑。

第四，营造浓厚社会氛围。具体表现为以下几个方面：坚持面向市民、基层、市场，更多运用群众喜闻乐见的方式，更多搭建群众便于参与的平台，最大限度调动各方面的主动性、积极性、创造性，以数字化转型践行"人民城市人民建，人民城市为人民"重要理念。加强宣传报道力度，及时总结推广各方面的经验创造，不断提升广大主体的获得感、幸福感、安全感，奋力谱写人民城市建设的新篇章[1]。

---

[1] 上海市人民政府. 关于全面推进上海城市数字化转型的意见公布[A/OL]. (2021-01-05)[2021-08-24]. http:www.shanghai.gov.cn.

11.2 我国数字政府远景目标

《中华人民共和国国民经济和社会发展第十四个五年(2021—2025年)规划和2035年远景目标纲要》提出,"数字政府"建设是以新一代信息技术为支撑,重塑政务信息化管理架构、业务架构、技术架构,通过构建大数据驱动的政务新机制、新平台、新渠道,进一步优化调整政府内部的组织架构、运作程序和管理服务,全面提升政府在经济调节、市场监管、社会治理、公共服务、环境保护等领域的履职能力,形成"用数据对话、用数据决策、用数据服务、用数据创新"的现代化治理模式。因此,在未来几十年里,我国将致力于迎接数字时代,激活数据要素潜能,推进网络强国建设,加快建设数字经济、数字社会、数字政府,以数字化转型整体驱动生产方式、生活方式和治理方式变革,构建数字中国。

1. 打造数字经济新优势

(1) 加强关键数字技术创新应用。具体表现为以下几个方面:聚焦高端芯片、操作系统、人工智能关键算法、传感器等关键领域,加快推进基础理论、基础算法、装备材料等研发突破与迭代应用;加强通用处理器、云计算系统和软件核心技术一体化研发;加快布局量子计算、量子通信、神经芯片、DNA存储等前沿技术;强化信息科学与生命科学、材料等基础学科的交叉创新;支持数字技术开源社区等创新联合体发展,完善开源知识产权和法律体系,鼓励企业开放软件源代码、硬件设计和应用服务。

(2) 加快推动数字产业化。具体表现为以下几个方面:培育壮大人工智能、大数据、区块链、云计算、网络安全等新兴数字产业,提升通信设备、核心电子元器件、关键软件等产业水平;构建基于5G的应用场景和产业生态,在智能交通、智慧能源、智慧制造、智慧医疗等重点领域开展试点示范(见表11-1);鼓励企业开放搜索、电商、社交等数据,发展第三方大数据服务产业;促进共享经济、平台经济健康发展。

表11-1 数字化应用场景

智能交通	发展自动驾驶和车路协同的出行服务,推广公路智能管理、交通信号联动、公交优先通行控制,建设智能铁路、智慧民航、智慧港口、数字航道、智慧停车场
智慧能源	推动煤矿、油气田、电厂等智能化升级,开展用能信息广泛采集、能效在线分析,实现源网荷储互动、多能协同互补、用能需求智能调控
智能制造	促进设备联网、生产环节数字化连接和供应链协同响应,推进生产数据贯通化、制造柔性化、产品个性化、管理智能化
智慧医疗	完善电子健康档案和病历、电子处方等数据库,加快医疗卫生机构数据共享;推广远程医疗,推进医学影像辅助判读、临床辅助诊断等应用;运用大数据提升对医疗机构和医疗行为的监管能力
智慧农业及水利	推广大田作物精准播种、精准施肥施药、精准收获,推动设施园艺、畜禽水产养殖智能化应用;构建智慧水利体系,以流域为单元提升水情测报和智能调度能力
智慧教育	推动社会化高质量在线课程资源纳入公共教学体系,推进优质教育资源在线辐射农村和边远地区薄弱学校,发展场景式、体验式学习和智能化教育管理评价
智慧文旅	推动景区、博物馆等发展线上数字化体验产品,建设景区监测设施和大数据平台,发展沉浸式体验、虚拟展厅、高清直播等新型文旅服务

(续表)

智慧社区	推动政务服务平台、社区感知设施和家庭终端联通，发展智能预警、应急救援救护和智慧养老等社区惠民服务，建立无人物流配送体系
智慧家居	应用感应控制、语音控制、远程控制等技术手段，发展智能家电、智能照明、智能安防监控、智能音箱、新型穿戴设备、服务机器人等
智慧政务	推进政务服务一网通办，推广应用电子证照、电子合同、电子签章、电子发票、电子档案，健全政务服务"好差评"评价体系

(3) 推进产业数字化转型。具体表现为以下几个方面：实施"上云用数赋智"行动，推动数据赋能全产业链协同转型；在重点行业和区域建设若干国际水准的工业互联网平台和数字化转型促进中心，深化研发设计、生产制造、经营管理、市场服务等环节的数字化应用，培育发展个性定制、柔性制造等新模式，加快产业园区数字化改造；深入推进服务业数字化转型，培育众包设计、智慧物流、新零售等新增长点；加快发展智慧农业，推进农业生产经营和管理服务数字化改造。

2. 加快数字社会建设步伐

(1) 提供智慧便捷的公共服务。具体表现为以下几个方面：聚焦教育、医疗、养老、抚幼、就业、文体、助残等重点领域，推动数字化服务普惠应用，持续提升群众获得感；推进学校、医院、养老院等公共服务机构资源数字化，加大开放共享和应用力度；推进线上线下公共服务共同发展、深度融合，积极发展在线课堂、互联网医院、智慧图书馆等，支持高水平公共服务机构对接基层、边远和欠发达地区，扩大优质公共服务资源辐射覆盖范围；加强智慧法院建设；鼓励社会力量参与"互联网+公共服务"，创新提供服务的模式和产品。

(2) 建设智慧城市和数字乡村。具体表现为以下几个方面：以数字化助推城乡发展和治理模式创新，全面提高运行效率和宜居度；分级分类推进新型智慧城市建设，将物联网感知设施、通信系统等纳入公共基础设施统一规划建设，推进市政公用设施、建筑等物联网应用和智能化改造；完善城市信息模型平台和运行管理服务平台，构建城市数据资源体系，推进城市数据大脑建设，探索建设数字孪生城市；加快推进数字乡村建设，构建面向农业农村的综合信息服务体系，建立涉农信息普惠服务机制，推动乡村管理服务数字化。

(3) 构筑美好数字生活新图景。具体表现为以下几个方面：推动购物消费、居家生活、旅游休闲、交通出行等各类场景数字化，打造智慧共享、和睦共治的新型数字生活；推进智慧社区建设，依托社区数字化平台和线下社区服务机构，建设便民惠民智慧服务圈，提供线上线下融合的社区生活服务、社区治理及公共服务、智能小区等服务；丰富数字生活体验，发展数字家庭，加强全民数字技能教育和培训，普及提升公民数字素养；加快信息无障碍建设，帮助老年人、残疾人等共享数字生活。

3. 提高数字政府建设水平

(1) 加强公共数据开放共享。具体表现为以下几个方面：建立健全国家公共数据资源体系，确保公共数据安全，推进数据跨部门、跨层级、跨地区汇聚融合和深度利用；健全数据资源目录和责任清单制度，提升国家数据共享交换平台功能，深化国家人口、法人、空间地理等基础信息资源共享利用；扩大基础公共信息数据安全有序开放，探索将公共数据服务纳入公共服务体系，构建统一的国家公共数据开放平台和开发利用端口，优先推动企业登记监管、卫生、交通、气象等高价值数据集向社会开放；开展政府数据授权运营试点，鼓励第三方深化对公共数据的挖掘利用。

(2) 推动政务信息化共建共用。具体表现为以下几个方面：加大政务信息化建设统筹力度，健全政务信息化项目清单，持续深化政务信息系统整合，布局建设执政能力、依法治国、经济治理、市场监管、公共安全、生态环境等重大信息系统，提升跨部门协同治理能力；完善国家电子政务网络，集约建设政务云平台和数据中心体系，推进政务信息系统云迁移；加强政务信息化建设快速迭代，增强政务信息系统快速部署能力和弹性扩展能力。

(3) 提高数字化政务服务效能。具体表现为以下几个方面：全面推进政府运行方式、业务流程和服务模式数字化智能化；深化"互联网+政务服务"，提升全流程一体化在线服务平台功能；加快构建数字技术辅助政府决策机制，提高基于高频大数据精准动态监测预测预警水平；强化数字技术在公共卫生、自然灾害、事故灾难、社会安全等突发公共事件应对中的运用，全面提升预警和应急处置能力。

4. 营造良好数字生态

(1) 建立健全数据要素市场规则。具体表现为以下几个方面：统筹数据开发利用、隐私保护和公共安全，加快建立数据资源产权、交易流通、跨境传输和安全保护等基础制度和标准规范；建立健全数据产权交易和行业自律机制，培育规范的数据交易平台和市场主体，发展数据资产评估、登记结算、交易撮合、争议仲裁等市场运营体系；加强涉及国家利益、商业秘密、个人隐私的数据保护，加快推进数据安全、个人信息保护等领域基础性立法，强化数据资源全生命周期安全保护；完善适用于大数据环境下的数据分类分级保护制度。加强数据安全评估，推动数据跨境安全有序流动。

(2) 营造规范有序的政策环境。具体表现为以下几个方面：构建与数字经济发展相适应的政策法规体系，健全共享经济、平台经济和新个体经济管理规范，清理不合理的行政许可、资质资格事项，支持平台企业创新发展、增强国际竞争力；依法依规加强互联网平台经济监管，明确平台企业定位和监管规则，完善垄断认定法律规范，打击垄断和不正当竞争行为；探索建立无人驾驶、在线医疗、金融科技、智能配送等监管框架，完善相关法律法规和伦理审查规则；健全数字经济统计监测体系。

(3) 加强网络安全保护。具体表现为以下几个方面：健全国家网络安全法律法规和制度标准，加强重要领域数据资源、重要网络和信息系统安全保障；建立健全关键信息基础设施保护体系，提升安全防护和维护政治安全能力；加强网络安全风险评估和审查；加强网络安全基础设施建设；强化跨领域网络安全信息共享和工作协同，提升网络安全威胁发现、监测预警、应急指挥、攻击溯源能力；加强网络安全关键技术研发，加快人工智能安全技术创新，提升网络安全产业综合竞争力；加强网络安全宣传教育和人才培养。

(4) 推动构建网络空间命运共同体。推进网络空间国际交流与合作，推动以联合国为主渠道、以《联合国宪章》为基本原则制定数字和网络空间国际规则；推动建立多边、民主、透明的全球互联网治理体系，建立更加公平合理的网络基础设施和资源治理机制；积极参与数据安全、数字货币、数字税等国际规则和数字技术标准制定；推动全球网络安全保障合作机制建设，构建保护数据要素、处置网络安全事件、打击网络犯罪的国际协调合作机制；向欠发达国家提供技术、设备、服务等数字援助，使各国共享数字时代红利，积极推进网络文化交流互鉴[①]。

本章小结

随着对中国经济结构转型与改革进入深水期，国际社会与中国政府一致认为，在实现高质量发展过程中应加快数字经济、数字社会、数字政府等方面的建设，以提升数字治理和政府服务与管理水平。本章主要围绕数字时代的到来，深度介绍了未来我国建设数字政府的发展规划和远景目标。

关键词

数字经济　数字社会　数字政府　数字治理

复习思考题

1. 概念题

数字经济、数字社会、数字政府

2. 简答题

(1) 简述我国数字经济建设的主要任务。

(2) 简述如何加快我国数字社会的建设步伐。

(3) 简述我国数字政府的发展规划和基本原则。

(4) 简述我国数字政府建设的总体要求和行动方案。

---

① 新华网. 汇聚亿万人民力量的宏伟蓝图："十四五"规划和2035年远景目标纲要编制记[EB/OL]. (2021-03-19) [2021-08-24]. http://www.xinhua.net.com.

参考文献

[1] 中国电力百科全书编辑委员会，中国电力百科全书编辑部. 中国电力百科全书：电工技术基础卷[M]. 北京：中国电力出版社，2014.

[2] 阿尔文·托夫勒. 第三次浪潮[M]. 北京：中信出版社，2006.

[3] 鲍静，范梓腾，贾开. 数字政府治理形态研究：概念辨析与层次框架[J]. 电子政务，2020(11)：2-13.

[4] 陈德权，柳春清. 电子政务：基础、框架与趋向[M]. 北京：清华大学出版社，2019.

[5] 陈萌. 澳大利亚政府数据开放的政策法规保障及对我国的启示[J]. 图书与情报，2017(01)：18-26.

[6] 陈永生. 政府信息资源整合共享研究：从国家档案馆的角度[J]. 档案学研究，2010(01)：46-51.

[7] 陈月华，杨绍亮，李亚光，陈发强. 智慧城市安全风险评估模型构建与对策研究[J]. 电子政务，2020(05)：91-100.

[8] 米勒，波格丹诺. 布莱克维尔政治学百科全书[M]. 邓正来，译. 北京：中国政法大学出版社，1992.

[9] 戴艳清，吴芳. 日本政府门户网站内容建设的政策解读：一项基于内容分析法的研究[J]. 图书馆，2017(02)：55-60.

[10] 邓明. 管理学辞典[M]. 成都：西南交通大学出版社，1995.

[11] 翟继光. 论我国新时代税收制度的基本特征[J]. 税务研究，2020(02)：124-128.

[12] 翟云. "十四五"时期中国电子政务的基本理论问题：技术变革、价值嬗变及发展逻辑[J]. 电子政务，2021(01)：67-80.

[13] 范梓腾. 数字政府建设的议题界定：时空演进与影响因素：基于省级党委机关报的大数据分析[J]. 中国行政管理，2021(01)：42-51.

[14] 高国伟，竺沐雨，段佳琪. 基于数据策展的政府大数据服务规范化体系研究[J]. 电子政务，2020(12)：110-120.

[15] 郭敏. 英国政府网站管理规范研究[J]. 电子政务，2013(07)：102-108.

[16] 胡税根，杨竞楠. 发达国家数字政府建设的探索与经验借鉴[J]. 探索，2021(01)：77-86.

[17] 胡税根，杨竞楠. 新加坡数字政府建设的实践与经验借鉴[J]. 治理研究，2019(06)：53-59.

[18] 黄如花，刘龙. 英国政府数据开放的政策法规保障及对我国的启示[J]. 图书与情报，2017(01)：1-9.

[19] 简·芳汀. 构建虚拟政府：信息技术与制度创新[M]. 邵国松，译. 北京：中国人民大学出版社，2004：6.

[20] 蒋建华. 中华人民共和国资料手册[M]. 北京：社会科学文献出版社，2000.

[21] 金江军. 电子政务[M]. 北京：中国人民大学出版社，2017.

[22] 金江军. 电子政务理论与方法[M]. 4版. 北京：中国人民大学出版社，2017.

[23] 金江军. 互联网时代的新型政府[M]. 北京：中共党史出版社，2017.

[24] 孔守斌，王妙微，王博涵，陈东. 基于云平台的地方政务信息资源共享平台建设模式研究[J]. 电子政务，2017(12)：46-53.

[25] 李传军. 电子政务[M]. 上海：复旦大学出版社，2011.

[26] 李琮. 世界经济学大辞典[M]. 北京：经济科学出版社，2000.

[27] 李军鹏. 面向2035年的国家治理体系和治理能力现代化远景战略[J]. 中国行政管理，2020(11)：47-51.

[28] 李明，马萧萧. 互联网背景下国际经济贸易的发展研究[J]. 现代商业，2020(23)：61-62.

[29] 李妮娜. 以互联网思维推动税收治理现代化："互联网+税收治理现代化"集中研讨综述[J]. 税务研究，2016(06)：123-127.

[30] 李卫东. 政府信息资源共享的原理和方法[J]. 中国行政管理，2008(01)：65-67.

[31] 李文良，等. 中国政府职能转变问题报告[M]. 北京：中国发展出版社，2003.

[32] 李重照，黄璜. 英国政府数据治理的政策与治理结构[J]. 电子政务，2019(01)：20-31.

[33] 廉成. 日本电子政务发展状况评析[J]. 科技经济导刊，2017(34)：211.

[34] 刘道学，董碧晨，卢瑶. 企业码：双循环格局下政府数字化服务企业的新探索[J]. 电子政务，2021(02)：53-63.

[35] 刘诗白，邹广严. 新世纪企业家百科全书：第6卷[M]. 北京：中国言实出版社，2000.

[36] 卢向东. 准确把握数字化转型趋势 加快推进数字政府建设：从"数字战疫"到数字政府建设的实践与思考[J]. 中国行政管理，2020(11)：12-14.

[37] 珍妮·V. 登哈特，罗伯特·B. 登哈特. 新公共服务理论[M]. 丁煌，译. 北京：中国人民大学出版社，2016.

[38] 马克斯·韦伯. 经济与社会[M]. 林荣远，译. 北京：商务印书馆，1998.

[39] 马敏. "互联网+税务"背景下税收征管现代化问题研究[J]. 税务研究，2019(02)：109-113.

[40] 马延安，梁姝娜. 电子商务对传统税制的影响及中国的应对策略[J]. 电子政务，2013(08)：103-107.

[41] 毛泽东. 毛泽东选集[M]. 北京：人民出版社，1991.

[42] 尚俊颖，何增科. 国家治理体系衰变如何引起反腐败回潮：基于14个国家的定性比较分析[J]. 公共行政评论，2020(06)：132-150.

[43] 史晨,马亮.互联网企业助推数字政府建设:基于健康码与"浙政钉"的案例研究[J].学习论坛,2020(08):50-55.

[44] 宋卿清,曲婉,冯海红.国内外政府数据开发利用的进展及对我国的政策建议[J].中国科学院院刊,2020,35(06):742-750.

[45] 孙继周.日本数据隐私法律:概况、内容及启示[J].现代情报,2016,36(06):140-143.

[46] 孙轩,孙涛.大数据计算环境下的城市动态治理:概念内涵与应用框架[J].电子政务,2020(01):20-28.

[47] 孙宇,张卓,罗玮琳.电子政务案例集[M].北京:北京师范大学出版社,2021.

[48] 谈婕,高翔.数字限权:信息技术在纵向政府间治理中的作用机制研究:基于浙江省企业投资项目审批改革的研究[J].治理研究,2020,36(06):31-40.

[49] 谭必勇,刘芮.数字政府建设的理论逻辑与结构要素:基于上海市"一网通办"的实践与探索[J].电子政务,2020(08):60-70.

[50] 汤志伟.电子政务[M].北京:高等教育出版社,2016.

[51] 汤志伟.电子政务的管理与实践[M].成都:电子科技大学出版社,2013.

[52] 唐斯斯,张延强,单志广,等.我国新型智慧城市发展现状、形势与政策建议[J].电子政务,2020(04):70-80.

[53] 王邦佐.政治学辞典[M].上海:上海辞书出版社,2009.

[54] 王立华.电子政务概论[M].西安:西安交通大学出版社,2011.

[55] 王培龙.论电子政务、电子商务与电子社区建设的统一[J].电子技术与软件工程,2014(05):241.

[56] 王舒毅.日本网络安全战略:发展、特点及借鉴[J].中国行政管理,2015(01):152-156.

[57] 王益民.全球电子政务发展现状、特点趋势及对中国的启示:《2016年联合国电子政务调查报告》解读[J].电子政务,2016(09):62-69.

[58] 王振德.现代科技百科全书[M].桂林:广西师范大学出版社,2006.

[59] 夏义堃.电子政务与反腐败关系的多维度思考[J].电子政务,2013(01):67-74.

[60] 夏征农.辞海缩印版[M].6版.上海:上海辞书出版社,2010.

[61] 徐双敏.电子政务概论[M].3版.北京:科学出版社,2016.

[62] 徐晓林,杨兰蓉.电子政务[M].北京:高等教育出版社,2016.

[63] 徐云飞.日本电子政务最新政策解析[J].信息化建设,2007(01):43-45.

[64] 许超,刘倩.电子政务国产化应用赋能信息技术创新生态[J].信息安全研究,2020,6(10):892-897.

[65] 许跃军.互联网+政务服务:新形势、新趋势、新未来[M].北京:电子工业出版社,2018.

[66] 杨安.电子政务与社会管理创新[M].北京:人民出版社,2015.

[67] 姚国章,林萍.日本电子政务规划部署与电子政务发展[J].电子政务,2009(12):23-33.

[68] 姚国章.新加坡电子政务发展规划与典型项目解析[J].电子政务,2009(12):34-51.

[69] 叶鑫,董路安,宋禹.基于大数据与知识的"互联网+政务服务"云平台的构建与服务策略研究[J].情报杂志,2018(02):154-160.

[70] 张克. 省级大数据局的机构设置与职能配置：基于新一轮机构改革的实证分析[J]. 电子政务，2019(6)：113-120.

[71] 张锐昕，杨国栋. 电子政务与政府职能转变的逻辑关联[J]. 甘肃社会科学，2012(02)：220-223.

[72] 张新红. 电子政务支撑保障体系的内涵及其建设[J]. 电子政务，2009(01)：12-16.

[73] 章祥荪，杜链. 电子政务及其战略规划[M]. 北京：科学出版社，2004.

[74] 周林兴，林腾虹. 基于文件连续体理论的政务数据治理体系优化研究[J]. 电子政务，2021(04)：114-124.

[75] 朱峥. 政府数据开放的权利基础及其制度构建[J]. 电子政务，2020(10)：117-128.

[76] 祝光耀，张塞. 生态文明建设大辞典·第一册[M]. 南昌：江西科学技术出版社，2016.

[77] 第46次《中国互联网络发展状况统计报告》[R/OL]. (2020-09-29)[2021-08-24]. http://www.gov.cn.

[78] 广州市人民政府门户网站. 广州市政府门户网站评估报告[A/OL]. (2020-12-22)[2021-08-24]. http://www.gz.gov.cn.

[79] 国家信息化领导小组. 关于印发国家电子政务总体框架的通知(国信〔2006〕2号)[A/OL]. (2006-03-19)[2021-08-24]. http://www.echina.gov.cn.

[80] 国务院办公厅. 关于印发政务信息系统整合共享实施方案的通知(国办发〔2017〕39号)[A/OL]. (2017-05-03)[2021-08-24]. http://www.gov.cn.

[81] 湖南省人民政府门户网站. 2017年全省政府网站绩效评估工作方案及指标体系[A/OC]. (2017-11-02)[2021-08-24]. http://www.hunan.gov.cn.

[82] 中国电子政务网. 开发智慧政务App软件系统的必要性[R/OL]. (2019-10-15)[2021-08-24]. http://www.e-gov.org.cn.

[83] 人民网. 重温习近平总书记"4·19"重要讲话：打好互联网战"疫"[EB/OL]. (2020-04-19)[2021-08-24]. http://media.people.com.cn.

[84] 上海市人民政府. 关于全面推进上海城市数字化转型的意见公布[A/OL]. (2021-01-05)[2021-08-24]. http:www.shanghai.gov.cn.

[85] 沈费伟. 智慧治理："互联网+"时代的政府治理变革新模式[EB/OL]. (2020-08-13)[2021-08-24]. http://www.echina.gov.com.

[86] 新华网. 汇聚亿万人民力量的宏伟蓝图："十四五"规划和2035年远景目标纲要编制记[EB/OL]. (2021-03-19)[2021-08-24]. www.xinhua.net.com.

[87] JITHESH A，ANUPRIYA K，SATISH K. How to deal with corruption? Examining the roles of e-government maturity，government administrative effectiveness，and virtual social networks diffusion[J]. International Journal of Information Management，2021.

[88] SUNDBERG L. Electronic government：Towards e-democracy or democracy at risk[J]. Safety Science，2019.

[89] ASHAYE O R，IRANI Z. The role of stakeholders in the effective use of e-government resources in public services[J]. International Journal of Information Management，2019.

[90] FlORIAN P，JULIA K，MARKUS N. A stigma power perspective on digital government service avoidance[J]. Government Information Quarterly，2021.

[91] ROSARIO P M，CAROLINA P R，MONTSERRAT N C. The effects of e-government evaluation，trust and the digital divide in the levels of e-government use in European countries[J]. Technological Forecasting & Social Change，2020.

[92] UYAR A，NIMER K，KUZEY C，et.al. Can e-government initiatives alleviate tax evasion? The moderation effect of ICT[J]. Technological Forecasting & Social Change，2021.

[93] Government Transformation Strategy 2017 to 2020[A/OL]. https://www.gov.uk.